教育部人文社会科学项目

"PPP 模式下政府和社会资本风险分担和利益共享机制研究"

（19YJC790067）

天津市研究生科研创新项目

"PPP 项目柔性契约风险共担机制研究"

（2021YJSB337）

基于柔性契约视角的PPP项目风险分担及收益分配机制研究

李 伟 李晓宇 ◎ 著

Research on Risk Sharing and Income Distribution

MECHANISM OF PPP PROJECT

Based on Flexible Contract

中国财经出版传媒集团

经济科学出版社

Economic Science Press

序

　　本书是关于柔性契约视角下的政府与社会资本合作（PPP）项目风险分担及收益分配机制研究的著作，是两位作者多年潜心研究的成果，是作者主持的教育部人文社科项目"PPP模式下政府和社会资本风险分担和利益共享机制研究"（19YJC790067）、天津市研究生科研创新项目"PPP项目柔性契约风险共担机制研究"（2021YJSB337）的最终成果，我很清楚作者在该研究领域所进行的探索历程，因此，我很高兴为本书作序。

　　基础设施融资方式及效率直接关系到我国工业化和城镇化进程的推进，涵盖着社保、生态等最重要的民生领域。伴随着近年来严峻的疫情防控形势，传统的以税收为代表的财政收入形式和结构也直面多角度的可持续性问题，因此，通过PPP模式提升财政支出运营绩效，将原本被固化用途的财政资金置换到增量基础设施投资领域，逐渐成为各级地方政府替代"土地财政"、撬动社会资本融资的有效工具。但真正提升PPP项目落地率，需要地方政府在项目全生命周期内充分展现出与社会资本合作的财政承受能力，即便进入财政部示范项目库的很多PPP项目都因面临排他性收益权取消、运营成本控制不力、风险分担机制未能充分兼顾公平等原因，被迫提前退库、终止甚至直接由财政一次性出资赎回。因此，本书所探讨的PPP项目风险分担、收益共享及通过柔性契约实现政府与社会资本合作方的权益再调整，对维持PPP项目有效生命力有至关重要的作用。我认为，这是本书可能引起学界广泛关注的主要原因。

　　当然，科学研究没有终点，某项研究往下深入一个层次，遇到的困难和挑战肯定不止增加一倍。希望两位作者以及更多的财政学界同仁倾注更多的热情和精力于 PPP 项目的风险分担和收益分配机制研究领域，将该项研究逐步引向深入，为我国 PPP 项目的良好发展奠定更为科学扎实的理论基础。

2022 年 9 月

前　言

　　基础设施的数量和质量与一个国家的经济发展密不可分，随着我国新型城镇化进程的加快以及我国经济发展进入新常态，社会大众对优质公共产品和服务的需求愈发迫切，因此，政府与社会资本合作（public-private partnerships，PPP）模式成为必然选择。PPP 模式是政府与社会资本基于合同建立的一种风险共担、利益共享模式。PPP 模式作为城市基础设施建设融资的一种新型模式，可以很好地缓解政府财政压力，同时提高基础设施项目运行效率。但是从近年来国内外 PPP 落地项目案例可以看到，很多 PPP 项目都不可避免地会面临融资风险、政府信用风险、社会环境抵触风险等，很多项目都会被迫中断或者最终以失败而告终，因此，本书所探讨的 PPP 项目风险分担、收益共享及柔性契约机制，对 PPP 项目的高质量发展，以及在全生命周期维持良好生命力有至关重要的作用。

　　本书对国内外关于 PPP 项目风险分担、收益共享以及柔性契约机制的文献进行梳理，明确 PPP 项目概念模式的起源、项目风险的来源和特征以及柔性和柔性契约的概况基本原理，了解国内外对 PPP 项目柔性契约及项目风险研究的进度和现状，并在此基础上阐述与 PPP 高度关联的公共产品理论、项目区分理论、契约理论、委托—代理理论等，通过合作演化博弈论的深入推演，证明其应用于 PPP 项目风险分担的合理性和适用性。

　　本书详细梳理了我国 PPP 模式的发展情况，并将其分为六个发展阶段，分别是探索阶段（1978～1991 年）、试点阶段（1992～2002 年）、发展阶段（2003～2007 年）、调整阶段（2008～2012 年）、普及阶段（2013～2017 年）以及规范阶段（2018 年至今）；同步总结归纳了英国、澳大利亚和加拿大等西方国家的 PPP 模式发展情况，以便从中吸取经验教训，为我国 PPP 项目的发展提供借鉴意义。在此基础上从不同行业、收益回报机制以及财政支出责任角度对 PPP 项目财政压力进行异质性分析，并对 PPP 模式财政承受空间进行分地区测算。

在充分阅读国内外文献和众多 PPP 项目案例研究的基础上，总结归纳了 PPP 项目的风险分担原则、风险分担主体、风险分担监管和风险分担框架。在此基础上运用多值集定性比较分析（mv-QCA）对 PPP 项目的风险进行了系统的分析，并基于相似性和多样化的原则选取了 33 个典型的 PPP 项目案例，运用 fm-QCA 软件对单一风险变量和风险组态分别进行了分析，并得到了 PPP 项目风险因素的重要性排序。另外，在 PPP 项目柔性机制研究中，大多文献都侧重于事后适应性条款的研究，本书从事前激励的角度分别探讨了 PPP 项目建设阶段和运营阶段的柔性机制，尤其是建设期的柔性投资机制，社会资本应该享有柔性投资时间、投资规模以及转移股权的权利。并对运营阶段的柔性机制分别从政府补贴机制、收益风险分担机制、弹性特许期调整机制、价格调整机制、股权变更及退出机制、再谈判机制六个方面进行详细阐述。

除此之外，本书采用讨价还价动态博弈模型和演化博弈模型对 PPP 项目风险分担和收益分配进行研究，运用 Matlab 软件对模型进行数值仿真分析，并引入特色小镇类 PPP 项目和城市轨道交通 PPP 项目案例分别对风险分担和收益分配模型进行案例佐证，充分验证了风险分担模型和收益分配模型的适用性，为制定最优风险分担和收益分配策略提供借鉴意义。针对财政透明度对社会资本参与 PPP 项目的意愿的影响机制，使用 Logit 模型检验其行业异质性；引入官员晋升激励因素，实证研究行政因素对社会资本参与各行业的影响差异程度。

本书丰富并完善了 PPP 项目的柔性机制框架和风险分担收益分配框架体系，为降低 PPP 项目总体风险，高质量、高效率发展 PPP 项目提供了理论指导和借鉴，为 PPP 项目的风险分担及收益分配提供了新思路。风险分担和收益分配应该遵循风险收益对等原则、公平兼顾效率原则以及互惠互利等原则，因此，本书从完善 PPP 项目柔性管理机制、制定合理的风险分担及收益分配机制、促进地方财政承受力可持续，以及提高 PPP 项目全生命周期财政透明度等重要视角给出了相关政策建议。

目 / 录
Contents

导　论

1.1　研究背景、目的与意义

1.1.1　研究背景

财政是一个国家的重要支柱，财税体制改革是我国实现国家治理现代化的重要手段。其中的核心问题——央地财政关系需要重点解决政府财权与事权的划分问题。分税制改革虽然扩大了中央财力，但加重了地方的财政负担，同时也造成了地方政府财权与事权的不匹配。这种不匹配的状态与国家治理现代化的要求相悖，因此，地方政府为了减轻财政负担会重新审视公共产品的生产提供方式排列组合。此外，随着国内外经济形势的不稳定，再加上大规模减税降费、突发公共卫生事件的影响以及 5G 新型基础设施建设对增量投资的要求，导致我国政府面临着前所未有的财政压力。因此，调动社会资本参与热情和积极性，促成政府与社会资本合作建设基础设施成为减缓我国财政缺口进一步扩大的必然选择。

基础设施的数量和质量与一个国家的经济发展水平有着密不可分的关系，近年来，全球经济一体化的发展趋势逐渐加强，我国社会经济得到了突飞猛进的发展，与此同时，由于一二线城市人口密度攀升以及城镇化水平日益提高，社会大众对优质公共产品和公共服务的需求愈发迫切。长期以来，我国基础设施的投资与建设主要是以政府财政投资为主，然而随着人们对基础设施质量要求的提高，仅仅凭借政府财政去承担公共基础设施及服务的支出责任已经无法满足资金、技术等方面的现实需要，此外，许多民营企业也逐渐意识到基础设施建设对于自身社会形象树立、拓宽业务范围具有的重要意义，主动帮助政府有效缓解财政压力，在资金、技术、人力方面逐步加大投入，PPP模式得到了大力推广和广泛应用。

　　PPP模式是政府部门与社会资本方双方基于城市基础建设和公共服务建设而形成的一种风险共担、利益共享模式，该模式与政府独立完成项目建设和运营的传统模式相比，有助于公共物品质量的提高、活跃民间资本和控制地方政府债务风险。截至2022年4月，我国财政部在库PPP项目数为13938个，项目金额高达204890.38亿元。[①] 近年来，PPP模式在我国快速发展，我国的PPP项目数量和投资规模不断增长，但是，根据PPP项目进行执行阶段的情况，PPP模式似乎并未调动起社会资本的参与热情，社会资本参与度不足的状况与政府大力推行PPP模式形成强烈反差。此外，随着PPP项目规模的迅速扩张，我国地方政府承担的财政支出责任不断增加，相应的财政承受能力也不断经受考验。在投融资模式创新实践过程中，由于有些项目合同中政府为了确保对社会资本有足够的吸引力，约定通过"政府兜底""明股实债"等直接或间接财政承诺方式担保社会资本方收益，因此，PPP项目容易被"泛化、异化"为不合规的项目，进而可能造成地方政府的隐性财政债务风险。此外，PPP项目回报机制中，政府付费和可行性缺口补助模式占据了绝大部分，这些都在不断加大地方财政支出责任和债务风险。

　　PPP模式虽然能够减轻部分政府财政负担，但是，PPP项目的建设周期一般长达数十年，而且项目投资规模大、运营周期长，因为项目收益形式的多元化面临很多不确定性因素，这些不确定性决定了项目风险不可避免地贯穿于项目的全生命周期。因此，在收益共享的同时，实现风险的合理分配，并在平等、公正、公平的原则指导下，顺利逐步搭建起良好的沟通平台，实现风险的合理分配至关重要。另外，柔性契约机制可以很好地

---

　　① 根据Wind数据库中数据整理。

缓解 PPP 项目中的不确定性，改善刚性条款的强制性和不可变通性，因此，PPP 项目的风险识别、风险评价、风险分担以及完善的柔性契约机制在项目成功实施过程中至关重要。要保证 PPP 项目模式的可持续，必须同时兼顾社会资本的经济效益和地方政府社会治理变革的差异化倾向。政府财政侧重于追求社会效益，对经济效益和市场价格信号变动作出反应的灵敏度远不如社会资本；但与此同时，社会资本对市场环境变化和政策性风险的抵抗力又不及地方政府。由于 PPP 模式合作双方既在风险分担过程中难以限制社会资本逐利性，又在风险再谈判过程中难以限制政府部门的程序性，最终导致基础设施被迫终止或由政府提前赎回的案例比比皆是。PPP 项目是一个周期长且动态地不断调整的过程，初期签订合同中的刚性条款固化了双方风险分担的比例以及收益分配比例，不能充分调动社会资本积极性，不能随着外界环境的变化来调整合约条款以适应变幻莫测的投资市场动态过程，那么当未曾识别的风险出现之后，如何调整风险在政府和社会资本之间的合理分担就显得尤为重要。因此，要摒弃刚性风险分担机制对 PPP 项目全生命周期的束缚，选用合适的柔性风险分担机制，使得项目在实施过程中能够适应外界环境的动态变化，这也是 PPP 项目成功实施的关键所在。

1.1.2 研究目的

PPP 模式已经成为国内外基础设施建设与发展的主流模式，PPP 项目的成功不仅关系到项目企业的生存发展，还和国家的经济发展有着密切的联系。因此，对 PPP 项目的特点进行仔细研究和分析，对 PPP 风险进行合理的预估和评判，策划一个合理的风险分担方案至关重要。从传统单一的风险管理向动态调整的风险管理转变，将管理中的信息孤岛转变为公开透明的信息共享，在风险分担中平衡好政府和社会资本的权、责、利，制定良好的柔性管理机制是本书的重点研究内容。本书基于博弈论和计量模型对 PPP 模式风险分担进行研究，其研究目的为：基于柔性契约的思想研究动态风险分担机制，探究不同风险因素对 PPP 项目投资和成交的具体影响程度，丰富和完善柔性机制的内容，为 PPP 模式的发展提供理论指导，促进 PPP 项目在我国高效可持续发展。

1.1.3　研究意义

随着我国经济进入新常态，公众对基础设施建设和服务的需要愈发迫切，而地方政府财政收入明显下降，政府债务风险进一步扩大，地方融资平台问题也亟待解决，因此，实行 PPP 模式势在必行。但是，就我国目前 PPP 项目现状而言，PPP 模式的风险贯穿于项目的全生命周期。而且存在政府将风险转嫁给社会资本的可能性，这样社会资本参与 PPP 项目的积极性就会降低。反观社会资本为了追求高利润无底线降低成本，在遇到风险时让政府兜底。由于 PPP 项目投资大、建设周期长，运作过程中会出现很多未曾预料的风险，如政府信用风险、社会环境抵触、融资问题等。本书引入 PPP 模式合作共赢理念，冲破原有公共物品生产提供排列组合的僵化制度约束，为 PPP 模式回避政府和市场"失灵"风险提供兼顾效率和公平的分析依据，明确关于基础设施领域的支出责任、供给层次及权责归属，理应匹配现代财政制度要求的央地事权划分倾向。

1. 理论意义

（1）根据 PPP 项目运营周期长、投资规模大、赎回及退出交易机制不顺畅以及公众消费倾向过程动态化的特点，结合失败案例使用多值集—定性比较分析研究方法，归纳 PPP 失败项目运营风险的种类和特点，从辨别组态路径的角度认识 PPP 模式风险的主要成因，为后续风险分担及具体数理模型的构建提供理论依据。

（2）以我国地方政府 PPP 模式"财承空间"为研究对象，围绕新冠肺炎疫情和"供给侧结构性改革"下的 PPP 模式对地方"财承空间"可持续性的影响与作用机制进行讨论，从财政支出刚性和风险矩阵应用于 PPP 模式的理论延展性视角展开讨论；探索社会资本投资 PPP 项目的驱动因素，从政府财政透明和官员晋升激励的角度，构造理论模型并进行计量实证检验，为解释社会资本参与积极性的行业异质性提供了实证经验。

（3）目前，PPP 入库落地项目普遍存在重融资轻运营的问题，本书围绕 PPP 项目全生命周期绩效评价视角展开，剖析财政支出责任强制挂钩绩效考核的机制设计问题，遵照演化博弈思想分析在政府公信力欠缺、社会资本机会主义行为约束下，不完全理性决策者行为演化的均衡策略，有效拓展了绩效预算评估理论体系在财政业务实践环节的应用范围。

2. 实践意义

（1）政府信用是社会资本参与 PPP 项目关注的主要风险点，本书精选调出示范名单或管理库退库的失败项目组态构型，确定项目研究的核心条件——政府守信。从政府公信力在 PPP 项目全生命周期内主体风险动因入手，不仅有助于客观地认识其对项目绩效评价过程和结果的影响，而且还有助于预防 PPP 模式异化为"升级版"地方政府债务融资平台，有针对性地为确保地方财政可持续运行和逆周期调控的政策执行能力、为基础设施项目的投融资运转机制有效降低摩擦力提供政策参考。

（2）探索在财政承受能力论证"10%红线"（以下简称"财承论证"）限制下，测算未来我国地方政府现有的存量 PPP 项目的财政承受能力超限额的情况及其区域异质性和动态演变趋势，探索当未来增量 PPP 项目持续落地时，如何发挥"财承论证"的"安全阀"作用，在此基础上从宏观层面和微观层面给出政策建议，在不影响基础设施和公共服务发展速度的同时，合理控制 PPP 模式财政支出责任，对维持 PPP 模式健康可持续发展具有重要实践意义。

（3）在现有制度环境下，具体分析社会资本在一些行业参与度较弱的原因，提出改进对策，为今后政府部门推行 PPP 模式提供参考，增加决策的科学性和合理性，力求提高 PPP 项目的落地效率并维持 PPP 项目长期可持续发展，在完成我国经济转型发展和提升城镇化水平的同时，增进民生福祉和促进服务型政府的转变。

（4）通过 PPP 模式风险分担模型，找到一个平衡点，保障风险在政府和社会资本之间分担的公平性和合理性，实现 PPP 项目整体利益最大化，对缓解政府债务负担，提高项目运行效率有重大意义；将良好的柔性风险分担方案运用到合同中，从而更有效地界定政府和社会资本的权利和义务，划清边界，节约双方的谈判时间和谈判成本；通过引入柔性机制，使得 PPP 项目在实施过程中能更好地应对未预测到的风险，适应多变的外界环境，为政府和社会资本提供应对动态环境变化的策略工具。

1.2　国内外文献综述

PPP 项目风险管理是一个复杂综合的项目管理内容，其中风险识别、风险评估和风险分担是风险管理中必不可少的重要组成部分。风险识别就是准确识别项目全生命周期的各种风险，PPP 项目全生命周期内不同阶段均会产生不同的风险：识别阶段的预估不准确风险；准备阶段的政治风险；采购阶段的采购和合同风险；执行阶段的融资风险；最后移交阶段的所有权转移风险等。在充分准确地识别风险后就要对风险进行合理的评估，风险评估方法一般可以分为定性分析和定量分析，这两种方法分别从不同的侧重点对风险进行评价。本书的核心内容是风险分担，风险分担就是探讨 PPP 项目风险在各参与方之间的合理分担比例。只有合理的风险分担，才能调动社会资本的积极性，才能高效率完成 PPP 项目。当风险分担方案确定之后，各参与方能否严格按照分担方案去执行，还需要相关政府部门充分发挥其监督管理能力，良好的政府监督可以避免贪污腐败现象，也可以节约时间成本。因此，政府部门监督与否以及社会资本积极参与项目还是消极应对也是 PPP 项目成功的关键所在。考虑到 PPP 项目周期长、环境复杂多变，常规的刚性合同条款显然已经不符合 PPP 项目的特性，应该充分考虑柔性合同机制。除此之外，政府性付费以及可行性缺口补助应该和绩效相结合，以此来提高 PPP 项目的整体运行效率。因此，本书文献综述从 PPP 项目风险管理的核心要素、PPP 项目合作中政府与社会资本职能界定、PPP 项目风险共担与收益共享以及 PPP 项目"按效付费"三个部分分别进行阐述。

1.2.1　PPP 项目风险管理的核心要素

1. PPP 项目风险识别

风险识别是风险评价和风险分担的重要前提，国内外关于风险识别的研究有很多。欧内斯特和艾伯特（Ernest & Albert，2013）采用文献调查和案例研究相结合的研究方法，根据在加纳供水部门进行的六个案例研究确定并分类了加纳供水 PPP 项目合同的具体风险，共识别 40 个危险因素，根据其来源和详细内容将其分为 8 类，其中值得关注的常见风险包括监管和监察制度薄弱、融资风险、缺乏风险分担机制、缺乏合作经验、公众的反对、拖欠或不付款风险等。许等（Xu et al.，2011）根据中国独特的政治、法律和经济环境，识别出政府监管风险、合同风险、经济可行性风险、建设风险、融资风险 5 个关键风险，并提出了有效的风险应对建议。埃尔顿和吴（Elton & Wu，2020）识别了莫桑比克铁路和港口项目交付 PPP 项目安排的相关风险，特别关注纳卡拉走廊项目，将风险分为 4 类：政治风险、经济风险、社会文化风险和技术风险。该研究可以帮助项目管理者启动 PPP 项目，识别风险、管理风险，并将项目风险最小化。伊耶和萨格希（Iyer & Sagheer，2010）通过研究印度道路部门 PPP 项目，确定了 PPP 项目发展阶段遇到的 17 个风险，其中，财务关闭延迟风险、成本超限风险和时间超限风险对其他风险的依赖性最大。

郭凯和孙慧（2017）、宁靓和赵立波（2018）从风险诱因不同的角度对风险进行了识别，并对风险进行了分类，主要包括政治风险、经济风险、金融风险等。汪洋等（2022）通过座谈和问卷调查的方式对海绵城市的 PPP 项目风险进行了识别，并从政府和社会资本角度对项目层面风险和行政层面风险进行了分析。张丛林等（2021）基于赤水河流域生态补偿的 PPP 项目，对 PPP 项目生命周期内各个环节的风险进行了识别，共识别出 26 个主要风险，并对风险的承担者进行了分析。刘薇（2018）认为，PPP 项目因为具有复杂性、长期性等特征，存在很多风险。

本书主要从 PPP 项目财政支出责任层次划分的角度出发，运用汉娜风险矩阵准确界定项目全生命周期内风险类别及归属。

2. PPP 项目风险评价

PPP 项目风险评价是风险管理的核心步骤，评估方法大致可以分为两类：定量分析法和定性分析法。国内外很多学者从不同的角度对风险评价进行了探讨和研究。

瓦利普尔等（Valipour et al.，2016）指出，为了控制和降低PPP项目的风险，风险分配是PPP项目风险管理的重要组成部分。该研究提出了一种混合模糊方法和控制分析网络过程（CANP）模型来识别共享风险的方法。该方法利用模糊集将语言原理和经验专家知识转化为系统的定量分析，利用CANP模型解决标准与障碍之间的依赖以及共同风险的选择问题。并通过实例说明了该模型在共担风险选择中的应用。乌斯曼等（Usman et al.，2018）通过对马来西亚卫生和教育领域PPP项目的研究，报告了建设、租赁、维护和转让（BLMT）项目的风险和风险管理。该研究采用探索性序贯研究设计方法，以访谈方式收集资料，并进行问卷调查。研究结果表明，政府将大部分风险转移给了私人部门，众所周知这不是PPP项目的最初目标，因为即使在不平等的基础上，合作双方也应该分担风险。姜等（Jiang et al.，2019）提出了一种程序性的方法来分析PPP项目风险之间的相关性。该研究运用模糊解释结构模型（FISM）来反映这些风险之间的关系，揭示PPP项目的失败机制。此外，基于MICMAC分析，根据驱动力和依赖力将风险分为4个聚类，以显示风险的关系水平。阿诺先科等（Anopchenko et al.，2019）在管理香港可持续发展项目时，为公私伙伴关系机制的选择提供了多标准建模算法，制定出了可供选择的PPP模式的评估标准。根据测试结果，指出了多准则建模算法在可持续发展管理中应用的优缺点，揭示了该模型在区域管理中的应用方向。张等（Zhang et al.，2020）建立了一个风险网络模型，分析PPP基础设施项目中的风险交互作用及其传播机制，该风险网络模型可用于PPP项目风险分析，识别具有传播效应但不被注意的关键风险。研究表明，政策变动往往是风险的来源，安全事故是导致项目失败的关键风险之一。

陈少强（2018）从流量管理和存量管理相结合的角度对PPP项目的财政风险进行了研究，认为未来流量评估财政风险的做法会导致风险评估的不准确，认为流量和存量应该结合起来运用。李力（2012）用风险矩阵和Borda序值对PPP项目风险进行量化评估，证明了PPP项目当前阶段还是缺乏专业性人才，无论是在政府方面还是社会资本方面都应该重视这一现象。袁竞峰等（2013）用结构方程模型（structural equation modeling，SEM）发现了PPP项目在移交时残值风险之间的关系，进而构建了残值风险评估模型，并用实际案例证明了此模型的可行性。刘穷志和庞泓（2016）认为"物有所值"（value for money，VFM）是对 PPP 项目绩效评价的主要方法，基于保险和资本预算的理念，提出了改进的"净现值"（NPV）估值法，该风险可以很容易地诠释风险如何影响净现值，是风险管理领域的一个显著进步。陈姗姗等（2021）将政府负债率纳入"均值—方差"风险评估模型中，分析了不同情况下风险对政府和社会资本决策的影响。

3. PPP 项目风险分担

PPP 项目风险分担顾名思义就是指风险在参与者之间的合理分担，最主要的参与者就是政府和社会资本方，这也是本书研究的重点内容之一。本书的风险分担将从风险分担原则、方式以及方法三个角度进行阐述。

（1）风险分担原则。阿恩特和亨利（Arndt & Henry，1998）提出，当一个主体在承担风险损失时，应该同时享有风险变动带来收益的权利，并且其承受的风险损失和风险收益是相匹配的。世界银行（World Dank，2006）认为，不同的参与方对风险的控制能力是不一样的，有能力的参与方应该承担相应更多的风险。弗姆斯顿（Furmston，1986）认为，风险应该由受害者来承担，因为受害者会主动积极地去寻找避免风险的方法，这样可以提高风险管理的积极性。赫斯特和里夫斯（Hurst & Reeves，2004）认为，风险分担不能从单一的利益相关方考虑，而应该从整体利益去考虑，并且应该从项目的生命周期在动态变化的背景下去通盘考虑。

柯永建（2010）认为，风险应该由风险控制力强的一方控制，这样才能对风险有更好的了解，才能降低风险发生概率，减少损失。此外，无论是哪一方承担风险，都应该有上限，使承担者承担的风险在可控范围之内，否则 PPP 项目将很有可能因风险而中断甚至失败。王雪青和喻刚（2007）在研究中提到风险分担结果应该使得总成本低，损失小，各个承担风险的参与方还要有能力控制自己所承担的风险，保证不会给其他参与方添加损失。杜亚灵等（2020）通过对政治不可抗力风险的风险分担的研究，识别出 10 个政治不可抗力事件，并在此基础上分级得出 7 个关键事件，通过对这件事件的研究，得出风险分担原则应该要充分考虑灵活性。

（2）风险分担方式。李等（Li et al.，2005）认为，在PPP项目风险分担中，可以将大部分风险转嫁给社会资本，这样会使得风险分担更加有效率，而且法律变更的风险应该由参与方共同承担，但是如果未预测到的法律变更应该由政府承担。汉弗莱斯等（Humphreys et al.，2003）认为，市场风险在由私人部门承担的时候，所有的风险收益也应该由其享有。兰等（Lam et al.，2007）认为，良好的风险分担需要写进合同中，用合同来约束各参与方的风险分担行为。

郭健（2013）提出，政府部门和私人机构之间良好的风险分担可以提高项目的运行效率。张曾莲和郝佳赫（2017）认为，不同的风险应该由不同的部门承担，其中政府信誉风险、政治环境稳定性等跟政府有关的风险应该由政府来承担；而项目建设中的技术风险等应该由社会资本承担；还有的风险需要双方共同承担，例如法律变更风险等。

（3）风险分担方法。杜等（Du et al.，2021）基于模糊Borda方法和协同效应理论表明：项目参与方协同作用的增强，不仅降低了投资风险对项目收益的影响，而且还提高了项目参与方风险承担的意愿，积极承担项目风险，实现PPP项目的协同效应。黄等（Huang et al.，2021）建立了一个综合经济模型，分析了高铁项目融资中的最优公私伙伴关系。该模型考虑了高铁对区域经济的溢出效应，但无论是方向（即对区域经济的利与弊）还是规模都是不确定的。王等（Wang et al.，2021）运用扎根理论分析了我国14个省份的40个PPP项目，发现合同治理的关键属性是风险分担、采购方式、权利配置和融资机制。关系治理的核心机制是能力信任、声誉信任、制度信任和相关承诺信任。杨和谭（Yang & Tan，2020）从银行角度出发，建立了涉及4个阶段37个风险因素的综合风险评价指标体系。同时，采用模糊评价法计算重心值，并在此基础上，建立了基于风险偏好的三方静态博弈模型。然后，通过分析博弈的支付矩阵，总结出风险分担的平衡点。

王蕾等（2017）基于合作博弈风险分担模型，通过网络层次分析法引入合作机制、风险控制等5个因素，研究不同因素对风险分担比例的影响。陈海涛等（2021）运用结构方程、Bootstrap和PRODOCLIN方法

研究了风险再分担、公平感知和私人部门行为之间的关系。郭健等
（2013）基于社会资本和政府的非对称地位，采用讨价还价的博弈模型，
分别探讨了完全信息和不完全信息条件下的子博弈精炼纳什均衡，研究
发现，先出价的一方会在风险分担中处于优势地位。孟惊雷（2019）
基于博弈论对政府和社会资本之间的风险分担进行了研究，分别运用
了讨价还价博弈模型和演化博弈模型从不同的角度对风险分担进行了
研究。

1.2.2 PPP 项目合作中政府与社会资本职能界定

1. PPP 项目政府监督

良好的政府监督可以促进 PPP 项目高效率完成。蔡等（Cai et al.，
2014）在现有基础设施政府监管的基础上，分析了 PPP 项目政府监管博弈
的必要性，分析了私营部门的政策风险、市场风险和公共利益风险，进而
确定了 PPP 项目政府监管框架的设置。高等（Gao et al.，2019）认为，在
PPP 项目的运营阶段有必要从政府监管的角度出发，基于演化博弈理论对
政府监管模式的选择进行分析。结果表明：政府监管模式与结果对识别投
资者投机行为的概率密切相关。张等（Zhang et al.，2019）以 PPP 项目为
研究对象，构建了演化博弈模型，并利用演化博弈模型分析了 PPP 项目中
动态平衡的政府监管和社会投资者行为之间的演化过程。研究结果表明：
完善监管体系、加大处罚力度、完善政策支持有助于提高政府的监管能力
和社会投资者积极投资的意愿，促进 PPP 项目的健康发展。孙等（Sun et
al.，2015）通过大量阅读相关文献，以 PPP 模式城市基础设施建设为基
础，结合我国监管体制的现状，同时借鉴国外优秀的监管方式，从绿色生
态环保效益出发在监管方式、监管内容、监管流程三个方面对政府监管体
系进行了设计。邢和弘（Xing & Hong，2011）认为，政府监管、公众监督
和激励机制是影响民营企业在再谈判中采取机会主义战略或合作战略的重
要影响因素。在再谈判发生后，通过对民营企业道德风险等相关因素的定
性和定量分析，可以得出道德风险发生的概率，进而设计策略抑制民营企
业在再谈判中的道德风险。

周亦宁和刘继才（2021）认为，社会资本的投机行为会严重损害社会公众的利益，进而影响 PPP 项目的进程，因此需要引进上级政府的行政监管机制，通过演化博弈模型，得到结论：上级部门监管机制对社会资本投机行为有显著的抑制作用。宋波和徐飞（2010）基于委托—代理理论的框架，构建了政府与私有企业合作的动态合作激励监督机制，认为政府外部监督和企业内在激励相结合可以促进 PPP 项目的高效运作。王颖林（2017）基于风险与社会偏好理论探讨了 PPP 项目的奖惩机制，认为政府在 PPP 项目中应该起到监督的责任，并且运用演化博弈模型构建了奖惩激励模型，认为奖惩机制不应该是一成不变的，应该根据合作过程中投资方的态度和项目的实际情况进行适当的调整。张淑敏（2016）认为，在 PPP 模式中，政府应该承担起监督的责任，但是，政府在市场准入监督和寻租行为监督方面还存在明显的不足，并讨论了这些监督的缺失给项目带来的影响。刘梦祺（2019）认为，PPP 模式的实质是一种商事行为，应该用商事思维来考虑，应该将政府监督职权以及其他的隐形风险写进合同，通过合同来限制政府监督的随意性。何寿奎（2009）指出，为了 PPP 项目的高效率实施应该建立起科学的激励机制和监督机制，但是，不同的项目应该确立不同的监管机制，不能一概而论。

2. PPP 项目社会资本参与情况

塔里克和张（Tariq Salman & Zhang，2021）采用文献综述、多案例研究、问卷调查和统计分析相结合的混合研究方法，识别了影响私营部门参与 PPP 项目积极性的因素，评估了这些因素的相对严重程度。翟等（Zhai et al.，2021）以私营部门为视角，通过文献综述、实地调研和风险评估法，从 6 个方面识别出 23 个投资风险指标，利用项目评分工具对 23 个评价指标进行分类和评估，采用层次分析法确定各风险因素的权重。安基特等（Ankit et al.，2020）认为，选择民营企业参与 PPP 项目合同的设计是一个多准则决策过程，文中给出了基于 10 个评价标准和 4 个可选方案的城市污水处理厂规划问题的数值算例，结果显示，研究中使用的方法可以很容易地应用于城市 SWM 服务所需的任何实际案例。弗兰考等（Franco et al.，2020）通过问卷调查进行分析，结果显示：赞比亚的《公私伙伴关系法》在影响私营部门参与公私伙伴关系项目的决策方面并没有发挥重要作用，深入揭示了少有私营部门参与 PPP 项目的部分原因。还确定了修订该法的重点领域，以便吸引和影响能源、高等教育和住房等当前关键领域的私人投资，进而消除已确定的 PPP 项目管理框架不完善和不明确、官僚主义的阻碍、不恰当的风险分担机制以及对私营部门利益相关者缺乏保护等障碍。张等（Zhang et al.，2019）确定了 EVCI-PPP 项目中私人合作伙伴的选择标准，并使用扩展的多标准操作和折衷解决方案（VIKOR）方法来评估备选方案。文中提出了一种扩展的基于 VIKOR 的直觉模糊集的方法来选择最优的私人合作伙伴。龚（Gong，2019）认为，选择合适的民间资本是 PPP 项目成功的前提。该文以城市地下综合管廊 PPP 项目为研究对象，提出了影响民间资本选择的 5 个因素。通过结构方程模型（SEM）构建了私人资本选择影响因素的结构模型，分析了各变量对私人资本选择的影响以及变量之间的相互作用。

王雨辰和胡铁俊（2019）在研究中指出，我国目前 PPP 项目中，社会资本的参与度比较低，即使参与的社会资本也主要集中在共有资本，这主要源于地方政府的选择偏好，因此有必要对我国社会资本的参与情况进行分析，焕发民营企业的积极与活力。曾莉（2019）指出，现阶段我国民营企业参与 PPP 项目的热情并不高，"公公合作"处于绝对优势，原因归结为 PPP 项目收益率较低、民营企业自身能力有限和政府部门失信行为的影响，但这并不符合 PPP 模式的初衷，因此，作者从实证的角度进行分析，发现政府注意力、民营企业实力以及项目经济社会价值对提高民营企业的参与度有显著的影响作用。周月萍和周兰萍（2018）认为，我国目前的 PPP 项目退出机制还不够完善，为了提高社会资本参与 PPP 项目的积极性，应该建立完善的、多元化的退出机制。马勃（2019）探讨了 PPP 项目合同中存在的问题：合同内容缺乏针对性、合同内容不完整、项目风险分配不合理以及合同中违反规章制度要求的内容时有发生；同时分析了社会资本参与 PPP 项目合同条款存在的问题，从合作期限、合作期限、采购价款的确定、项目融资、定价及调价机制和政府保证 6 个方面进行了阐述，并给出了相应建议。赖行健（2017）认为，PPP 模式有利于充分发挥市场机制的作用，但是，目前的 PPP 模式市场化程度并不高，应该放宽市场准入机制，强化政府责任等，提高民营企业的参与度。叶晓甦等（2017）以重庆市企业为研究对象，运用问卷调查和 Logistic 回归分析方法分析了我国西部地区社会资本参与 PPP 项目的情况，结果表明，政府信息公开、政府信用、政府公平与客观解释可以提高社会资本的积极性；反之政府干预和项目复杂性会降低社会资本参与 PPP 项目的积极性。陈婧（2017）指出，应该加快立法，通过立法来解决政府监督、合同性质等问题，以此来提高民营企业参与度。

1.2.3　PPP 项目风险共担与收益共享

目前国内外学者关于 PPP 项目风险分担环节的主要研究成果集中在分担原则的界定上，比如：要求风险由风险管理和控制能力更强的、由风险偏好属性更明显的、由能够更主动降低风险发生概率的、由对风险损失承受能力更强的一方承担（Martinus & Stepher，2006）。在风险转嫁和分担机制方面，学者强调 PPP 项目需要制定合理的使用者收费和财政补贴机制（Wang & Gao，2020）；利用调查问卷、案例分析、雪球抽样、静态博弈求解纳什均衡等实证或量化分析方法搭建研究框架，尝试建立最优公私合作风险分担模型（Mouraviev & Kababadse，2014；Ahwireng-Obeng & Mokgohlwu，2002）。在 PPP 项目的收益分配方面，大部分学者强调 PPP 项目的收益分配应该与风险分担结构充分匹配、对称（寇杰，2016），遵循产权理论收益分配系数还应考虑项目历史建设成本的分摊状况，当社会资本出资方有更高的公平偏好时，政府可以获得更高的社会收益（Li et al.，2017）；利用供应链收益共享合同的原理，引入分配系数协调合作双方的风险收益状况（Cachon & Lariviere，2005）。

当前我国的 PPP 项目运营阶段一旦出现问题，主要是财政出资赎回，形成社会资本的市场风险财政化转嫁倾向。如果在合作过程中引入政策性贷款等融资方式，可能进一步导致金融风险和财政风险的相互转化。通过 PPP 项目合同的规范，政府与社会资本合作方在技术、运营等方面的风险可以有效地分担，但并不能避免相应的财政风险（刘旭辉、陈熹，2015）。而风险分担机制不健全又恰恰是激化财政风险甚至诱发债务危机的重要导火索，对 PPP 项目最终的绩效评价结果有着极为重要的影响（周立柱，2017）。关于 PPP 项目的财政承诺，则是一种"道义"上源自市场的隐性风险转嫁，要在财政承诺中确定项目风险识别主体、风险评估程序和结果、预算决算对比监督资金使用效益、公私合作双方的权责划分等问题。在风险分担中，国内学者倾向于采用"物有所值"（value for money，VFM）评价体系和基本理念，提出在公私合作的完整生命周期内，要动态调整风险分担方案，科学合理引入风险再分担机制（纪鑫华，2015；黄恒振、周国华，2015）。其中，政府部门主要承担的风险有财税政策、法律法规变更风险等，私人部门主要承担施工、运营和维护阶段的"建设—经济—转让（BOT）"阶段性风险，合作双方各自风险承担额度还要有上限（柯永建、王守清，2011）。在政府和社会资本就收益分配进行讨价还价时，政府部门由于时间精力、信息劣势等因素的限制，往往在坐上谈判桌之前就已经处于弱势地位。因此，学术界研究主要侧重于如何增加项目收益分配天平上的"公共砝码"，如基于公平视阈采用熵理论构造 PPP 项目收益分配机制模型（吴思材等，2018）；依托公私合作双方要素资源投入、风险分担与对项目的控制权，定量转化分配收益（徐霞等，2009）。

1.2.4　PPP 项目"按效付费"

1. 柔性合约理论

克鲁兹和马奎斯（Cruz & Marques，2013）阐述了合同灵活性的概念，认为在充分认知某些信息的情况下，允许特许经营者在一定的边界下调整基础设施和公共服务运营方式，适应不断变化的条件，这样可以增加项目的价值。同时还讨论了柔性的几种分类方式，将其分为运营柔性、战术柔性和战略柔性。宋等（Song et al.，2021）使用集成系统动力学（SD）模型模拟了 EVCI-PPP 项目灵活特许期的使用，定义了单一收费降价策略、可变收费降价策略和政府激励策略三种柔性特许期优化方案。董和基娅拉（Dong & Chiara，2010）讨论了"合同柔性分析"，认为合同柔性虽然在实施的过程中会存在一定的执行成本，但是可以有效避免一些风险，可以有效提高项目的整体绩效。洛尔和圣埃芬妮（Laure & Stéphane，2018）强调了公私伙伴关系中合同灵活性的问题。在研究收费公路调整价格的过程中，发现特许合同通常是标准化的和过于僵化的，不允许公共当局根据不断变化的背景和情况加以调整。科卡夫和奇亚拉（Kokkaew & Chiuru，2013）提出了一种新的政府收入担保模型，通过对收入担保阈值的调整来反映项目的跨期风险状况。收益风险是用一个叫作方差模型的随机过程建模的，将收益不足和收益超额建模视作多期期权，并采用多最小二乘蒙特卡罗方法进行定价，选择具体 BOT 公路项目为例，说明了该模型如何在项目评估阶段应用于实践，所提出的模式可能有助于促进东道国政府和特许经营者之间更公平的风险分配。帕尔文等（Parveen et al.，2019）认为，供应链很容易受到供需不确定性的影响，合同中的灵活条款可能会减轻不确定性对供应链有效性的不利影响。阿米尔等（Amir et al.，2018）提出了一个使用实物期权（回报和掉期）的模型来模拟契约的灵活性，并考虑了差异化风险的来源和不确定性。

肖万等（2020）通过研究福建泉州刺桐大桥、广深高速公路两个 PPP 项目，发现两者前期的条件都相似，最后的结果却截然不同，根本原因就是与广深高速公路项目相比较，刺桐大桥项目没有设计一个可调节的柔性机制，结论表明：柔性合同比刚性合同在面临风险时有更强的应对能力。严玲等（2020、2021）通过引入环境不确定性、合同清晰度以及公平感知等情境变量，来探讨柔性的调节作用。另外还基于风险分担视角，结合定量分析法确定了合同柔性的测量量表，分别探讨了柔性在初次风险分担和再分担中的作用。徐永顺等（2019）认为，合同柔性可以有效提高项目的价值。殷小炜（2015）运用相关分析以及回归分析等的统计方法研究了PPP 项目合同柔性对合作效率的影响作用。冯珂等（2015）基于 31 个典型的 PPP 项目的案例总结了 7 个特许权动态调节措施，并阐述了其在项目中的作用。

2. 绩效预算管理

莫拉迪等（Moradi et al.，2021）认为，项目绩效管理是评价和控制项目成功的一种方法。邹等（Zou et al.，2021）在有效的理论基础上构建了多目标优化模型，并利用遗传算法得到一个能考虑企业绩效考核指标的弱帕累托有效解。蔡等（Cai et al.，2021）以问卷调查和专家访谈为基础，梳理了 PPP 项目绩效评价管理的概况，对 PPP 项目整体绩效的要点、成功因素、项目实施中存在的问题、绩效评价结果的应用等进行了探讨和分析。里安纳等（Rianne et al.，2018）考察了信任和管理活动与 PPP 项目中感知绩效和合作过程的关联程度。通过对参与荷兰 PPP 项目的 144 名受访者的调查数据进行多层分析，得到结论：信任和管理与这些项目的感知绩效显著相关。哈利德和哈利姆（Khalid & Halim，2017）的研究表明，项目的技术可行性、社会支持和地方金融市场对时间绩效有显著影响；详细的成本—效益评估对成本、时间和质量性能有重要影响；适当的风险分配和所有利益相关者的多利益目标是服务绩效的重要预测因子。泰伦等（Taryn et al.，2015）认为，改善业绩的重要推动力包括明确的政策和程序、赋予管理人员与工作人员权力和培训以及加强问责制。

赵延超等（2019）通过研究表明，信任和合同柔性均对项目绩效有显著正向作用。陈少强和郭骊（2020）认为，PPP 项目中的不确定性应该予以重视。项英辉和乌立慧（2020）认为，PPP 项目中的政府付费及可行性缺口补助应该和项目绩效有效联系在一起，这样可以提升 PPP 项目绩效管理水平，切实做到按效付费。王守清等（2020）利用多元线性回归模型度量了政府行为对 PPP 项目绩效的影响，研究表明，不同类型政府行为对 PPP 项目绩效影响不同，政府前期准备、政府服务对移交期绩效影响较大，项目治理则对建设期和运营期绩效具有显著影响。袁竞峰等（2012）通过文献综述和问卷调查确定了 48 个 PPP 项目绩效指标，运用结构方程模型证明了 PPP 项目成功的影响因素与项目绩效之间存在正向的关系，且影响程度不同。

1.2.5 国内外研究述评

综上所述，国内外学者在 PPP 项目的风险分担与收益共享、政府监督与社会资本参与积极性、柔性契约理论以及"按效付费"约束支出责任等方面都有一定的研究。在对 PPP 项目的风险研究中，风险识别是第一步，不同的学者按照不同的研究方法对风险进行了分类，有研究将风险分为内生风险和外生风险；当然也有研究将风险具体分为政府信用风险、融资风险、不可抗力风险等。在风险识别的基础上需要进一步对 PPP 项目进行风险评估，风险评估的方法有很多，大体上可以分为定性分析和定量分析，具体而言包括蒙特卡罗模拟方法、层次分析法、敏感性分析法以及结合模糊数学构建的模型等。风险识别和风险评估的目的就是将 PPP 项目风险在各参与方之间进行良好的风险分担，更好地应对风险，减轻风险损失。良好的风险分担策略是建立在公平的风险分担原则和合理的风险分担方式、方法之上的，大多数学者认为，PPP 项目风险应该按照风险损失和风险收益对等的原则进行风险分担，应该将风险分担给更有控制力的一方，这样可以最大限度降低风险损失。但是也有少数学者认为应该将风险分担给风险偏好弱的一方，因为风险偏好弱的一方往往更加谨慎，更加注重风险的规避，追求稳定的收益，可以激励其应对风险的积极性。综上所述，无论采用哪种风险分担原则，最终的目标都是使得项目整体的成本和损失最低，要从整体和大局出发，综合考虑 PPP 项目的全生命周期的阶段性特征。

PPP 项目的参与方众多，各方在风险分担时更像是一种博弈，都在尽可能降低自身风险，因此，很多学者采用博弈方法对 PPP 项目在各参与方之间的分担进行研究，本书从合理性和可行性的角度出发，分别采用讨价还价博弈和演化博弈方法对风险分担进行了研究。PPP 项目的重要参与方包括政府、社会资本、银行、金融机构等，每个参与方在 PPP 项目中都担任着不止一种角色，例如政府不仅是项目的发起方还是项目的监督方、投资方等，在 PPP 项目政府监督方面，大部分学者都一致认为政府监督仍需加强，甚至应该写进合同，以此来限制政府监督的随意性。社会资本在 PPP 项目中担任着投资方、经营方以及承包商等角色，PPP 模式的本质就是为了引进社会资本的管理经验和技术水平，提高市场活力，因此，社会资本的参与情况很重要，不少学者表明我国当前阶段社会资本对 PPP 项目的参与热情不够高。但是也有文献表示，社会资本中的国有资本和私人资本在获取 PPP 项目的概率时并无多大差异，重点还是资本的融资能力、信用程度以及管理经验情况等导致的获取 PPP 项目的概率不同，因此应该加强自身的能力建设，当然政府部门也应该制定相关的鼓励政策来提高社会资本参与 PPP 项目的积极性。

鉴于 PPP 项目的不确定和动态可变性，柔性契约理论越来越被重视，很多学者从不同的角度，运用不同的模型方法对合同柔性进行了分析，而且最后的结果都证明合同柔性比刚性在面临不确定时有更强的应对能力。但是值得注意的是，柔性和刚性都是相对的，都存在优势和劣势，完全的刚性缺乏灵活性，完全的柔性也会带来预算软约束的弊端，因此要兼顾两者之间的均衡。最后，绩效预算管理在 PPP 项目中已经得到了广泛的应用，政府性付费以及可行性缺口补助应该和绩效挂钩，根据绩效水平进行适当的补助。绩效预算管理制度可以避免"政府兜底"的现象，视项目运营绩效的优劣给社会资本适当的补助或惩罚，可以有效提高 PPP 项目的实施效率。

虽然相关文献研究已经很多，但是，我国的 PPP 项目起步比较晚，而且在实际运用过程中，国家与国家之间存在差异性，不能直接照搬照抄他国的经验。即使在我国的 PPP 项目中，不同省份乃至不同行业之间的 PPP 项目也是存在显著异质性特征的，更加不能一概而论。目前关于 PPP 项目风险分担的研究仍侧重于学理性，分析结果是否广泛适用于具体项目实践还有待进一步研究。并且基于 PPP 项目本身的周期长、动态性的特点，即使事前落地过程中签订契约已包含完整的风险分担方案，但是，后期很有可能出现之前未曾预料的风险，或者在 PPP 建设过程中发现之前的风险分担方案存在漏洞，所以要对风险分担方案进行调整，这就需要采用基于柔性契约的风险分担机制。鉴于此，本书首先界定了 PPP 的相关概念以及柔性契约的概念，在此基础上阐述了和 PPP 相关的公共产品理论、委托—代理理论、项目风险理论等，为本书的研究奠定了基础。随后介绍了 PPP 项目风险分担的总体框架，并总结归纳了 PPP 项目风险分担的柔性机制。最后，在研究了相关理论基础之后，采用定性比较方法（QCA）对风险进行了识别，并对其重要性进行了排序，进而运用多种计量模型和动态博弈模型对影响 PPP 项目的重要风险因素进行了研究，为 PPP 项目的高效发展提出了可行性的建议。

1.3 研究内容、思路与方法

1.3.1 研究内容

本书主要包括以下研究内容。

（1）PPP项目风险和柔性机制的概念界定及相关理论基础。本书详细梳理了不同国家和机构对PPP模式概念的理解，以及PPP项目风险的分类和特征，并在此基础上进一步阐述了柔性和柔性契约机制的概念和框架，为下文中的风险分担和柔性机制研究奠定了良好的基础。立足于政社合作交易契约、委托—代理和信号传递等相关经典理论，阐述了PPP模式在我国发展的必要性；介绍了PPP项目不同阶段的风险特征及动态风险管理的流程；通过对博弈论和演化博弈适用范围的应用解读，证明了不完全信息动态博弈模型模拟PPP项目风险分担和收益分配的动态仿真原理。

（2）PPP模式不同角度的发展现状研究。我国引入PPP模式相对比较晚，很多方面还不太成熟，应该要充分借鉴国外PPP模式的发展经验。首先，详细梳理了我国PPP模式从引进到现在的详细发展情况，另外还总结归纳了英国、澳大利亚和加拿大的PPP模式发展情况，以便从中吸取经验教训，为我国PPP项目的发展提供借鉴意义；其次，从不同行业角度、收益回报机制角度以及财政支出责任角度综合全面分析了我国当前PPP模式的现状；最后，分省域、市域进行PPP模式的财政承受压力测试，并进一步预测未来演变趋势。

（3）PPP项目风险分担框架及柔性契约机制研究。在充分阅读国内外文献和众多PPP项目案例研究的基础上，总结归纳了PPP项目的风险分担框架以及风险分担监管的相关内容。采用了目前应用比较广泛的一种分析方法——定性比较分析（QCA）从定性和定量的双重角度对PPP项目的风险进行了系统的分析，并基于33个典型的PPP项目案例，运用fm-QCA软件对单一风险变量和风险组态进行了分析，并对主要风险因素的重要程度进行排序。考虑到 PPP 项目会面临很多的不确定性，应对不确定性的办法就是设置柔性机制框架。本书探讨了柔性和刚性的区别，以及两者之间的关系，从建设期和运营期两个时期分别梳理 PPP 项目合同的柔性条款设计。

（4）PPP 项目的风险分担和收益分配研究。在 PPP 项目风险分担研究中，基于柔性再谈判机制采用讨价还价动态博弈模型对完全信息和不完全信息下的最优风险分担比例进行了探究，并将这些风险分担比例制成表格进行对比，最后得出先出价的一方具有先动优势；信息的公开程度和社会资本参与 PPP 项目的积极性有关。在风险分担的基础上，PPP 项目也需要做好公平的收益分配，以此来补偿财政和社会资本各自的风险损失，因此引入政府监管绩效考核下的收益分配模型。为了证实相关结论的可靠性，引入特色小镇类 PPP 项目案例和城市轨道交通 PPP 项目案例进行佐证，验证案例结论与 SHAPLEY 模型结论契合，为制定最优风险分担和收益分配策略提供借鉴意义。

（5）社会资本参与 PPP 项目风险分担的行业异质性分析。定性说明我国财政部在库 PPP 项目的行业差异分布的现状。阐述财政透明度影响社会资本在选择是否参与不同行业的 PPP 项目决策的内在机理，以及官员晋升激励和财政透明度之间的交互作用。构建计量模型、选取变量并定义变量，运用 Logit 模型和固定效应模型进行实证研究。

（6）政策建议。基于以上对 PPP 项目风险的探讨和分析，提出了针对性的政策建议。

1.3.2　研究思路

本书的研究思路如图 1 - 1 所示。

1.3.3　研究方法

（1）文献分析与归纳总结演绎相结合。在对国内外 PPP 项目风险识别、风险分担、柔性机制等文献进行大量阅读和分类整理后，总结归纳出

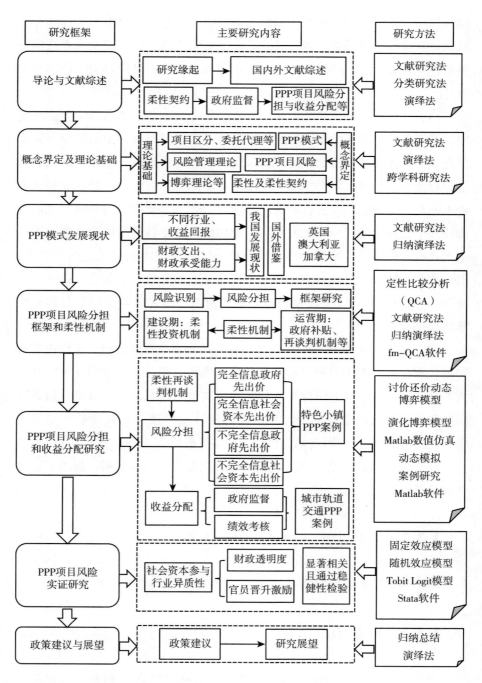

图 1-1　研究思路

可借鉴的理论与方法，并在此基础上提炼出可创新的思路和方法。结合典型案例，总结归纳出 PPP 项目可能面临的风险，对 PPP 模式有一个更深层次的理解。

（2）理论分析与模型分析相结合。在对文献和案例进行分析的过程中，提炼出理论框架，例如本书中的公共物品理论、契约理论、项目风险管理理论、博弈论等；在理论的基础上，结合动态博弈模型，探讨政府和社会资本之间的风险分担和收益分配比例，得到客观科学的结论。

（3）定性分析与定量分析相结合。本书采用了定性比较分析（QCA）和固定效应、随机效应等计量模型分析相结合方法，定性分析从"质"的方面对 PPP 项目风险分担进行综合及抽象的概括，定量分析从"量"的方面对 PPP 项目风险影响因素进行客观科学的描述。

1.4 创新之处

（1）在 PPP 项目柔性机制研究中，大多文献都侧重于事后适应性条款的研究，本书从事前激励的角度分别探讨了 PPP 项目建设阶段和运营阶段的柔性机制，尤其是建设期的柔性投资机制，社会资本应该享有柔性投资时间、投资规模以及转移股权的权利，这样不仅可以提高社会资本的参与积极性还可以提高 PPP 项目实施效率，避免造成时间和成本的浪费。

（2）很多文献都对 PPP 项目全生命周期风险管理进行了研究，尤其在风险识别和风险评价方面，大多数文献都采用模糊层次分析法。本书基于大量案例研究的基础上，采用了定性比较分析法（QCA），从"质"的角度对 PPP 项目风险进行了研究，根据 PPP 项目风险的特点采用了多值集定向比较分析法，对 PPP 项目全生命周期的影响因素进行了单一必要性分析和组态分析，从而识别出 PPP 项目风险的影响程度，为我国后续的 PPP 项目风险管理以及风险分担提供了参考价值。

（3）PPP 模式涉及的行业之间存在自身属性差异，因此，本书重点考虑了 PPP 项目涉及行业的异质性，并将地方政府财政透明度和官员晋升激励放在一个框架内，从财政角度和行政角度，跨学科研究社会资本在不同地区参与各行业 PPP 项目的积极性，丰富了财政透明度和官员晋升激励对 PPP 模式的文献。现有研究大多集中于宏观环境对社会资本参与 PPP 模式的整体影响，而对我国国内社会资本参与各行业 PPP 模式差异性的研究较少，因此，研究视角存在一定程度的创新。

第 2 章

概念界定及相关理论基础

2.1 概念界定

2.1.1 PPP 模式的概念、特征以及分类

1. PPP 模式的概念

由于解决基础设施"瓶颈"作用需要，英国最早提出了 PPP 模式的概念，即由政府和私营企业签订协议，政府授予私营企业投资建设、运营以及管理项目的权力，并最终向社会提供公共基础设施或服务。PPP 模式是政府与私营部门合作提供社会公共产品或服务的一种全新的方式，这种模式中政府和私营部门是合作伙伴的关系。在 PPP 模式被广泛关注之前，建设—经营—转让（build-operate-transfer，BOT）、私人融资活动（private finance initiative，PFI）曾经被用作表示私有部门投资参与公共产品或服务的具体合营模式，近年来广义 PPP 模式涵盖的多种特许经营方式有了越来越宽广的行业、地域使用空间，由此 PPP 逐渐成为人们心目中一致认为比较专业的基础设施社会资本运作方式（梁晴雪、胡昊，2018）。

目前，国际上对 PPP 模式的解释还没有一个统一的概念，不同国家、不同地区以及不同机构对 PPP 模式都有不同的理解，详细情况如表 2-1 所示。

表 2 – 1　　　　　　　　　国际机构对 PPP 模式的定义

机构	文件	PPP 模式含义
世界银行（World bank）	《PPP 参考指南》	政府部门和社会资本签订的一种长期合同，合同中规定，社会资本主要负责提供管理经验和技术支持，并获得与绩效相符合的报酬
联合国欧洲经济委员会（简称欧洲经委会，UNECE）	《提升 PPP 良好治理指导手册》	公共部门与私营部门的合同创新，私营部门利用其资本和能力在预算内按时交付项目，而公共部门要以社会利益最大化为目标继续向社会大众提供这些基础设施和服务
亚洲开发银行	《公私合作手册》	政府为了更好地提供公共基础设施和服务而与私营部门之间建立的合作伙伴关系
美国交通部联邦公路管理局	《美国交通基础设施项目实施 PPP 用户指南》	公共部门与私营部门之间形成的长期协议，允许私营部门比传统方式更多地参与交通基础设施项目，包括更新改造、施工、运营、维护和管理
世界银行和国际项目管理协会	《PPP 资格证书体系指南》	为了公共设施的开发和管理，政府机构与私营伙伴之间签订长期合同，要求私营伙伴承担主要风险和管理责任，并提供大部分的资金和承担相关风险，从而获得与绩效显著挂钩的报酬，或取决于设施使用或服务需求的报酬

资料来源：叶苏东. PPP 模式理论与应用 [M]. 北京：清华大学出版社、北京交通大学出版社，2018.

　　随着 PPP 模式在我国的不断推广，财政部[①]和发展改革委[②]也对 PPP 模式的定义做了详细解释。通过对比可以发现，虽然财政部和发展改革委对 PPP 模式的定义都强调了政府和社会资本的合作关系，但是侧重点还是有所不同。财政部侧重于合作，而发展改革委侧重于效率。

　　从合作的角度来看，PPP 模式强调的是政府和社会资本基于合同而建立的一种长期合作关系，其中社会资本负责提供设计、运营、建设等大部

---

　　① 《财政部关于推广运用政府和社会资本合作模式有关问题的通知》：政府和社会合作模式是在基础设施及公共服务领域建立的一种长期合作关系。通常模式是由社会资本承担设计、建设、运营、维护基础设施的大部分工作，并通过"使用者付费"及必要的"政府付费"获得合理投资回报；政府部门负责基础设施及公共服务价格和质量监管，以保证公共利益最大化。

　　② 《国家发展改革委关于开展政府和社会资本合作的指导意见》：政府和社会合作模式是指政府为增强公共产品和服务供给能力、提高供给效率，通过特许经营、购买服务、股权合作等方式，与社会资本建立的利益共享、风险分担及长期合作关系。

分工作，政府部门负责项目整体的监管，这种合作方式可以充分发挥政府和社会资本的优势。从效率的角度来讲，PPP 模式侧重于提供公共基础设施的能力和供给效率。这种效率是跟原始的由政府提供基础设施的效率进行比较，通过特许经营、股权合作等方式高效提供公共基础设施。在 PPP 项目实施过程中，合作和效率应该同等重要地被对待，如果只注重合作而忽视效率，那么 PPP 模式仅仅是公共基础设施供给方式上的改变，没有体现出 PPP 模式的真正效用；相反，如果只注重效率而忽视合作，那么政府和社会资本之间的契约关系就会浮于形式。合作双方的责任如果不能很好地落实，那么效率也只是一种奢望，PPP 模式就会失去其本身真正的价值。因此，在 PPP 模式中，应该将合作和效率处于同等重要的地位，才能更好地发挥参与方各自的优势。

总之，本书研究的 PPP 项目模式可以被准确界定为"公共部门与私营部门进行合作，用于公共基础设施和服务的建设和运营，双方发挥各自的优势，共担项目风险和责任、共享项目收益，为公众提供更好的产品和服务"，研究对象主要围绕财政部管理库和储备库入库 PPP 项目展开，风险分担和收益共享、契约柔性机制、财政支出责任触线等内容分别从项目合同中进行文本数据挖掘。

2. PPP 模式的特征及分类

PPP 模式是政府和社会资本合作提供公共基础设施建设的一种新型模式，在该模式中，政府和社会资本各自发挥自己的优势，有机结合政府行政调控与市场资源配置力量。PPP 模式的基本特征就是伙伴关系、风险共担以及利益共享。

（1）伙伴关系是 PPP 模式的典型特征。政府部门和社会资本之间是合作伙伴的关系，不存在上级和下级的区分，是通过合同来明确界定双方的权利和义务，共同为基础设施建设或服务出谋划策。政府的目标是实现社会公共利益最大化，社会资本的目标则是实现盈利，获得利润最大化。

（2）风险共担是 PPP 模式的重要特征。PPP 项目周期长，过程复杂多变，因此存在很多风险，良好的风险分担有利于 PPP 项目的顺利进行。风险共担是指在整个 PPP 项目风险体系中，应该由不同的机构分别负责承担相应的风险，其中包括政府独立承担风险、社会资本独立承担风险、金融机构独立承担风险以及两方甚至三方共同承担风险。

（3）利益共享是伙伴关系的基础。政府和社会资本在 PPP 模式中是一个整体，而不是相互竞争的关系，双方应该要做到利益共享。

除了上述基本特征外，PPP 项目还具有长期性、复杂性以及多样性的特征。PPP 项目一般都是长达数十年的项目，在这个过程中会出现很多不确定性，即使有合同的约束，也很难做到非常完美，这本身就是一个很复杂的事情，因此说 PPP 项目具有长期性和复杂性。PPP 项目具体形式有很多种，详细分类情况如表 2 - 2 所示。

表 2 - 2   **PPP 项目按照运作方式的不同分类**

外包类	模块式外包	SC（服务外包）
		MC（管理外包）
	整体式外包	DB（设计—建设）
		DBMM（设计—建造—主要维护）
		O&M（运营和维护）
		DBO（设计—建造—运营）
特许经营类	TOT	PUOT（购买—更新—运营—移交）
		LUOT（租赁—更新—运营—移交）
	BOT	BLOT（建设—租赁—运营—移交）
		BOOT（建设—拥有—运营—移交）
	其他	DBTO（设计—建造—转移—运营）
		DBFO（设计—建造—融资—运营）
私有化类	完全私有化	PUO（购买—更新—运营）
		BOO（建设—拥有—运营）
	部分私有化	股权转让或者其他

资料来源：李海波等. 政府和社会资本合作（PPP）全流程指引 ［M］. 北京：法律出版社，2015.

表 2 - 2 中可以看出，PPP 项目的运作方式多种多样，其中外包类就是指政府保留项目的所有权，将项目进行外包，社会资本或者项目公司进行有偿管理。特许经营是指在特定时期内将项目交给社会资本进行管理，特许期满再由社会资本移交给政府，即政府享有项目的所有权。私有化就是

指社会资本享有项目的所有权，政府承担监督、协调等职责。

3. PPP 模式的全生命周期

PPP 模式的全生命周期是指项目从立项、设计、融资、建造、运营、维护至移交的完整周期（见图 2 - 1）。相较于传统项目管理而言，PPP 模式的全生命周期扩展了项目识别以及准备、后续的移交和绩效考核等流程。通过落实全生命周期治理，接入项目运维的理念、方法和技术，能够有效地解决以往项目规划和建造的内容不匹配、建设和营运阶段的脱节、分段式碎片化管理、未能有效衔接等问题，以市场化的思维方式、专业化的经营运作方式，有助于提升项目质量，提高经营效率，有利于减轻投资压力和运维成本，一定程度上降低政府的或有财政支出责任，帮助识别和避免可能产生的隐性财政风险。

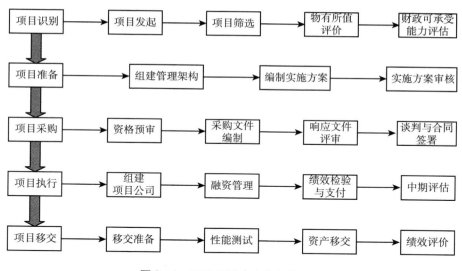

图 2 - 1　PPP 项目全生命周期流程

2.1.2　PPP 项目风险及收益分配

1. PPP 项目风险概念

目前，风险一词尚未形成统一的定义，有学者将风险定义为，某种条件下损失发生的可能性以及损失可能的大小或变化程度；还有学者将风险定义为收益或损失的不确定性。由于对风险的认知和理解程度不同，不同的学者从不同的角度对风险进行了定义，总结起来可以归纳为以下几种观点：风险是损失发生的不确定性或损失发生的概率；风险是可能发生的损失的大小和损失发生的可能性；风险是指可能发生的损失危害程度的大小；风险是指所有可能结果的概率分布的方差。

由此可以看出，无论风险的定义到底是什么，其核心含义是指未来结果的不确定性。大自然中存在很多不可抗力的风险，人与人、集体与集体、国家与国家之间都会存在很多不同类型的社会风险、政治风险以及经济风险。

对于 PPP 模式而言，风险的来源有很多，这跟 PPP 模式本身的特征有密切的联系，主要来源于以下几个方面的不确定性：首先，PPP 项目的投资规模大，需要投入大量的资金，由此可能带来投融资风险；其次，PPP 项目周期比较长，一般都是长达数十年，在这么长的时间里，一定会伴随很多未曾预料到的风险，例如领导换届的风险、法律法规变更风险等；再次，PPP 项目参与方众多，例如政府、银行团体、金融机构、承建商等，导致协调各参与方之间的关系极其困难，增加项目的不确定性，由此带来风险；最后，PPP 项目的合同复杂，对于 PPP 项目众多不清晰、不完备的条款而言，没有十全十美的合同，合同执行过程中也会存在不确定性，因此造成风险。

2. PPP 项目风险特征

（1）PPP 项目风险具有不稳定性。PPP 项目中的风险不稳定性主要体现在风险的种类、风险发生的时间、风险发生的概率以及风险发生所导致损失的大小等。PPP 项目中风险的不稳定性是因为 PPP 项目处于不断动态变化的环境中，这其中存在很多不确定性，有些风险可以预测，有些风险无法预测，不仅如此，预测到的风险不一定发生，没预测到的风险却有可能发生。除此之外，PPP 项目是由政府和社会资本共同合作展开的项目，而政府和社会资本的目标利益是不同的，双方所处的地位也是不平等的，所掌握的信息也是不一样的，存在转嫁风险的情况。因此，PPP 项目中的风险存在不确定性。

（2）PPP 项目风险具有复杂性。PPP 项目规模大、周期长、所处的环境存在很高的不确定性，而且 PPP 项目在实施过程中容易受到政治、经济等外界环境的影响，因此面临的风险呈现出种类多且复杂性高的特点。风险存在于 PPP 项目的全生命周期，而且很多种风险之间可能存在关联关系，会产生相互增强或抵消的作用，对风险识别和评估的准确性增加了很大的难度。

（3）PPP 项目风险存在阶段性。PPP 项目的全生命周期中存在不同的阶段①，不同的阶段会产生不同的风险。招标阶段会存在社会资本故意压低招标价格的风险以及贿赂风险；融资阶段会产生融资困难、融资成本高等风险；建设阶段会存在设计风险、施工风险以及费用超支风险等；运营阶段会存在运营成本过高、运营收入低、政府违约以及维护费用高等风险。还有的风险会贯穿整个项目的生命周期，例如经济风险、法律变更风险、政治风险以及不可抗力风险等。

3. PPP 项目风险分担

（1）分担原则。风险分担的划分原则清晰透明，在研究中趋向成熟，具体可以划分为以下几方面：一是风险收益对等原则，合作各方风险分担应与自身所能分享的收益匹配，特色小镇要想获得盈利，特色产业要想可持续性发展，各参与方的风险、收益等要分配合理；二是有效控制原则，应该由最具控制力的参与者负责相应的风险，比如，对于法律法规、政策等政治方面以及文物保护等方面的风险由控制力度大的政府来承担更合适；三是承担上限原则，即便有主动承担风险意愿的参与方，也应该尽量保证其承担的风险与自身风险控制相关；四是风险分担契约应进行动态调整和采用再分配原则，特色小镇发展的各个阶段风险具有不确定性，比如，运营期间亏损严重或者出现环境污染、安全隐患等风险都要进行及时排查并明确责任归属。

---

① 通常而言，PPP 项目全生命周期分为准备阶段、招标阶段、融资阶段、建设阶段、运营阶段和移交阶段。

（2）分担流程。PPP项目的风险来源具有动态性、随机性和内外生变量交错的特点，这就导致了健全的风险分担机制难以一次促成，风险分担的完整过程可划分为三个阶段：第一阶段，在项目的决策阶段，解决PPP项目风险因素在各参与者之间的归属问题，首先全面识别PPP项目各阶段可能会出现的风险后，测算出不同参与方的风险最优贴近度并以此值排序，选择单一来源风险的最优承担者；第二阶段，解决PPP项目上一阶段未达成一致的风险归属、各参与主体共同承担的多源性风险、突发新风险等的风险分担问题，需要经过参与方进行谈判，确定参与主体的具体共担比例，最终达成意见一致，这一阶段主要研究风险承担者为政府部门和私人部门；第三阶段，由于PPP项目的周期比较长，所面临的环境比较复杂，而且在事前穷尽所有的风险是不可能的，因此，在事中和事后会出现新风险，将这些事前未预测到的风险按照风险初步分担和再分担模型明确归属方和分担比例。

4. PPP项目收益分配

（1）产出分享模式。产出分享模式是当前PPP模式中运用最多的收益分配方式，是指政府和社会资本通过深入的协商谈判，决定按照约定的比例从项目总收益中分得自身的收益。例如，城市轨道交通项目往往都是资金使用量大、建设和运营周期长、对技术要求高、资金收回慢、成本的收回具有很大的不确定性，因此，政府不会盲目地向社会资本承诺投资回报，而是根据项目运行状态，根据取得的利益按协商谈判的方式分配收益。

（2）固定支付模式。固定支付模式是指根据社会资本在项目中承担的责任和义务，在项目运营过程中或协议约定的期限截止时，按照协商好的合同中的比例给予社会资本一次性或者分期从项目总收益中支付约好的报酬。在固定支付模式下，政府占主导地位，在承担全部的项目风险的同时享有全部的收益剩余。

（3）混合型。混合型结合产出分享模式和固定支付模式，政府作为项目的主导方，向社会资本和项目其他的参与方支付固定酬劳。

5. 财政风险形成机制

首先，在 PPP 项目的参与者中，地方政府承担财政风险是以财政承诺为具体载体的。当公共风险发生时，地方政府依据法律和合同的约定直接支付财政承诺，发生显性支出，还包括政府付费、政府担保、政府补偿等。政府财政侧重于追求社会效益，对经济效益和市场价格信号变动作出反应的灵敏度远不如社会资本；但与此同时，社会资本对市场环境变化和政策性风险的抵抗力又明显不及"财大气粗"的政府。由于收益分享过程中难以限制社会资本逐利性，风险共担过程中又难以限制政府的官僚性，最终导致基础设施被迫提前赎回的案例比比皆是。社会资本在 PPP 项目中通过投机行为进行风险转嫁，或由于预期范围外的因素导致 PPP 项目赎回最终都会转化为公共风险，通常要由财政进行"兜底"。在事前风险分担机制设立不健全的情况下，极易由社会资本向财政形成风险溢出。

其次，PPP 项目生命周期长，有的项目长达 20~30 年，其中的不确定因素和不可抗力因素会时有发生，此时，地方政府出于道义责任，不会都转嫁给私人部门，这就会发生隐性推定责任，最终成为地方政府的或有负债。此外，一些 PPP 模式的滥用、不规范的虚假特色小镇 PPP 项目、"明股实债"等，会导致债务危机，一旦发生重大合同风险或者财政集中支付风险势必会打断财政的可持续性。

2.1.3　合同柔性及柔性契约的概况

1. 合同柔性和柔性契约

柔性是与刚性相对的，是适应环境变化的一种能力，也可以指应对不确定性的能力。刚性通常可以描述为僵化、不可变，而柔性则是指灵活性、可变性。随着对项目风险研究的深入，越来越多的学者注意到刚性合约的弊端，因此，逐渐将柔性思想引入项目管理等领域。项目的柔性按照不同的标准可以有不同的分类，可被分为项目合约柔性（娄黎星，2014）、项目产品柔性以及项目实施过程柔性（Olsson，2006）；也有部分学者认为项目柔性表现在项目应对变化时的再谈判及灵活性（严玲等，2015）。

　　柔性契约是指当项目交易的外部环境发生没有预测到的变化时，允许交易双方根据合约的规定，在合约预留的空间内经济而又快速地做出相应的应对策略。因为柔性契约在缔约初期留有一定的柔性空间，所以，柔性契约实际上属于不完全合约的范畴，是为了应对不确定性而制定的一种不完全合约。

　　柔性合同的运用不仅是在项目工程管理领域，已经有很多学者将柔性运用到公共基础设施建设领域，尤其是 PPP 项目。PPP 项目的规模一般都比较大，建设周期长，项目建设过程中也会存在很多不确定性，尤其是当下市场前景面临新冠肺炎疫情防控、国际政治格局不稳定等多重内外部不确定因素影响，因此对柔性管理的需求就显得很迫切。柔性管理允许各个参与方在面对环境变化时及时采取相应的应对措施，有效地适应不确定性，提高项目的价值。

2. 柔性的维度划分

　　在我国的建设项目管理领域中，柔性契约的研究尚属于起步阶段，发展还不够成熟，因此，在柔性维度的划分上，不同的学者有不同的见解，采用比较多的是将合同柔性分为合同条款柔性和合同执行柔性（周培，2014）。合同条款柔性，顾名思义就是在合同条款的设计上加入柔性元素，例如随着市场变化的价格调整机制，针对绩效考核的激励惩罚机制等。合同执行柔性则是指在项目实施过程中以及在合同执行过程中加入柔性元素，例如基于沟通、信任的再谈判触发机制。

　　合同柔性维度不仅和柔性要素有关，还和柔性要素之间的关联有关。笔者通过阅读、整理大量的相关文献，总结出 PPP 项目柔性要素包括实物期权、价格/补偿柔性条款、柔性特许期、变更柔性、风险再分配、再谈判条款、激励条款、执行柔性、争端预警制度等。变更柔性是指合同中规定的项目质量、技术、规模等的变更，还包括项目更新改造以及追加服务的变更、价格条款的补偿和调整等。再谈判柔性是指合同在执行过程中面临自然灾害等不可抗力、特许期调整、法律变更等因素时，重新对合同中的内容进行商议和谈判。激励机制是指合同中规定的针对项目各参与方完成任务的效率和项目绩效的奖励机制。执行柔性是指在合同的执行过程中，可以适当地按照实际情况扩大或缩小参与方的权力或者不一定按照合同中规定的奖惩规定去实施，给予合同执行过程中适当的灵活性。

3. 合同柔性和刚性的区别与权衡

项目签订合同的目的是明确各参与方的权利和义务，并使合同具有法律效力，所以，传统的刚性合同还应该是当前的主流。但是，在刚性合同的基础上加入柔性条款，用来应对 PPP 项目中的不确定性，对于长达数十年的 PPP 项目同样很重要。索伊利等（Soili et al.，2010）等通过采用三角法收集论文数据，发现灵活性通常是通过关系法引入合同中，依赖于商业伙伴之间良好的个人关系、谈判能力以及谈判技巧等。合同文件通常不包含处理意外事件的机制，或"软"合同条款。阿蒂亚斯和索西埃（Athias & Saussier，2007）基于不完全合约理论探讨了 PPP 项目合同，认为应该找到合同刚性与柔性的平衡点，使得项目总成本最小。项目合同刚性与柔性的作用总结如表 2 - 3 所示。

表 2 - 3　　　　　　　　　项目合同刚性与柔性的作用框架

合同性质	积极作用	消极作用	必要性	两者关系
合同刚性	合同刚性可以使项目参与方感受到权利受保护，从而提高其专用性投资的积极性，同时也可以防止机会主义的发生，控制各交易方的原则和底线	缺乏灵活性，不能很好地适应不确定性和风险	有效控制项目参与方不触碰原则和底线	刚性并不排斥柔性，柔性也不排斥刚性，应该找到平衡两者的均衡点
合同柔性	合同柔性可以赋予项目参与方灵活应对突发情况的权力，提高办事效率，同时可以激励项目参与方积极投身于绩效管理，提高整个项目的价值	存在引发机会主义的可能性	为合约注入激励因素，提高项目整体绩效	

合同柔性的概念与合同刚性是相对应的。合同柔性是为了应对环境变化带来的不确定性，而合同刚性则是为了实现合同的保护作用，由法律赋予合同当事人的权、责、利，是不允许缔约一方随环境的变化来调整结果的，为了减少无谓的损失，是一种保护当事人的合约。丹和哈伊（Tan & Hai，2012）根据政府和私人投资者所采用的工具，研究了 BOT 合同的全部和部分灵活性。完全弹性是指政府承诺私人投资的外生收益率，可以根

据观察到的需求曲线以社会最优的方式自由地事后调整契约的情况。部分灵活性是指政府和私人投资者同意通过合同进行事前需求风险分配，而事后合同调整可以以双方的帕累托改进为条件。文中还同时考察了具有两种柔性条件下的最优 BOT 合同。

综上所述，在 PPP 项目中，若采取完全的刚性合约则无法有效应对 PPP 项目中的不确定性，当外界环境发生变化时，合同参与方不能迅速地调整结果以适应这些变化；若完全采取柔性合约则可能会产生投机行为，进而给 PPP 项目带来无谓的损失，因此在制定合约的时候，应当在保护权利的刚性与事后调整再谈判的柔性之间进行权衡和取舍，明确好柔性和刚性的平衡点。

2.1.4　PPP 模式财政支出责任与财政承受能力论证

1. PPP 模式财政支出责任

PPP 项目涉及的财政支出责任，含股权投资、运营补贴、风险承担和配套投入等。PPP 项目中，政府直接的、显性的债务风险一般由协议规定的法定应负担的支出责任和或有债务偿付责任造成的。

一是股权投资支出责任，指的是政府因为项目运行需要，择优选择社会资本共同组建项目企业，合同约定的所需负担的股权投资支出，即政府根据项目企业的股权分配情况，需要承担项目资本金中一定比例的法定支出。社会资本独自出资成立项目企业的话，政府无须负责股权支出。

二是运营补贴支出责任，指的是项目在运维时，政府全部或部分负责的直接支付责任。在政府付费或可行性缺口补助模式中，项目的经营收益无法填补成本和落实回报，政府因此负担全部或者部分的运营补贴；在使用者付费模式中，没有运营补贴支出，因为项目可以自求平衡，政府将根据合同约定及绩效评价结果来评估支付给社会资本的实际绩效奖励。

三是风险承担支出责任，指的是项目实施计划中政府分担各类风险造成的财政或有支出责任。该项支出一般由政府承担的各类风险和因政府缘故造成项目终止等突发状况带来的支出责任，具体的支出额度是依照契约规定的风险分担机制确定的。政府应根据自身职能，考虑各类风险出现的概率及由此带来的支出责任，通过合理的量化方法，科学测算风险承担支出。

四是配套投入支出责任，指的是政府提供的配套工程等投入责任，含土地征收和整理、完善项目和现阶段其他公共服务的有机契合、投融资补贴、贷款利息等。PPP 项目在制订实施方案时，就要考虑合理的配套投入，避免过度的财政支出。

2. PPP 模式财政承受能力论证

在 PPP 模式中，按照《政府和社会资本合作项目财政承受能力论证指引》（以下简称《论证指引》）定义：

$$财政承受能力 = \frac{每一年度全部 PPP 项目需要从预算中安排的支出责任}{地方一般公共预算支出}$$

该文件对财政承受能力的概念及评估内容作了明确界定：财政承受能力论证的核心是对所有 PPP 项目，在整个合作期内政府现有或者未来的支出责任进行识别、测算和控制，在政府的一般公共预算支出年度增速保持稳定时，PPP 项目支出责任越低，对政府未来的财政收支压力影响越小，造成的违约和财政债务风险就越低，也就意味着 PPP 项目财政承受能力空间越大。PPP 项目财政承受能力的提出主要是考察地方政府是否有足够的财力和"财承空间"以确保当期能够发起并在后期持续运营PPP 项目。

2021 年，由于面临高风险的债务问题，鹤岗市的地方政府进行了财政重整。为避免类似鹤岗财政重整问题、防范化解由于 PPP 模式可能引发的隐形债务风险，财政部规定，所有 PPP 项目必须进行财政承受能力论证。即每年从一般公共预算中安排用于 PPP 项目的财政支出不能超过 10%。同时，财政部设定不超 7% 及 5% 的两条预警线。根据财政部政府和社会资本合作中心不定期公布的财政承受能力现状，绘制图 2 – 2。截至 2021 年 9月，超过 5% 预警线的行政地市占比为 44.7%，其中超过 7% 预警线的行政地市占比 28.1%。

截至 2021 年 9 月，在 PPP 项目管理库中，有 2203 个项目财政承受能力超过 5% 预警线。进入预警状态的项目分布情况（见图 2 – 3）。其中，

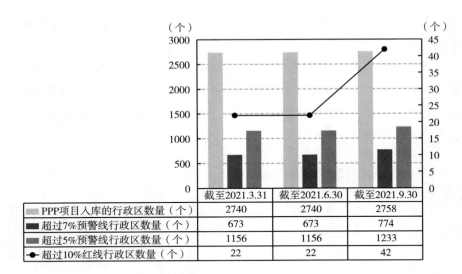

图 2 - 2　2020~2021 年财政承受能力现状

资料来源：笔者根据财政部政府和社会资本合作中心官方网站整理。

超过 5% 预警线的项目主要分布于四川、贵州及安徽；超过 7% 预警线的项目集中分布于河南、贵州及安徽。

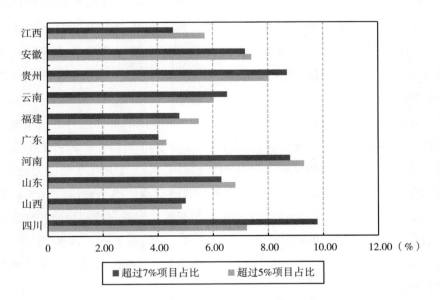

图 2 - 3　2021 年进入预警状态的项目分布情况

资料来源：笔者根据财政部政府和社会资本合作中心官方网站整理。

2.2 PPP 项目相关理论

2.2.1 公共产品理论

公共产品理论的思想最早源于英国著名学者霍布斯（Thomas Hobbes）。他提出了社会契约理论和利益赋税理论。随后英国著名的哲学家大卫·休谟（David Hume）在 1740 年提出了"搭便车"的问题。虽然到目前为止没有明确界定公共产品的概念，但是已经存在公共产品的思想。直到 1954 年和 1955 年，美国著名经济学家保罗·A. 萨缪尔森（Paul A. Samuelson）在其发表的《公共支出的纯理论》和《公共支出理论图解》中正式提出公共产品的概念以及其特征——非排他性和非竞争性。

1. 纯公共产品

公共产品的非排他性是指个体或组织在使用公共产品的过程中不能够通过资金、技术等手段将未付费的其他个体或组织排除出去，或者说排除成本很高；非竞争性是指公共产品在使用的过程中消费者之间不存在竞争性，即每增加一个消费者并不会改变原有消费者的使用效果，即公共产品的边际成本为零。正是由于公共产品这些特征的存在导致公共产品的提供必须由政府来完成。

2. 准公共产品（拥挤性俱乐部产品）

随着经济理论的发展，由政府提供公共产品的方式逐渐暴露出越来越多的问题。詹姆斯·M. 布坎南（James M. Buchanon，1965）在公共产品的基础上给出了"俱乐部"的概念，俱乐部理论认为物质本身并无"公"和"私"之分，认为萨缪尔森用单纯的二分法将物品分为公共产品和私人产品是不严谨的，由此产生了准公共物品的概念。准公共产品介于私人产品和公共产品之间，准公共产品的非排他性和非竞争性是随着使用者数量的变化而变化的，而且这存在一个临界点。当使用者的数量在临界值之内时，消费者的增加不会引起成本的增加，即边际成本为零，但是，当使用者数量超过某个临界值时，消费者的增加就会对原有消费者的使用效果产生影响，如教育、图书馆以及医疗服务等。图书馆中当读者人数较少时，读者的读书质量以及环境的感受都是极好的，但是，随着人数的增多，就会出现拥挤的现象，读者的阅读质量会受到影响。再比如教育就是典型的付费就可以接受的产品，反之，不付费就不可以，这属于私人产品的特征，但是教育对于社会的发展以及人类文明的进步具有显著的正外部性，政府会免费提供大量的义务教育服务，这体现的就是公共产品的特征。

综上所述，准公共物品收取适当的费用是合理且可行的，这样不仅可以有效避免消费者的拥挤现象，也有利于提高资源的配置效率。根据上述描述，图2－4给出了具有外部经济性准公共产品市场均衡的实现过程。

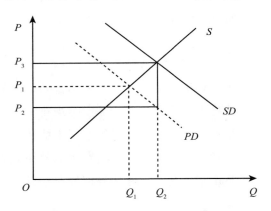

图2－4　外部经济性准公共产品市场均衡

图2－4中的 S 是供给曲线，SD 是社会需求曲线，PD 是私人需求曲线，它们之间的差额为外部收益。如果仅考虑内部收益，均衡数量为 Q_1，加上外部收益，理想的供求数量为 Q_2，但是，该均衡处的成本是 P_3，而收费标准必须降低至 P_2，这中间的差额需要由国家财政进行补贴。

3. 在 PPP 模式中的应用

通过上述分析可知，公共基础设施大部分属于准公共产品，准公共产品的公益性和正外部性决定了公共基础设施应该由政府提供，并且可以适当收取相应费用，而准公共产品的使用者付费又决定了社会资本愿意参与基础设施的建设，如此，PPP 模式就成了公共产品和准公共产品在实践中落地的重要方式。PPP 模式就是政府通过签订合同的方式，引入社会资本，双方合作共同向社会提供公共基础设施产品和服务的一种新型合作模式，这种方式充分发挥了政府和社会资本的优势，政府通过引入社会资本可以借鉴其丰富的管理经验并且获得资金支持，从而高效率地提供基础设施产品和服务。虽然 PPP 模式有很多优势，但是由于 PPP 项目规模大、建设期长以及存在高度的不确定性，致使 PPP 项目在执行过程中存在很多风险，良好的风险分担机制可以为 PPP 项目的顺利实施提供保障。

2.2.2　项目区分理论

根据 PPP 项目的经济属性可以对项目进行分类，而且不同属性项目类别的收益回报方式不同①，详细情况如表 2 - 4 所示。

表 2 - 4　　　　　　　　不同项目的不同回报方式

项目类别	经营性项目	准经营性项目	非经营性项目
回报方式	使用者付费	可行性缺口补助	政府付费

（1）经营性项目。经营性项目是指在特定的时期内，该项目的经营权和决策权都归社会资本，并且这期间内获得的收益也归社会资本所有。在项目的运营期间内，社会资本取得收益的回报方式为使用者付费，收费的具体额度一般由政府根据实际情况来定，既能满足消费者需求，又能符合经济的发展目标，实现公共利益最大化，例如高速公路、航空等的收费标准。

（2）准经营性项目。准经营性项目是指由于国家政策或政府的管控使得项目的自身收益只能保本甚至不足以覆盖成本，未能达到预期的收益目标，致使项目会形成资金缺口，对于此资金缺口政府需要采取一定的补助

---

① 政府付费即项目公司为政府提供服务，政府支付相应的费用；使用者付费即使用者在接受项目公司的服务时需提供相应的费用；可行性缺口补助即项目公司为使用者提供服务，使用者支付相应的费用，同时政府对项目公司进行一定的补贴。

措施。因此，准经营性项目通过可行性缺口补助的方式获得回报。可行性缺口补助的具体方式可以是财政补贴、无偿拨款、减免税费等。如北京4号线，项目建成后，由于地铁关系到公众的切身利益，政府参与了票价的制定，由于票价低不足以收回成本，最后政府给予了一定的补贴。[①]

（3）非经营性项目。非经营性项目不以营利为目的，更多的是为社会大众考虑，是为了获取社会效益最大化，非经营性项目的特点使得该项目只能通过政府付费的方式获得相应的回报。

在我国，随着市场环境的变化例如价格机制、技术进步等，上述三种性质项目之间在某种特定的环境下是可以相互转化的，例如高速公路，在建设时期政府会给予社会资本一定的补贴措施，当各方面环境以及条件得到改善时，这种优惠补贴措施就会取消，仅通过使用者付费来获取收益回报，上述高速公路项目就从准经营性项目变为了经营性项目。

项目区分理论按照项目的经济属性对项目进行了分类，有利于科学界定政府和社会资本的优缺点，充分发挥各自的优势，提高项目整体效率。在定价方面社会资本要接受政府的监督，政府也要充分考虑公众以及社会资本的利益，制定合理的价位。风险分担方面，应该将风险分担给有较好控制能力的一方，使资源得到有效的利用，从而实现政府、社会资本和社会大众共赢的局面。

2.2.3 委托—代理理论

《国富论》中写道："在股份制公司里，由于其管理者掌管的是别人的钱，不可能期望他们像管理自己的公司一样去竭尽心力管理别人的公司。"虽然此时并没有出现委托—代理的概念，但是已经有了委托代理的雏形。美国著名经济学家伯利和米恩斯（Berle & Means，1932）在20世纪30年代中期提出了企业所有权与经营权相分离的理论。这种"两权分离"为委托—代理理论提供了逻辑起点，但尚未形成完整的理论框架，而且当时主

---

① 韩志峰. 中国政府和社会资本合作（PPP）项目典型案例［M］. 北京：中国计划出版社，2018.

要用于公司治理。直到20世纪70年代，委托—代理理论在企业内部信息不对称以及激励机制的相关研究有了较大进展，被广泛应用于城市基础设施建设领域，也慢慢发展成了经济学领域的重要理论之一。

PPP模式是政府和社会资本合作，共同提供公共产品和服务的一种模式，这种模式有利于政企职能分开，使得经营和决策更加自然科学。政府通过招标的形式引进社会资本，这种市场竞争机制有利于找到专业的经营和管理团队，充分发挥政府和社会资本各自的优势，促进项目的有效展开。直观地看，PPP模式是政府作为委托方，社会资本作为代理方，双方通过签订合同，进行授权和管理，形成双方在利益上的委托—代理关系（见图2－5）。实际上，公共设备以及公共服务的原始委托人是社会大众，是社会大众将PPP项目的建设、管理以及维护委托给政府，政府与社会资本合作并签订相关协议共同成立项目公司，将项目委托给项目公司，而项目公司还可以根据实际情况将项目的建设和管理委托给其他机构，例如承建商等。PPP模式下的委托人和代理人是一种长期的合作伙伴关系，这种模式可以有效降低由于信息不对称造成的经济损失，同时还可以抑制代理人的机会主义行为。PPP项目是一种长达数十年的合作模式，这使得委托人和代理人之间不再是短期的博弈行为，而是长期重复的博弈行为，又因为委托代理行为的发生，项目中会产生风险转移的问题，因此，本书从政府和社会资本合作关系出发，利用讨价还价博弈模型以及演化博弈模型分别从不同的角度研究了项目风险的产生和转移。

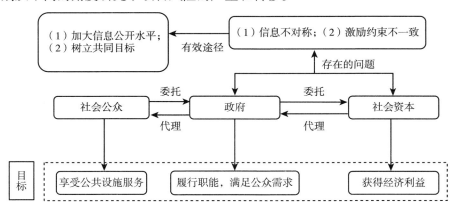

图2－5　委托—代理关系梳理

2.2.4　信息不对称和信号传递理论

传统的新古典经济学理论前提假设之一是信息充分，但是在现实生活中，交易双方很难做到信息的充分，现实中买卖双方往往是信息不对称的，从而导致市场失灵，如二手车交易的柠檬市场（Aberlof，1970；Spence，1973）。当商品的质量这一重要信息，无法被消费者准确得知时，劣质商品会以较低的价格挤占高质量商品的市场，形成"劣币驱逐良币"的现象，这种现象被称为逆向选择（Spence，1974；Rothschild & Stiglitz，1976）。

PPP项目在采购阶段，由于政府的强势地位，政府往往在制定合同和招标时较社会资本拥有更多的信息，社会资本在PPP项目的招标谈判中处于弱势地位。考虑到可能存在的政府信用风险，如果社会资本没有充足的信息是不会主动参与PPP项目中的。鉴于这种情况，地方政府在推行PPP模式时，政府需要为社会资本提供足够的信息，让社会资本感受到政府的信用和诚意，当政府主动地传导出这些积极信息时，社会资本在接收到后，出于资本趋利避害的属性，社会资本才会积极参与到PPP项目的招标和执行过程（石树琴，2003）。

在PPP项目中，政府和社会资本存在一种博弈关系，由于政府是项目的发起者，社会资本很难在参加投标前了解到政府的实际财政能力。因此，社会资本相比于政府来说拥有更少的信息。地方政府比较了解自身的财政承诺兑付能力，但这种兑付能力信息需要有效地传递给社会资本，才能有效地吸引社会资本进入，保证PPP项目有效落地。社会资本在进入PPP项目之前，需要进行充分的市场调研，以判断《财政承受能力报告》披露信息的准确性和风险概率，然后再判断是否参与PPP项目。

2.3　契约理论及PPP项目风险管理

2.3.1　契约理论

契约理论最早起源于交易成本经济学，交易成本经济学说将人类所有活动都简化为交易活动，这些交易活动需要用契约方式进行治理。因为交易的种类多种多样，所以契约的种类也是多种多样的，不同的契约耗费的成本不一样，最后的合作效果就会有所不同。

契约理论又分为完全合约理论和不完全合约理论。完全合约理论是指在合约中明确规定各种情况下参与方的权、责、利，是指在信息不对称的情况下，委托人如何通过设计最优合同来筛选、监督并且激励代理人，因此，该理论也可以被称为激励理论。因为完全合约中详细规定了应对各种状况的策略，因此不需要事后再谈，只需要在事后进行有效监督。不完全合约理论最初起源于格罗斯曼和哈特（Grossman & Hart，1986）和哈特·莫尔（Hart & Moore，1990），不完全合约理论认为，由于信息的不完全性以及当事人的有限理性，导致合同在制定过程中很难对未来的所有情况都作出规定。因此，把合约权力分为"特定控制权"和"剩余控制权"①。

PPP模式就是基于合同形成的契约联盟。而且PPP项目本身的建设周期长、遇到的风险不确定、参与方有限理性、信息的不完全性等特征印证了PPP项目合约其实就是一份不完全合约。因此对于PPP项目而言，"特定控制权"是已经在合同中规定好的，无须过分关注，更应该关注的是"剩余控制权"。

2.3.2　项目风险管理理论

PPP项目中存在很多不确定性，因此也会面临很多风险。基于上述委托—代理理论，政府作为委托方，社会资本作为代理方，当双方的利益不一致时，就会产生冲突，由此就会导致风险的产生和转移。良好的项目风险管理可以促进PPP项目健康发展。

PPP项目的风险管理需要对项目全生命周期的风险分别进行管理，PPP项目的全生命周期包括项目的识别、准备、采购、执行和移交阶段。

①　"特定控制权"是指在合约中规定好的权力，而"剩余控制权"则是合约中未能界定的剩余权力。

按照 PPP 项目流程，第一，应该对 PPP 项目识别阶段进行风险管理，项目识别阶段需要对不同类型的项目进行识别的筛选，从而确定哪些项目符合条件。另外，为了明确项目的发展前景，需要对项目进行物有所值评价。第二，在项目的准备阶段要对项目的管理构架进行组建；然后在项目采购阶段对项目的采购文件进行编制，合作方之间进行谈判并进行合同的签署。第三，再次在项目执行阶段要对项目的绩效进行考核。第四，在项目移交阶段对项目的性能进行测试并进行资产交割。

总体来讲就是要在 PPP 项目的全生命周期对风险进行实时监测，当风险产生时，对风险产生的原因、特点和风险种类进行分析，并对关键风险之间的传导关系进行研究。在对项目风险进行充分识别的基础上从定性和定量的角度对风险进行综合评估，评估风险的危害等级和对项目的影响程度。在确定了项目风险的影响程度后，对影响程度大的风险首先进行风险的初步分担，按照合适的风险分担规则对 PPP 项目各参与方应承担的风险进行划分，当后期出现未曾预料的风险或者面临新的不确定性时，还需要对项目风险进行重新识别和评估，在原先的初步风险分担方案上对风险进行再分担，确保对项目的全生命周期进行实时监控，做到动态的风险管理。本书中重点分析的是政府和社会资本，由于双方之间存在利益冲突，因此双方之间存在竞争关系，于是就会产生博弈行为。在实际风险分担中应该充分考虑风险偏好、风险控制力以及风险承受能力等因素，还要将政府和社会资本看作一个整体，实现共赢的目标，既充分调动社会资本的积极性，又能满足社会公众利益最大化。

2.3.3　财政风险理论

通常情况下，财政风险指的是政府的不合理的财政活动或者行为，诱发政府自身和经济社会各类潜在危害发生的概率。另一种说法将财政风险称为一种可能使财政资金受到损失和财政的正常运行受到影响的情况，往往由财政活动中各类不确定因素的综合作用引起。第一类解释，将政府与公众的行动视为财政风险发生的原因，从这一角度说明了财政风险可被认为成一种内生性风险，可以通过有针对性的制度体系、技术力量和约束机制等进行避免；第二类解释认为，财政体系外的一些不好的因素，如政治的进展、经济背景的变化、自然因素等是导致财政风险的主要原因，外生性风险更加不容易规避。

按照世界银行高级顾问汉娜（Hana，2002）提出的财政风险矩阵理论，在债务的法律和道德责任的基础上，用"显性负债"和"隐性负债"来区分政府债务；而根据其确定与不确定性质又可以被定义为"直接负债"与"或有负债"，在此基础上，政府财政债务风险便包括直接显性负债、或有显性负债、直接隐性负债和或有隐性负债四个层面的内涵。其中，直接显性负债通常指此类负债发生无须特殊条件约束，但前提需是在法律规定范围内或由政府签订合同中明确约定过的债务；直接隐性负债指的是在法律及行政上均不涉及的情形下，由政府自行承担的债务；或有显性负债是指在政府法规和契约中有明确规定的前提下，因政府需承担某特定事项形成的债务；或有隐性负债是指在受到了公众的较大压力下，政府迫于无奈需要承担的债务，这种负债往往在法律上未有明确规定，而是发生特殊事件造成的债务。参考以上的财政风险矩阵内涵，结合中国政府和社会资本合作的运作模式特点，可得到 PPP 模式财政支出责任风险矩阵（见表 2 - 5）。

表 2 - 5　　　　　　　　PPP 模式政府支出责任风险矩阵

支出责任	显性负债 （法律、合同确认）	隐性负债 （来自公众、利益集团压力的政府道义）
直接负债 （确定由政府支付）	项目公司股权投资支出 政府配套投入 合同约定的政府付费 可行性缺口补助	地方政府对 PPP 公益项目长期补贴 反垄断支付公众价格补贴 绩效评价结果失真 资产证券化社会资本变相"撤资"
或有负债 （特定条件下政府支付）	绩效约束下政府付费 可行性缺口补助 未保证项目特许经营权作出补偿 救助由融资平台转型来的社会资本 政府分担合作风险支出	项目无法持续运营由政府提前赎回 风险转嫁再谈判导致额外财政成本 即时救助不能失败的民生项目 项目导致环境污染等社会治理成本 移交后保证可用性运营维护费用

资料来源：世界银行. PPP 财政承诺管理［M］. 财政部政府和社会资本合作中心，译. 北京：中国商务出版社，2014. 笔者根据财政部入库 PPP 项目实际情况加工整理。

2.3.4 绩效管理理论

绩效管理最初是为了提高企业的盈利能力，后来绩效管理理论也开始应用于公共部门。但企业与公共部门的绩效管理存在明显的差异，前者的重点是提高组织效率，以获得更高的利润，而后者的重点则是提高公共部门的办事效率并追求公众的满意度。

PPP 项目绩效管理是指在项目的前期、中期及后期等各个阶段，应建立合理的绩效考核指标，开展绩效监控和绩效评价等工作。政府付费类的PPP 项目，地方政府应按照"花钱必问效，无效必问责"的绩效管理理念，对政府花费的财政资金纳入政府绩效管理中。所以，这两类 PPP 项目的绩效管理和评价应立足于地方经济社会人文环境的整体改进，侧重对项目公司运营环节的社会效益和社会成本进行对比分析。而对于使用者付费项目，尽管不涉及政府财政支出责任，也应该对社会资本或项目公司进行绩效管理，只不过这种绩效评价应该立足于单体项目，侧重经济效益和经济成本的对比。切不可因规避市场风险的需要，项目合作双方向对方就运营经济收益和社会收益给予不当的"兜底"承诺。

此外，可行性缺口补助、政府付费项目涉及地方政府的财政支出，因此，地方政府会依据项目绩效考评结果，安排相应的财政支出。PPP 项目合同中应设定相关的奖惩机制，当项目公司完成绩效考核标准时，设定相关激励机制；反之，可以给予相应处罚，如扣除项目保证金或减少政府付费额度。

2.4　博弈理论及系统论

2.4.1 博弈论的概念

博弈论是指多个组织或个体在特定规则下，根据所掌握的信息去采取相应策略，并且研究这些策略之间的均衡。博弈论的要素包括参与方、行动策略、信息、战略、支付函数、结果和均衡。

参与方即决策主体,在博弈过程中拥有决策权。在博弈中,参与方至少有两个,否则无法产生博弈互动,当参与方数量为两个时,该博弈可以称为双方博弈,当参与方数量超过两个时,可以称之为多方博弈。参与方的目的是获得自身利益最大化,参与方可以是个体也可以是政府、企业等组织,在特定的条件下,每一个参与方都会做出行动选择。行动策略是指在博弈中参与方做出的选择或行动方案,所有参与方的行动可以组成一个完整的行动方案即行动集,行动集中的单个行动方案就是一个行动策略。信息是指参与方在博弈过程中所掌握的信息,每个参与方都会根据自己所掌握的有关其他参与方的特征以及行动特点等信息,做出对自己有利的选择和决策,信息的多少意味着博弈中优势的多少,信息的掌握程度在博弈中起着至关重要的作用。战略是指参与博弈的参与方在选择行动策略时的规则。支付(效用)函数是对所有参与人行动后果的直接反映,即通过博弈最终是获得收益还是损失。结果是指各参与方所有行动组合产生的支付合集。均衡是指在各参与方博弈行动结束后,所产生的策略达到的最优状态,没有任何参与方想要去改变这种策略。

2.4.2 博弈论的分类

(1)合作博弈与非合作博弈。按照博弈参与方是否合作,可以将博弈分为合作博弈和非合作博弈。合作博弈要求参与博弈的参与人以集体利益最大化为目标,各参与方之间要进行合作,并且参与方需要将自己所掌握的信息进行分享。为确保合作博弈进程可持续,参与合作的每个参与方的收益都要大于不参与合作时的收益,合作的集体利益要大于各参与方自己的利益(纪玉哲,2013);非合作博弈跟合作博弈相对立,各参与方都追求私人利益最大化,要求在博弈过程中,参与方要在非合作的情况下独立进行决策,不能与其他参与人达成共同合利最大的共识,本书所提到的博弈分析大部分都是非合作博弈。

(2)静态博弈与动态博弈。按照参与人的行动顺序不同,可以将博弈分为静态博弈和动态博弈。静态博弈强调的是参与方之间行动是同时发生的,不分先后,或者即便不是同时进行决策,但是,参与方对彼此的行为选择并不知情，无法通过别人的策略来判断并选择自己的策略。动态博弈则是指参与人之间的行动有先后之分，先做出选择的一方会将自己的策略展示给后做出选择的一方，后行动的一方会根据自己所了解到的前者行动信息做出对自己有利的决策。本书中所用的讨价还价博弈模型就是典型的动态博弈模型。当PPP项目合约产生变更时，政府和社会资本需要进行再谈判，谈判过程就是双方博弈的过程，该博弈中参与博弈的参与方不是同时行动，而是有先后之分。因此，该博弈定义为双方轮流出价的讨价还价博弈模型。

（3）完全信息博弈与不完全信息博弈。按照掌握信息程度的不同，可以将博弈分为完全信息博弈和不完全信息博弈。完全信息博弈是指博弈的参与方对彼此的信息都比较了解。相反，不完全信息博弈是指各参与方对其他参与方的了解是不全面的，不能了解详细的实际情况。

根据上述表达，可以将博弈模型的分类情况用图2-6来表示。

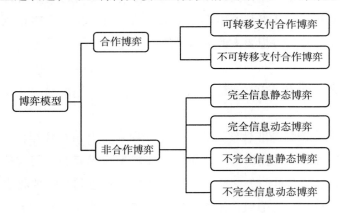

图2-6　博弈模型的分类

2.4.3　演化博弈理论

1973年，莫纳·史密斯和普瑞斯提出"演化稳定战略"，20世纪90年代经济学科又引入了生物演化博弈理论，从一个新的视角重新审视了博弈论。随着科学的发展和经济的进步，很多经济学家也对演化博弈进行了深入的研究，并且取得了令人瞩目的成就。

演化博弈论起源于生物进化论，把动态演化过程和博弈论结合在一起进行分析，它不同于传统的静态博弈论，是一种动态的、不断调整的动态均衡。演化博弈中的参与方不是完全理性的，是有限理性的，这跟传统的博弈论是不同的，传统的博弈论要求参与方必须是绝对理性的。有限理性很符合实际情况，因为现实中任何个体或组织都很难达到绝对的理性，即使是对知识的理解和运用都很难达到永远的正确无误。而且博弈环境也存在着复杂性和信息的不完全性，这也决定了参与者只能是有限理性。

近年来，演化博弈论得到了国内外学者的关注，应用动态均衡来分析社会习性、制度变迁、产业演化的形成过程。PPP 项目就是在一个不断调整的动态博弈过程中逐渐走向稳定均衡状态的，因此，本书在研究 PPP 模式时采用了演化博弈模型。另外，演化博弈论前提是有限理性，而在 PPP 项目中，政府、社会资本等都是有限理性主体，再次契合了演化博弈论的前提条件。本书就是基于有限理性的前提，运用演化博弈理论探讨了政府和社会资本的行为选择问题，并通过数值仿真和调整变量的方式探讨了均衡点的演化轨迹，通过不断地"替换"和"修正"最后达到理想的稳定状态。

2.4.4　系统论

系统论用于描述一切有规律的、整体的、动态的系统模式，万事万物都是有联系的，尤其是具有利益相关关系的利益主体，这些利益主体天然地形成了一个紧密的、有利益纽带的系统。在 PPP 项目中，项目的参与双方—政府和社会资本具有紧密的利益关系，他们在项目落地后的十几年或是几十年中都有利益联结，这种利益联结是不断变化的、有规律的，系统论可以很好地描述这种动态的利益变化关系。

PPP 项目是一个需要政府和社会资本长期合作的项目，双方需要长期动态博弈，PPP 项目在整个执行阶段和移交阶段，需要政府和社会资本的多次博弈，这种博弈是不间断。因此，可以将政府与社会资本之间博弈的过程看作是一个系统，政府和社会资本不断地进行策略选择，形成双方的策略演化过程，系统论可以为政府和社会资本双方博弈演化方式提供较好的演化路径分析，从而了解双方博弈的动态逻辑和内在机理。

第 **3** 章

PPP 模式发展历程
及财政承受能力现状分析

3.1　PPP 模式国内外产生和发展历程回顾

3.1.1　我国 PPP 模式产生和发展

从 PPP 概念引进我国至今，PPP 模式的发展在我国经历了几个重要的时期，本书将其分为六个阶段，分别是探索阶段（1984～1991 年）、试点阶段（1992～2002 年）、发展阶段（2003～2007 年）、调整阶段（2008～2012 年）、普及阶段（2013～2017 年）以及规范阶段（2018 年至今）。

（1）探索阶段（1984～1991 年）。改革开放后，大量的国外投资和管理理念进入中国，BOT 模式也开始进入我国的基础设施领域。但标志着我国 PPP 模式开始落地的是深圳沙角 B 电厂的建成（1984 年）。这个时期我国的 PPP 模式尚处于萌芽阶段，还未形成明确完整的 PPP 模式，应用项目也多以 BOT 模式为主，缺乏实际操作经验和法律保障，属于 PPP 模式的探索时期。

（2）试点阶段（1992～2002 年）。处于萌芽期的 PPP 项目主要集中在水利、电力以及交通领域。随后 1993 年市场经济体制改革之后，地方政府的财权与事权矛盾愈发凸显。这种情况下，政府为了保障基础设施建设所需的资金，开始吸引社会资本的注意力。国家计划委员会推出了 BOT 试点重点项目，国家计划委员会、电力工业部、交通部于 1995 年 8 月发布《关于试办外商投资特许权项目审批管理有关问题的通知》，该通知为 PPP 模式在我国的发展奠定了基础。此阶段的重点项目其实地方政府参与积极性不高，社会资本大都是外资商人，试点的 BOT 项目也都集中在几个特定类型的项目（如污水处理、发电厂等）。此阶段关于公私合作的政策发布的比较少，相关配套设施也不健全，因此，试点项目成功率较低，但是也为后续 PPP 项目借助北京奥运会的东风获取全新发展空间积累了经验。

（3）发展阶段（2003～2007 年）。2003 年，党的十六届三中全会后鼓励民营企业参与市场经济，为民营企业的行业准入放松了限制，也促进了民营企业在民生领域的发展。随后 2005 年在《国务院关于鼓励支持和引导个体私营等非公有制经济发展的若干意见》中提出，允许非公有制进入公共基础设施、公用事业以及垄断行业等领域，拓宽了民营企业的发展渠道。这个阶段，我国的经济发展迅速，对基础设施的需求量也大大增加，仅仅由国有资金支持基础设施的建设已经远远不够，这就为社会资本参与基础设施的投资提供了机会。同时，该阶段内，国家相继出台了一系列政策规定，规定中强调更多的国外资本以及民营资本可以参与公共基础设施建设中，而且此时的国内和国外、民营和国有、上市和非上市均处于公平竞争的状态。北京夏季奥运会召开，形成大量交通类、体育类公共基础设施的建设融资需要，多元化的社会资本进入民生类公共服务领域。此阶段相较于前期，相关的政策发布频率和落地项目进度明显加快，地方政府也开始积极响应中央政策导向，在特定行业领域内以特许经营为主的 PPP 开始不断更新具体运作模式。

（4）调整阶段（2008～2012 年）。2008 年金融危机，我国用四万亿元的政府投资"救市计划"来抵御金融危机，虽然艰难度过了金融危机，但是，地方政府负债严重，造成了产能过剩、就业低迷等一系列民生问题。此阶段政府用大量资金投资基础设施建设，来挽回经济低迷的现象，这使得民营资本参与 PPP 项目的机会减少，很多 PPP 项目不得不转移给国有资本甚至提前终止，民营企业参与 PPP 项目的积极性也有所下降，导致民营企业市场占有额减少，PPP 项目数量也处于波动状态。面对这种状况，

2010 年国家开始鼓励非公有制经济的加入，进一步引导民间投资。但是总体效果不理想，国有企业仍然占有绝对优势，而我国引进 PPP 模式的实质是为了引进社会资本，转变政府职能，实现公共产品和公共服务的供给侧结构改革。国有企业参与过多，对民营企业形成挤出效应，而且社会经济的整体运行效率也会降低，民营企业的优势无法充分发挥。

（5）普及阶段（2013~2017 年）。2013 年以来，财政部、国家发展改革委等很多国家相关部门相继发布了多项规范条例和指导意见，还成立了 PPP 中心，这为 PPP 模式在我国的普及奠定了基础。此阶段颁布的政策呈现出颁布密集、操作详细、行业全面的特点，PPP 模式涉及的领域也变得越来越广泛，甚至发展到海外领域。该阶段中的 PPP 项目发展迅速，但是，随之而来的问题也层出不穷。一些地方存在弄虚作假、盲推乱推的现象，不仅没能缓解地方政府债务危机，反而增加了隐性债务风险，此时的 PPP 项目呈现逐步增长的态势，落地率也稳步提升，但是存在地区及行业分布不均衡的现象。

（6）规范阶段（2018 年至今）。随着 PPP 模式在我国的大规模普及，国家开始关注 PPP 模式的规范性问题。为了防止以 PPP 形式进行违规举债，防止"明股实债"和地方政府隐性债务的增加，国家出台了一系列文件对 PPP 项目进行规范整理，此时对一些不符合规范和财政承受能力未达标的 PPP 项目进行清理退库，掀起了 PPP 项目退库的浪潮，PPP 模式由高速发展向高质量发展进行转变。随后，财政部、国家发展改委等部门相继推出 PPP 模式的监管政策，鼓励社会资本规范有序参加基础设施建设。政府定期对社会资本方的经营状况以及绩效水平进行评估，实现 PPP 项目物有所值。该阶段的 PPP 项目年平均成交数量虽然较上一阶段没有显著增加，但是，项目的规范程度越来越高，参与社会资本也愈加多样化，更加注重项目风险的防范以及对项目的监督管理和绩效考核。

3.1.2　国外 PPP 模式发展阶段

1. 英国

第二次世界大战之后，英国的经济急速衰退，为了缓解财政压力，减轻政府的负担，英国开始鼓励民间资本参与基础设施的建设。英国在 PPP 模式实践中一直走在世界的前列，是 PPP 模式的倡导者和促进者（见表 3 - 1）。

表 3 - 1　　　　　　　　　　PPP 模式在英国发展情况

年份	发展情况
1992	首次提出私人融资计划（PFI）
1993	在财政部下设立私人融资工作组和私人融资办公室
1997	在财政部设立专门工作小组负责推广 PFI，同时引入 PPP 模式
1999	成立长期英国伙伴关系组织
2011	财政部设立基础设施局全面负责 PPP 工作
2012	财政部推出新型私人融资（PF2）

资料来源：赵福军，汪海. 中国 PPP 理论与实践研究 ［M］. 北京：中国财政经济出版社，2015：17 - 18.

英国在发展 PPP 模式的过程中，特别注意法律法规的完善和组织框架的构建。另外，英国还特意组建专门的机构来负责 PPP 项目的管理工作，如 1999 年成立的伙伴关系组织和 2011 年的基础设施局。英国的 PPP 模式有几个典型的特点。首先，英国在多数情况下倾向于采用 PFI，较少情况下采用特许经营（谢煊等，2014）。因为英国在教育、医疗等领域实行全民免费，PFI 项目由政府付费，因此，相比较使用者付费的特许经营，PFI 更加适应英国的现状。其次，英国的 PPP 项目覆盖的范围很广泛，包括教育、医疗、交通、警察局、废物处理中心等。最后，英国的 PPP 项目运营周期普遍都比较长，普遍在 25~30 年，更有甚者可达 40 年。

英国政府很注重 PPP 项目的风险管理。英国政府通常采用物有所值评估和建立风险矩阵相结合的方法对 PPP 项目风险进行评估。另外，因为 PPP 项目的不确定性，所面临的风险复杂多变，英国对不同的项目还设立了专门的考核指标，以便能够对项目风险进行实时监控。在风险分担中，英国注重风险分担的公平性、合理性以及有效性。他们认为，在风险分担中应该根据政府和社会资本的能力，将风险分配给能力比较强的一方，这样可以降低成本，减少不必要的损失；另外，风险和收益是相对应的，一般而言承担的风险越多，最终分配的收益就应该越多。

良好的风险分担机制应该在合同中做出明确规定，这样不仅可以划分责任主体还可以分清职责界限，同时可以提高 PPP 项目的整体效率。早在 1999 年 7 月，英国财政部就出台了《标准化 PFI 合同》第一版，随后在 2002 年、2004 年以及 2007 年又相继推出了第二版、第三版和第四版。该合同在成本控制、提高服务质量以及减少不必要的成本浪费方面提供了有效的措施，极大地提高了 PPP 项目的效率。2012 年，欧洲各国深陷主权债务危机，为了适应新的经济环境，加强对 PPP 项目的风险防控，英国政府颁布了《标准化 PF2 合同》，该合同在原有《标准化 PFI 合同》的基础上对 PPP 项目的融资、运营、建设等方面进行了更为清晰合理的规定。合同中规定，政府部门可以以少量的资金入股项目，并且可以作为股东享受应有的权利，还可以参与项目初期的规划设计等流程；社会资本的权利范围应该限制在基础设施硬设备内，不得随意调动项目资源做规定范围之外的工作；除此之外，该合同明确规定应该提高 PPP 项目招标、投标等环节的公开性和透明性，政府部门要主动承担政策变更等方面的风险，以提高社会资本参与 PPP 项目的积极性。

2. 澳大利亚

澳大利亚的 PPP 模式发展相对比较成熟，涉及的领域也比较广泛，但是，最优秀的领域是大型基础设施建设。取得如此良好效果的原因在于以下五个方面。第一，澳大利亚根据本国国情和 PPP 模式的发展特点建立了专门的 PPP 管理机构，而且联邦政府和州政府都有自己专属的 PPP 机构。第二，确定严格的 PPP 项目标准。其包括评价项目的经济价值是否达到执行标准；项目技术是否具有复杂性和新颖性；能否平衡企业和公共部门之间的利益分担等。第三，明确角色和责任。澳大利亚认为，在 PPP 项目中，各参与方应该要明确自己的角色和责任，主动承担起属于自己的责任，如政府应该承担起监督责任。第四，进行有效的风险管理，PPP 的健康发展离不开有效的风险分担机制。在充分了解风险的基础上，将风险分配给管控能力强的一方。第五，建立严格的绩效评级体制。完善法律法规和规章制度，以保障 PPP 项目参与方自觉履行各自的职责。

3. 加拿大

加拿大的 PPP 模式发展一直处于领先地位。加拿大的 PPP 模式具有良好的法律制度和组织构建，另外，加拿大还专门成立了 PPP 发展组织中心，协助推广和宣传 PPP 模式，并参与 PPP 项目的实施和开发。除此之外，加拿大还专门成立了 PPP 基金，为 PPP 项目的发展提供了良好的经济基础。在涉及的领域方面，加拿大的 PPP 项目不仅包括交通运输、供水、废物处理等传统领域，还涉及医疗保障、住房保障等新兴领域。

PPP 项目参与方众多，合同体系复杂，通常而言，以政府和社会资本签订的合同为主合同，合同中规定了各参与方的权利和义务。加拿大目前为止并没有制定一个全国范围内通用的合同标准，但是在主要的 PPP 项目应用地区建立了适合本地区的 PPP 项目标准合同范本。加拿大的回报机制比较特殊，很少采用使用者付费的方式，而是采用以政府为付费主体的可用性支付、里程碑支付以及实质性完工支付。

加拿大 PPP 模式的风险分担是一个不断变化的动态调整过程，一般而言分为初步风险分担、风险的协商分担以及风险的跟踪再分担。初步风险分担是指在项目进行初步风险识别以及物有所值评价后，根据经验历史数据以及当下现状得出的初步风险分担结果，该过程通常是将风险分配给最有能力的一方。风险协商阶段是指社会资本在接受初步风险分担结果后对自己所承担的风险以及自己的资源、人力、技术等能力进行评估，并由此提出部分风险补偿或者转移部分风险，在与政府部门达成一致后，签订 PPP 项目合同协议，至此合同前的风险分配结束。风险的跟踪再分担是指在 PPP 项目的实施过程中，由于信息不对称、机会主义等原因，会发生一些未曾预料到的风险，此时就需要对前期签订的合同条款进行重新谈判，对风险进行再分配。

3.2　我国 PPP 模式发展现状

2014 年，财政部政府和社会资本合作中心获得批准，2016 年正式投入运行，为 PPP 项目的实施提供技术支撑和组织保证，从而推动 PPP 项目的规范化、健康发展。在我国，推进经济转型和推进城市化进程中，PPP 模式的推广应用已经成为一条重要途径，采用 PPP 模式是为基础设施项目建设运营融资提供新的选择，提高公共基础设施服务效率和质量的制度安排。

根据财政部PPP中心的公开报告，截至2022年1月末，项目库中入库项目共10254个，投资额16.2万亿元。其中进入执行和移交阶段的项目有7714个，财政部PPP中心的"落地率"是指在准备、采购、执行和移交四个阶段中，项目进入实施和移交的比例，根据此公式计算，落地率为78.9%。根据国民经济行业的分类，财政部将PPP项目所归属的行业分为19个类别。以下分别从PPP模式在不同行业投资项目总量和投资总额的发展现状进行梳理。

3.2.1　不同行业发展现状

1. 入库投资总量和投资总额视角

截至2022年1月末，在入库的项目中，市政工程的项目投资数量占比最高，交通运输、生态建设和环境保护、城镇综合开发、教育等各方面的投入，合计占到了75.2%。累计投资总额前5名为交通、市政工程、城镇综合开发、生态建设和环境环保、水利建设，合计投资总额达84.5%（见图3-1）。

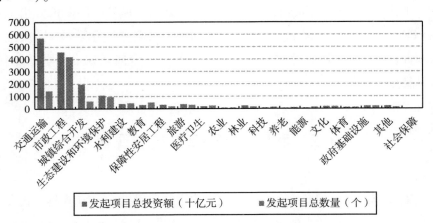

图3-1　截至2022年1月末政府发起各行业PPP项目的累计总规模
资料来源：笔者根据财政部政府和社会资本合作中心官方网站整理。

受政府和社会资本共同青睐的5类行业占据了入库数量和投资额的绝大部分，且入库项目数量和投资额基本保持同向趋势发展，而其余的行业却未得到关注，究其原因，需要从两方面分析：一是项目本身的特性，比如文化、林业、体育、养老、农业等类项目，此类项目具有极大的正外部性，经济收益回报期长且收益不显著，所以未能调动起社会资本的参与热情；二是政府和社会资本本身的偏好性，地方政府延续"铁公机"交通类基建偏好，社会资本则偏好于风险可控，收益明显的项目，不确定性高的项目对社会资本吸引性较弱。

2. 落地数量和落地投资总额视角

截至2022年1月，落地数量排在前5名的是市政工程、交通运输、生态建设和环境保护、城镇综合开发、教育，合计占到了总签约项目的76.7%。投资总额排名前5名的依次是交通运输、市政工程、城镇综合开发、生态建设和环境保护、水利建设，总计投资总额达85.6%。[1]

城镇综合开发和市政工程项目落地数量和落地投资额占比很大，一部分是由于我国"十三五"建设规划提出加快推进城镇化进程，各地政府都在加大城镇配套基础设施的建设，争取公共服务供给数量与城镇化带来的人口迁移水平相匹配。而交通基础设施建设肩负着连接地区网络的责任，具有降低贸易成本，促进区域一体化，促进区域经济发展的作用，同时，交通基础设施是地区"可视性"的指标体现，但这类基础设施往往需要巨大的投资，PPP模式则为地方政府减轻了资金压力。从数据中也可以发现，生态建设和环境保护落地项目投资额占到了6.8%的比重[2]，说明各地方已经开始重视地区的生态环境，坚决落实"绿水青山就是金山银山"的指导思想。

3. 经济和社会属性视角

根据公共项目对社会经济的影响，可以将项目所在行业分为经济性和社会民生性基础设施（Keen & Marchand，1997；Cai & Treisman，2005）。经济性的基础设施包括交通、能源等，这类项目可直接记入生产函数，在

---

①②　笔者根据财政部政府和社会资本合作中心官方网站整理。

短时间内影响地区的经济增长；社会民生性的基础设施包括教育、生态保护、社会保障、社会事业建设等，这类项目不直接记入生产函数，对经济增长无直接贡献，其目的在于改善整个社会的福祉。国内学者傅勇（2010）、郑荷芬等（2013）以及邓茗尹、张继刚（2016）在研究基础设施时，也将交通和能源类基础设施列入经济性基础设施，除此以外的教育、环保、医疗、科研等基础设施列为社会性基础设施。

财政部将PPP模式所归属的行业分为19个一级行业，根据以上的划分标准，进一步统计经济性和社会性的公共项目投资额占总体投资的比重。截至2022年1月，全国范围内，入库的社会性类的基础设施项目投资占总入库项目投资额62.02%，而经济性的基础设施投资额占比为37.98%（见图3-2）。

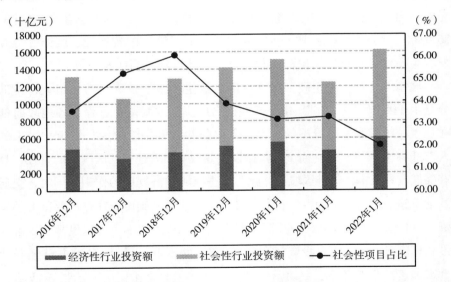

图3-2 政府发起PPP项目投资额——经济性和社会性项目累计总规模
资料来源：笔者根据财政部政府和社会资本合作中心官方网站整理。

3.2.2 收益回报机制现状

1. 累计项目数与投资额视角

图3-3反映了自2014年以来不同回报机制下的累计项目数量与投资

额现状。从图中可以看出，截至 2021 年第三季度，从累计项目数量与投资额方面，涉及政府财政支出的项目占比超过九成。这主要是因为：多数 PPP 项目的公益性较强，项目的成本与收益除了依赖于最终消费者外，还需要依靠财政补助。

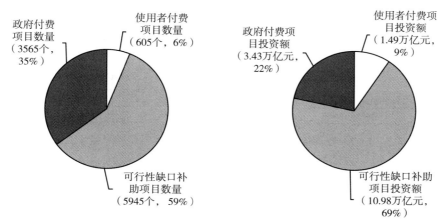

图 3 - 3 2014~2021 年回报机制累计项目数与投资额

资料来源：笔者根据财政部政府和社会资本合作中心官方网站整理。

2. 累计签约落地视角

2014 年以来，不同回报机制的累计签约落地项目数量与落地率现状如图 3 - 4 所示。从累计落地项目数量来看，可行性缺口补助项目的数量最多，使用者付费项目数量最少。另外，政府付费类项目的累计落地项目数超过使用者付费项目 7 倍左右。从累计落地率角度，政府付费项目的累计落地率最高，比其他两种回报机制的项目高出 10% 多。

综上所述，政府付费类项目落地水平较高。这也侧面说明，地方政府的财政状况和自身的履约能力会影响 PPP 项目落地。

3.2.3 财政支出责任现状

1. 总体分布现状

图 3 - 5 展示了 2009~2021 年已入库的 PPP 项目在 2022~2035 年支出

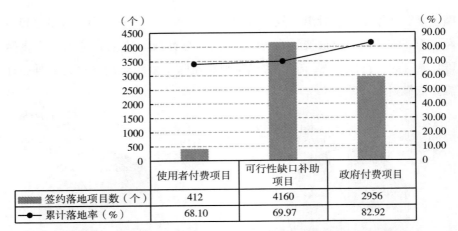

	使用者付费项目	可行性缺口补助项目	政府付费项目
签约落地项目数（个）	412	4160	2956
累计落地率（%）	68.10	69.97	82.92

图3-4　2014~2021年回报机制的累计签约落地项目数及累计落地率

资料来源：笔者根据财政部政府和社会资本合作中心官方网站整理。

责任现状，本书将全国各省份划分为东部、中部、西部、东北四大区域①，其中支出责任变动趋势大致相同，随时间变动呈现"先递增后递减"的趋势，且增长速度逐渐放缓。东部的PPP项目支出责任略高于中部、西部和东北，但从PPP项目的数量与投资额来看，西部的PPP项目数量与投资额要大于东部地区。

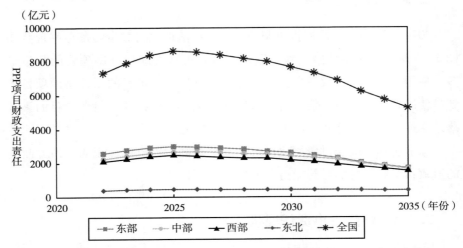

图3-5　截至2021年12月各地区已入库的PPP项目2022~2035年支出责任

资料来源：笔者根据财政部政府和社会资本合作中心官方网站整理。

---

① 本书不包括香港、澳门、台湾地区的数据。

具体来看，2022～2025年，各地区的PPP项目财政支出责任呈现出增长趋势，这是由于在这个时间阶段大多PPP项目处在发展的关键阶段，需要耗费大量资源，因此，支出责任也相应增加，最终支出责任在2025年达到峰值。2025年，全国的PPP项目支出责任达到8636.05亿元，自2025年后，各地区的PPP项目的支出责任呈现递减趋势，到2035年，全国PPP项目的支出责任减少至5268.40亿元，也给予了新的PPP项目发展空间。

2. 行业分布现状

本书将PPP项目财政支出责任按行业进行划分，并选取2022年、2025年、2030年、2035年四个年份进行探究，分析行业间的支出责任分布现状（见图3-6）。

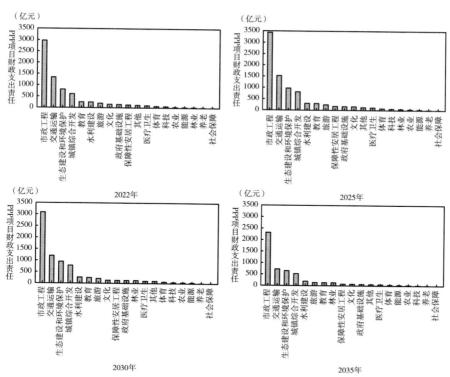

图3-6　截至2021年12月已入库的各行业2022～2035年PPP项目支出责任

资料来源：笔者根据财政部政府和社会资本合作中心官方网站整理。

由图 3-6 可知，各行业的支出责任额随时间变化呈现出先递增后递减的趋势，且与各行业 PPP 项目的投资数量与投资额排名大致相同，市政工程、交通运输、生态建设和环境保护 3 类行业的支出责任排在行业前 3 位。这三个行业 2025 年的 PPP 项目的支出责任占据了该年总支出责任 68.70%，而能源、农业、养老、社会保障行业居于后 4 位，支出责任仅占据总支出责任的 1.02%。

其中，市政工程行业的支出责任高居第 1 位，2025 年较 2020 年市政工程行业的支出责任出现大幅增长，从 2022 年的 2974.65 亿元增长到 2025 年的 3434.27 亿元，增长了 15.45%。自 2025 年后，许多项目进入收尾阶段，支出责任也相应减少，市政工程行业 PPP 项目的支出责任由 2030 年的 3087.54 亿元减少到 2035 年的 2317.02 亿元，减少了 24.96%。

交通运输行业与生态建设和环境保护行业能够保障民生与后代人的权益，政府部门也大力推行相关的 PPP 项目，使得这两个行业的 PPP 项目支出责任分别位居第 2、第 3 位，2025 年支出责任分别达到 1525.14 亿元和 973.76 亿元。其中，交通运输行业 2025 年较 2022 年增加了 13.36%，而 2035 年较 2030 年减少了 39.93%；环境保护行业由 2022 年的 811.70 亿元增加至 2025 年的 973.76 亿元，支出责任增长了 19.97%，2030 年的 950.96 亿元减少至 2035 年的 650.12 亿元，支出责任减少了 31.64%。

能源、农业、养老、社会保障行业 4 类行业的运营周期较长且回报率不高，融资难度也较大，因此发起的 PPP 项目数量与所获得的投资额也较少，最终相应的支出责任也位居行业末位，其中，社会保障行业最低，2025 年的支出责任仅有 6.09 亿元。

3. 省域分布现状

PPP 项目的财政支出责任是地方政府的一项重要债务指标，本节将全国 31 个省份划分为东部、中部、西部、东北四大区域，并选取 2022 年、2025 年、2030 年、2035 年四年的支出责任作为参照来分析各地区间和地区内的 PPP 项目支出责任差异（见图 3-7）。

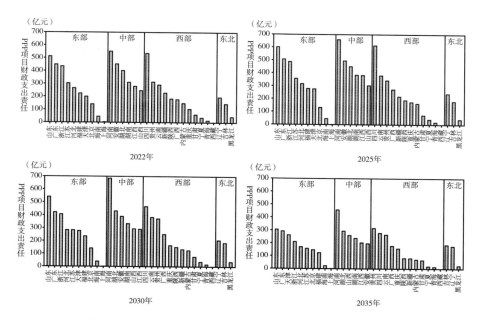

图3-7 截至2021年12月已入库的各省域2022~2035年PPP项目支出责任
资料来源：笔者根据财政部政府和社会资本合作中心官方网站整理。

从地区间角度来看，东部的支出责任高于中部，其次是西部，东北的支出责任最低，且随着时间的增加，预期的支出责任呈现出先递增后递减的趋势。其中，在2025年，西部的PPP支出责任为2484.77亿元，占总支出责任的28.81%，中部支出责任为2678.07亿元，占总支出责任的31.05%，东部支出责任为3001.89亿元，占总支出责任的34.81%，东北支出责任仅占5.33%。2025年，西部项目的支出责任较2022年增加了18.38%，中部增加了19.31%，东部增加了16.34%，自2025年后，各地区PPP项目的支出责任均开始减少，到2035年，西部的支出责任较2025年减少了38.29%，中部地区减少了38.37%，东部地区减少了43.57%。

从地区内角度来看，大部分年份，东部的山东、广东、浙江3省的支出责任位居前3位，上海与海南排名最后；中部的河南、湖北、安徽3省的支出责任位居前3位，山西与江西位于中部最后；西部的"云贵川"三省的支出责任位列首位，青海与西藏两省位于西部最后；东北的吉林、辽宁位居第1位，黑龙江排在东北最后。

3.3　PPP 模式财政承受能力及演变趋势

3.3.1　总体分布情况

表 3-2 展示了 326 个地级市 2022～2035 年 PPP 项目财政支出责任总额占地方一般公共预算支出规模的比重区间分布，其中，在一般公共预算年增长率设定为 2% 的悲观估计下，超出或等于 10% 红线的样本量仅有 62 个，占总样本量的 1.4%，超出或等于 7% 的样本量包含 493 个，占总样本量的 10.8%。随着增长率设定的不断增大，超出区间的样本量也逐级递减，在增长率设定为 6% 的乐观估计下，超出红线的样本量仅包含 1 个。这也进一步表明，目前地级市的 PPP 项目支出责任给当地政府带来的财政风险处于总体可控状态。

表 3-2　　　　326 个地级市 2022～2035 年 PPP 项目
财政承受能力的分布情况　　　　单位：个

预计一般公共预算支出年增长率	[0,2%]	(2%,5%]	(5%,7%]	(7%,10%]	>10%
2%	1074	2088	847	493	62
4%	1361	2169	702	319	13
6%	1701	2099	566	197	1

资料来源：笔者根据财政部政府和社会资本合作中心官方网站整理。

进一步统计了 2022～2035 年 PPP 项目财政支出责任超过 5%、7% 与 10% 红线的地级市数量及区域分布情况（见表 3-3），各地区均存在可能发生 PPP 财政支付能力风险的城市。

表 3-3　　　　2022～2035 年 PPP 项目财政承受能力超过 5%、
7% 和 10% 的地级市数量分布　　　　单位：个

地区	预计一般公共预算支出年增长率	2%	4%	6%
总计	5%	165	140	127
	7%	74	56	48
	10%	14	6	1

地区	预计一般公共预算支出年增长率	2%	4%	6%
东部	5%	39	32	29
	7%	14	12	10
	10%	3	2	0
中部	5%	61	52	48
	7%	29	18	16
	10%	4	2	0
西部	5%	57	50	45
	7%	28	23	19
	10%	7	2	1
东北	5%	8	6	5
	7%	3	3	3
	10%	0	0	0

资料来源：笔者根据财政部政府和社会资本合作中心官方网站整理。

3.3.2 市域分布情况

着重分析在2%一般公共预算支出增长率设定下，四个地区各个城市的PPP项目财政承受能力。其中，东部包含86个城市，中部包含82个城市，西部包含123个城市，东北包含35个城市。图中每个城市所对应柱形的"上线"表示该市发起的PPP项目财政承受能力在2022~2035年所达到的最大值，柱形的"下线"则对应最小值，柱形中间的"中线"代表该市发起的PPP项目在2022~2035年支出比重的平均值。

1. 东部

如图3-8所示，东部涉及超出10%红线的省份有2个，涉及3个城市，分别为舟山、莆田、漳州。其中，舟山2022~2035年支出比重的平均值即将超过10%红线，应着重关注该地区的PPP项目的发展。其次是福建的莆田和漳州超出10%红线较多，大约达到11%，莆田的支出比重均值也非常接近10%红线，应及时对这两个地区进行风险提示。京津沪三地PPP

项目的支出比重差距较大，其中，北京与上海的支出最大比重尚未超过5%，而天津支出的最小比重已经超过5%，最大值即将达到10%红线，这可能是由于北京、上海地区公共设施已经相对比较完善，发起新的PPP项目的压力也小于天津。山东、江苏、河北、海南的PPP项目支出比重总体处于可控状态，未有超出红线的城市。

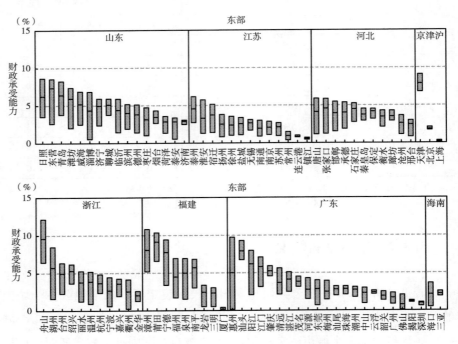

图3-8　2022~2035年东部各省份地级市PPP项目财政承受能力
资料来源：笔者根据财政部政府和社会资本合作中心官方网站整理。

2. 中部

如图3-9所示，中部超出10%红线的省份有2个，涉及4个城市，分别为亳州、阜阳、萍乡、太原。其中，亳州2022~2035年支出比重的平均值超过了10%红线，最大值约达到12%，其次是阜阳、萍乡和太原，支出比重最大值分别达到11.1%、11.5%、10.9%。淮北、新余和平顶山超出红线的比率较小，若能及时对PPP项目进行管控，支出比重可能回到可控范围内。安徽与河南大多城市的PPP项目支出比重虽未超过10%红线，但大多已超过7%。湖南与湖北的 PPP 项目支出比重总体处于可控状态，未有超出红线的城市。

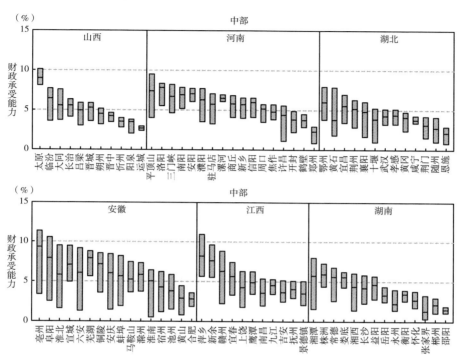

图 3-9 2022~2035 年中部各省份地级市 PPP 项目财政承受能力
资料来源：笔者根据财政部政府和社会资本合作中心官方网站整理。

3. 西部

如图 3-10 所示，西部超出 10% 红线的省份有 5 个，涉及 7 个城市，分别为呼和浩特、资阳、遂宁、乐山、玉溪、柳州、六盘水。其中，呼和浩特 2022~2035 年支出比重的平均值就已超过 10% 红线，最大值达到 13.5%，资阳的支出比重最大值已高达 14.5%，接近 15%，针对这两个地区，应着重关注相关 PPP 项目的发展，不得再发起新的 PPP 项目。其次是遂宁、乐山、玉溪超出 10% 红线较多，大约在 12%，柳州、六盘水超出红线的比率较小，支出比重的最大值均不超过 11%，应及时对这些地区提早进行风险提示，提早预防。陕西、甘肃、宁夏、新疆、青海、西藏的 PPP

项目支出比重总体也处于可控状态，未有超出红线的城市。

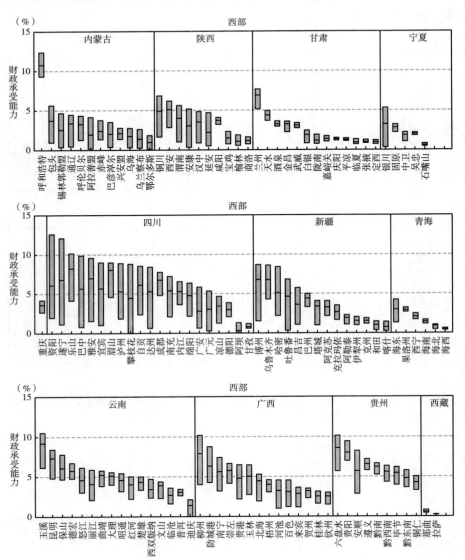

图 3 - 10　2022～2035 年西部各省份地级市 PPP 项目财政承受能力

资料来源：笔者根据财政部政府和社会资本合作中心官方网站整理。

4. 东北

如图 3 - 11 所示，东北的支出比重总体处于可控状态，只有大连支出比重即将超出 10% 红线的情况。黑龙江所有城市的支出比重的最大值均未超出 5%，为发展新的 PPP 项目留有很大空间。吉林的长春较该省其他城市支出比重较高，支出比重最大值为 9.5%，平均值也达到 9.2%，该地区超出红线的风险较大，地方政府应重点关注。其他城市的 PPP 项目支出比重均处于可控状态，未对地方政府造成风险。

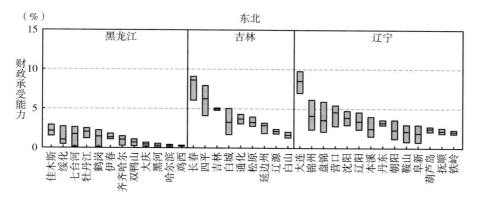

图 3-11　2022~2035 年东北各省份地级市 PPP 项目财政承受能力
资料来源：笔者根据财政部政府和社会资本合作中心官方网站整理。

3.3.3　未来演变趋势

1. 各地区财政承受能力的演变趋势

本书将 326 个地级市按照所属省份划分为东部、中部、西部、东北 4 个地区，探究各地区 PPP 项目财政支出责任比重差异。图 3-12 展示了不同地区在不同增长率下的支出比重时间趋势图，可以看出，三幅图像均呈现出先增后减的趋势，且随着公共预算支出增长率的不断增加，支出比重呈现逐步下降趋势。从总体来看，各地区的总支出责任比重均未超过 7%，这表明各地区 PPP 项目的运营状态较好，并未给地区造成债务风险。

中部支出责任占比最高，其次是西部、东部、东北，与支出责任恰好相反，这可能是由于东部经济较西部、中部更为发达，地方财政支出的规模较大，一般公共预算收入也更高，进一步缓解了 PPP 项目所带来的财政债务风险，而中部虽然支出责任较低，但受地方经济状况的影响，财政支

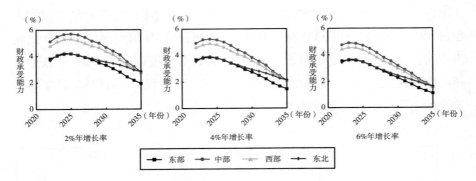

图 3 – 12　不同年份增长率下 PPP 项目地方财政承受能力的地区间差异
资料来源：笔者根据财政部政府和社会资本合作中心官方网站整理。

出规模较小，使得支出比重高于其他地区。

2. 财政承受能力超过 5%、7% 和 10% 的地级市数量演变趋势

统计在不同一般公共预算支出年增率设定下 PPP 项目财政承受能力超 5%、7%、10% 红线的城市数量在 2022～2035 年的分布情况，如图 3 – 13 所示。

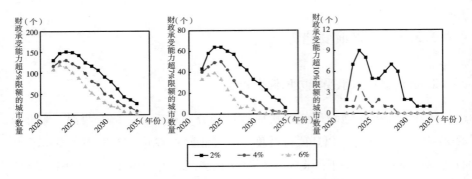

图 3 – 13　2022～2035 年 PPP 项目财政承受能力
超 5%、7%、10% 限额的城市数量
资料来源：笔者根据财政部政府和社会资本合作中心官方网站整理。

在 2022～2028 年期间，均会出现城市的 PPP 项目支出比重超出 10% 红线的状况。其中，在 2% 的增长率下超出 10% 红线的地级市数量远高于 6% 增长率，在 2025 年，超出红线的城市数量最多。自 2025 年之后，三档增长率下的支出比重均呈现出下行趋势，表明部分城市 PPP 项目的支出比

重回到了红线以内，但在 2027 年、2031 年超出红线的城市数量却超过了前一年，这有可能是因为存量项目的支出责任设计存在问题，造成支出比重重新上升。在 4% 与 6% 年增长率设定下，自 2030 年之后，超出 10% 红线的城市数量基本清零，进一步表明，即使有城市在 2030 年超出了红线，不得再上新的项目，倘若政府对 PPP 项目处理得当，之后大多城市的 PPP 项目支出比重将会重新回到 10% 以内，从而获得发起新项目的机会。

总体来看，各地区的财政风险仍处于可控状态，但细分到城市来看，西部出现超出红线的城市数量高于其他地区，该地区财政能力较弱的城市可能出现财政承受风险，应及时管控入库的 PPP 项目，严禁发起需政府投资的 PPP 项目。且随着时间递增，超出 10% 红线的数量呈现出先增后减的趋势，在 2030 年后，超出红线的城市数量几乎为 0。这表明如果 PPP 项目的发展顺利，PPP 项目的支出责任比重有可能会重新低于 10%，回到红线以内，从而获得发起新的 PPP 项目的机会，促进当地的公共设施的建设、改善民生。

第 **4** 章

PPP 项目风险分担框架
及柔性契约机制研究

4.1　PPP 项目风险识别

4.1.1　PPP 项目风险识别方法

风险识别是风险评价和风险分担的前提，风险识别就是指项目参与方根据以往经验和风险特点对风险进行辨别，并对其进行整理和归纳，从中找出不同风险因素，分析不同风险因素的起源和风险发生后的结果，对风险有一个系统的概括。

截至目前，风险识别的方法和理论已经比较成熟，常用的风险识别方法主要有以下几种。

（1）专家调查法。专家调查法是指运用调查问卷的方式对行业领域内的专家进行访问，得到风险的科学分析和评价，常见的专家调查法有德尔菲调查问卷法和头脑风暴法。专家调查法通过对相关专家进行调查，得到的数据效率比较高，分析也比较全面，但是，由于专家的水平参差不齐，调查得到的结果可能存在误差。专家调查法普遍适用于没有历史资料的新型项目。

（2）流程图法。流程图法是指运用逻辑思维对项目全过程的重点环节和容易产生风险的环节进行分析并绘制流程图。流程图法可以直观、清晰地分析不同环节的风险，便于全面了解风险，但是，没有办法评估风险损失以及预测风险发生的概率，适用于复杂的工程项目。

（3）故障树分析法。故障树分析法就是在识别风险的基础上，对其进行一步一步分解，直到明确风险的起因和特征。该方法可以对复杂项目的风险进行有效的辨识，进而根据了解到的情况对风险进行控制，但是，如果分解的子系统不够完善或者分解的依据不可靠，可能会导致风险分析偏差。

（4）WBS-RBS分析法。WBS-RBS分析法是指根据项目风险的特点和作业流程对其进行逐步分解，直到能找到详细的风险要素为止。WBS-RBS分析法系统高、结构性强，能直接明了地辨别风险，但是难以清楚地认识自己所处的环境，缺乏确定的划分标准。

（5）检查表法。检查表法是指根据项目自身的特点，运用系统的研究方法找出风险并将其制成表格。检查表法操作相对简单、容易上手，但是对资料的完全性要求很高，如果没有足够的资料，那么该方法操作起来并不是很适用，而且结果也不准确。

（6）情景分析法。情景分析法采用曲线绘图以及图表的形式，对项目风险进行分析，并得出关键风险因素。虽然情景分析法能够细致地分析未来项目风险的情况，得到关键风险因素，但是，以往的项目经验会对项目风险的分析产生影响，难以全面详细地对风险进行分析。

PPP项目风险识别的方法有很多，以上只是其中的一部分，每种方法都有自己的优缺点，不同的PPP项目需要根据实际情况选择合适的方法，有时候还需要几种方法的组合，从而能全面、综合、准确地对项目风险进行识别。项目风险识别是一个动态的调整过程，本书在基于大量文献以及典型案例的基础上采用定性比较分析法对项目风险进行识别和分析。

4.1.2　PPP项目风险分类

出于研究目的的不同，人们对风险因素有着不同的分类方法。无论哪种分类方法都可以对项目风险进行系统的识别。本书将参照哈斯塔克和沙凯德（Hastak & Shaked，2000）的风险分类方法将风险分为政府层级风险、市场层级风险和项目层级风险。

1. 政府层级风险

政府层级风险是指在某一特定国家的政治、经济、人文、环境等方面存在的风险,如宏观经济的稳定性、市场规则的变化、政府信用风险等,详细的风险类别以及起源和后果如表4-1所示。

表4-1 政府层级风险因素及起源和后果

风险因素	风险起源	风险后果	归责对象	典型案例
政府信用风险	政府官员或领导换届之后不承认上一届官员曾经的承诺,或者因为成本过高拒绝履行应有的责任和义务,由此造成项目的风险	可能会造成项目工期延误,相关资金支持延误,最终导致项目的中止或失败	地方政府	长春汇津污水处理厂项目
法律变更风险	由于对法律的条文进行更换,或重新阐释其含义,导致原有项目规定失效的情况	可能会因为法律的变更重新修改相关合同条款,重新进行谈判,导致项目成本增加,收益下降	中央政府	上海大场水厂项目
政府决策失误风险	由于政府的前期准备不充分、缺乏相应的PPP项目管理经验或存在官僚主义作风等导致的风险	决策失误可能导致项目的重新谈判,谈判时间过长,可能导致政府信用风险	地方政府	青岛威立雅污水处理项目
项目审批延误风险	由于项目的审批程序过于复杂,如建立的听证会制度、征求各方意见等,导致项目的审批需要耗费过长的时间和成本,审批通过后,想要对项目进行调整非常困难,由此给项目带来的风险	项目审批延误会导致项目开工时间推迟,增加时间成本	政府部门	北京第十水厂项目
政治环境动荡风险	由于外敌入侵、战争、武装冲突、暴动、内乱等政治不可抗力事件引起的风险	导致项目工期延误,甚至直接导致项目的中止或失败	无	缅甸太平江水电站项目
政治反对风险	项目在运营过程中由于某种或多种原因导致的公众利益得不到应有的保护,从而引起的政治或者公众反对项目建设的风险	可能导致项目需要重新进行谈判,延误工期,严重时可能直接导致项目的失败	无	天津市双港垃圾焚烧发电厂项目

续表

风险因素	风险起源	风险后果	归责对象	典型案例
政府官员腐败风险	由于政府决策流程的不透明性，以及政府官员个人决策的武断性，导致政府官员存在腐败的可能性	政府官员腐败可能会导致沟通成本的增加，还有可能导致项目质量不过关，同时可能存在违约风险	地方政府	
政府干预风险	政府参与入股的情况下，政府官员往往比较看重决策权，希望做大股东，这就可能导致政府干预过多	政府干预过多可能导致项目效率低下，出现决策失误，甚至出现返工的情况	地方政府	
征用或公有化风险	当国家进行宏观调控时，PPP项目中的某些条款可能存在违反中央政策的情况，使得项目存在被强行征收的风险	公有化会导致私有资本的退出，直接导致项目终止	无	
地质风险	某些特定的项目，如铁路、公路、桥梁等大型的基础设施建设，这些项目往往面临着地形复杂的情况，给施工队带来很多挑战，由此会造成PPP项目的风险	地质风险可能导致项目施工成本的增加，导致工期延误	无	马来西亚南北高速项目
环保风险	由于环保要求的提高，在实施过程中会对自然环境、气候等造成不良的影响，最终导致项目延期或者中断的风险	环保风险可能导致设计的变更，重新对项目进行规划，导致成本增加或工期延误	政府或公众	台北捷运系统项目
自然灾害风险	没有办法避免的，由地震、洪水、台风等造成的自然灾害风险	自然灾害可能会造成PPP项目不同程度的损害，导致项目成本增加，严重时可能直接导致项目的失败	无	江苏某污水处理厂项目
土地获取风险	由于城市规划或者其他历史性原因以及没有标准的土地征用程序，导致土地获取困难，土地获取成本高或获取过程漫长而产生的风险	土地获取困难会直接导致项目成本增加，开工时间延误	地方政府	广深珠高速项目
法律及监管体系不完善	现有的PPP相关法律体系不够完善，相关条款有所欠缺，导致PPP项目运行受挫	当PPP项目实施过程中出现问题时，项目参与者无法通过法律途径保护自己的合法权益，项目可能被迫中断或终止	中央政府	

资料来源：柯永建，王守清．特许经营项目融资（PPP）——风险分担管理［M］．北京：清华大学出版社，2011：29-47．

2. 市场层级风险

市场层级风险是指潜藏在各个市场行业中的风险，跟市场的稳定性、开放性有关。详细情况如表4-2所示。

表4-2   市场层级风险因素及起源和后果

风险因素	风险起源	风险后果	归责对象	典型案例
融资风险	融资风险是项目在融资过程中存在的融资困难、融资机构不规范等引起的风险	融资风险可能导致融资成本增加甚至出现融资失败，导致项目被回收	无	湖南某电厂的项目；台北市公共停车场项目等
利率风险	利率风险是指由于PPP项目多数采用融资的方式筹集大部分资金，如果中央政府对利率进行宏观调控就可能导致金融市场的利率变动，由此造成的风险	利率的变动可能造成项目融资成本的增加	中央政府	广西来宾B电厂项目等
外汇风险	外汇风险包括货币贬值（汇率变动）、换汇限制以及外币出境管制等。当PPP项目涉及国外资金时就会存在外汇风险	外汇风险可能导致货币兑换成本的增加甚至可能出现禁止兑换的情况，可能造成项目成本的增加	中央政府	印度大博电厂项目；巴黎迪斯尼乐园项目等
项目的唯一性风险	项目的唯一性风险和市场需求风险有紧密联系，风险来源是指在使用者可接触的范围内，出现另一个具有竞争力的项目时，原来的项目就会受到威胁	项目唯一性风险可能导致项目收益减少，甚至不足以弥补成本，进而导致项目的失败	地方政府	杭州湾跨海大桥项目等
金融市场或机构不完善风险	金融市场或机构不完善风险是指当金融机构不够完善或者欠发达，就会导致项目在融资阶段出现问题，可能导致项目不能顺利完成融资，最后导致项目的失败	金融市场机构不完善直接导致融资困难，拖延时间，延误项目工期，导致项目的失败	政府部门	湖南某电厂的项目等
第三方延误或违约风险	由于合作第三方自己的原因导致项目的延误或违约	第三方延误或违约会导致项目成本的增加，工期的延误	第三方机构	

资料来源：笔者根据财政部政府和社会资本合作中心官方网站整理。

3. 项目层级风险

项目层级风险是指存在于 PPP 项目内，由项目系统边界内的因素所引起的风险，这些风险表现跟项目本身运营特征有关系，涉及 PPP 项目的全生命周期，包括项目的融资、设计、建设、运营等环节。详细情况如表 4 - 3 所示。

表 4 - 3　　　　　　　　项目层级风险因素及起源和后果

风险因素	风险起源	风险后果	归责对象	典型案例
项目吸引力不足	项目的需求性不足、投资信心不足都有可能使得项目的吸引力不足	项目的吸引力不足会导致项目融资获取难、很难找到合作伙伴	无	泰国曼谷的 Skytrain 项目
项目设计风险	所选设计分包公司的设计能力不强，国际经验不足、不熟悉工程现场的情况、管控能力不足等都会导致设计风险	项目设计风险会导致项目不能按要求提供高质量的设计图纸，影响施工，导致工期滞延，影响项目正常运行	社会资本	马来西亚的南北公路项目
项目技术风险	投资者采用的技术不标准或不达标	项目技术风险会导致项目的出错率增加，可能会导致项目工期延误、成本增加和收入减少	社会资本	早期的光伏发电设备
合同变更风险	项目的参与方有更改合同的需求，当遇到法律变更、技术设计等问题时会面临合同变更的风险	项目合同变更会导致项目成本增加，工期延误等	不确定	沈阳第九水厂
项目完工风险	项目完工风险是由施工方效率低下等主观原因或者其他外部环境等客观原因造成的风险	项目完工风险直接导致项目工期延误，现金回流延误，现金压力增加，成本增加	施工单位	北京地铁 10 号线
收费变更风险	收费变更风险是指项目建成后使用者付费的变动，收费标准可能会因为需求的变动或者政府对基础设施建设的统一宏观调控而更改	收费变更风险有两种情况：一种是收费标准抬高；另一种是收费标准降低。无论哪种情况综合考虑到市场需求以及价位变动都会导致运营收入的不理想	地方政府或公众	福建泉州刺桐大桥

续表

风险因素	风险起源	风险后果	归责对象	典型案例
费用支付风险	费用支付风险是指由于项目运营过程中存在不合理之处或者经营出现问题，导致最终费用不能按时支付	费用支付风险可能会导致项目的运营收入拖欠或者不能按时收回成本，导致项目现金流压力过大	地方政府或用户	
残值风险	PPP项目投资者过度使用设备等资源，当特许期满移交项目时，项目设备器材的折损严重或者价值所剩不多	残值风险可能会使得项目特许期满，项目移交给政府后无法正常运营	地方政府	
组织协调风险	组织协调风险是指由于项目参与者不能很好协调彼此之间的关系，导致项目会产生很多风险和变故	组织协调能力风险可能导致项目产生争端	社会资本	深圳某收费公路BOT项目
项目工程或运营变更风险	由于前期的设计出现错误、规范标准发生变化、项目合同发生变化以及设计方对现有设计提出修改意见等引起的风险	项目工程或运营变更风险会导致项目成本增加，工期的延误	地方政府或设计方	南浦大桥项目
投资者变动风险	由于项目的参与者之间存在利益冲突，追求的目标不一致以及投资者之间沟通出现问题而导致的风险	投资者变动风险会直接影响项目投资结构的变动，严重时会直接导致项目的中断或终止	社会资本	
配套基础设施风险	由于项目的配套基础设施不够完善导致的风险	配套基础设施风险可能导致项目工期延误，成本增加	地方政府	
权利义务分配风险	由于PPP项目的风险因素错综复杂，在合作过程，如果没有有效的沟通或合理分配参与者之间的权利和义务就会导致项目风险	PPP项目的权利义务分配不当会导致项目不确定性的增加，进而影响项目的进度，可能需要重新进行谈判，增加时间成本和运营成本	政府和社会资本	泰国曼谷的Tanayong轻轨项目

资料来源：笔者根据公开资料整理。

前面总结了PPP项目中可能存在的风险，由于PPP项目投资规模大、周期长以及项目本身存在很多不确定性，由此造成的风险种类繁多，可以看出，大部分政府层级的风险归责对象是中央政府和地方政府，因此，在风险分担过程中，政府应该根据实际情况主动承担起这些风险。还有很多风险不能明确地界定归责对象，这种情况应该由 PPP 项目的各参与方进行协商谈判明确风险归属。PPP 项目风险发生后，会对项目的成本、收益和项目的进度、质量等产生不同程度的影响，严重时甚至会导致项目的中断和终止，直接宣告项目的失败，因此应该主动采取措施避免风险，如果无法避免就按照风险分担的原则，安排控制能力强、能尽可能降低成本的一方去承担风险，尽可能减少损失，保证 PPP 项目的总体效益最大化，促进 PPP 项目顺利进行。

4.2　PPP 项目风险分担框架

风险分担就是确定不同种类的风险应该由谁来承担，承担的比例是多少，按照风险特征匹配合适的承担方。风险的承担是指在风险已经发生的情况下，承担人应该对自己所承担的风险进行管理并承担相应责任。

4.2.1　风险分担原则

为了达成合理的风险分担共识，各参与方需要遵循一定的风险分担原则。PPP 模式的本质是政府为了缓解地方财政压力与社会资本签订合约来共同提供基础设施建设和服务的一种方式，通过引入社会资本，从而引入私有企业先进的管理方式和治理理念。在双方合作过程中，需要对风险进行识别和分担，良好的风险分担应该保证社会效益最大化。

1. 风险收益对等原则

PPP 项目中的参与方都是理性的，都会追求私人利益最大化。风险收益对等原则就是指项目参与方承担的风险应该要和未来获得的收益相对等，即如果获得的收益少则承担的风险就少，如果获得的收益多则承担的风险就多，如果有承担方愿意承担额外的风险，那么就应该获得额外的收益，这体现的就是责任与利益相匹配的原则。要想使 PPP 项目满足收益和风险相对等的原则，需从法律的角度对政策制度进行规划，明确 PPP 项目的设计、建设、运营等环节的风险分配，不得存在阴阳合同等不规范的操作。另外，特殊情况下，政府可以考虑给予投资方一定的补贴，补贴应该结合项目绩效以及实际运营效果综合来考虑。

2. 风险与控制力对等原则

风险与控制力对等原则就是指 PPP 项目在进行风险分担的时候应该将风险分担给控制力最强、最有能力的一方。控制力强可以这样理解：当风险发生时，面对同样的损失，如果某一方可以承担更多的风险，则风险应该分担给这一方；或者可以理解为面对同样的风险，某一方可以将损失降到最低（柯永建、王守清，2011）。因此，为了达到风险损失最小，应该把风险分给风险偏好系数大，也就是对风险控制能力强的一方。为了实现风险与控制力对等的原则，政府与社会资本应该各自充分发挥自己的优势，因为政府与社会资本对不同风险的熟悉程度和控制程度不同，对于同一风险，应该由更有优势的一方来承担，这样才能实现风险的最优分配，从而实现社会效益最大化。

除了上述风险分担原则，还有很多其他不同的原则，例如风险应该分担给规避风险意愿强的一方，因为这样的参与方不愿意冒险，更看重稳定的利益，从某种程度上可以激励承担者，增加项目效益；还有风险承担方不应该将风险转嫁给其他承担方等。总之，首先应该尽量避免风险的出现，例如在 PPP 项目开始之前对市场情况、参与者的情况、行业规则等做好充分的调查。但是，因为 PPP 项目中存在很多不可预测的状况，因此，风险的发生难以避免，当风险发生后，应该根据风险的特点，将风险分配给有能力控制该风险并且可以从承担风险中获得收益的一方，如果双方都有能力承担风险，则应该将风险分担给耗费财务成本和时间成本都比较低且获利大的一方；如果双方都没有能力承担风险，则将风险分担给其他有能力的参与方。但值得注意的是，承担风险数量应以自身承受能力为限。

4.2.2 风险分担主体 ①

PPP 项目建设规模大、周期长，准确界定风险分担主体可以更好地了解各部门的特征，对各部门的风险承受能力、风险控制力以及风险偏好系数有更深层次的了解，这样有利于制订更好的风险分担方案。在签订 PPP 项目合同的时候，对合同条款也有一个更好的把握，有利于理清 PPP 项目各参与方的权力、义务和风险界限。PPP 项目的参与方众多，包括政府、社会资本、银行团体、金融机构、项目承建商等。

1. 政府

政府包括中央政府和地方政府，是 PPP 项目的主要参与方之一。政府在 PPP 项目中可能充当多重角色，如项目发起人、项目监管人、项目融资担保人、项目投资人、服务最终购买人等，具体承担何种角色应该视具体情况而定。

政府作为 PPP 项目的主要参与方，应该在项目启动前对项目的成本和收益进行预测，并对项目进行财政承受能力论证，如果成本和收益都满足需求，则需要对项目的框架进行设计，包括实现项目的目标、合同的规划等。在项目的招标阶段，政府应该通过筛选，引进有能力的、有先进技术的、有项目经验的社会资本。PPP 项目一般是为了提供基础设施建设产品或服务，涉及公共利益，因此，政府在项目中应该承担起监管的责任。作为 PPP 项目的监督管理方，政府应该对项目进行评估和检测，并进行"物有所值"和"财政承受能力"的论证，定期向公众纰漏 PPP 项目的运行信息，如果发现不规范的操作或行为，应该以法律为依据，对违法者采取严厉的惩罚措施。

PPP 项目一般采用融资方式筹集大部分资金，项目债权人有时候需要政府提供融资担保。根据 PPP 项目的经营情况可知，有些项目是非经营性

① 基于本部分研究内容，李伟、李晨撰写学术论文《PPP 背景下扶持科技创新的税收政策研究》，公开发表于《财会通讯》2016 年第 29 期。

项目，不能对用户进行收费，只能由政府付费，这种情况下，政府担任服务购买人的角色。政府的最终目标是服务于大众，追求公共利益最大化，而社会经济效益的大小很大程度上取决于国家及大众对项目需求的程度，如果需求程度比较小，项目不能自负盈亏，则需要政府进行补助，这种情况下政府承担项目补助人的角色。PPP项目中一般都会存在特许经营期，这个期限是政府赋予社会资本特许经营权的期限，在这个期限内，项目的运营和管理都归社会资本，但是，项目的所有权属于政府，因此，当特许期满后，政府需要接手该项目并对其负责。

综上所述，政府无论在PPP项目中担任哪种角色，都起到了举足轻重的地位，是影响风险分担结果的重要主体要素。

2. 社会资本

社会资本是指参与PPP项目投标的企业或联合体。一般情况下社会资本在PPP项目中担任的角色是投资者兼顾经营者，除此之外，还有项目债权人、项目承包商等角色。政府在选择社会资本的时候通常会选择信誉度高、经济实力雄厚、有良好管理经验的一方。社会资本通常会投入一定比例的资金获取相应的股权份额，和政府共同成立PPP项目管理公司。因此，我国目前参与PPP项目的社会资本仍然是大型的企业或机构，中小型企业很少，这主要是因为中小型企业的融资能力以及管理能力等都无法达到PPP项目的要求，再加上PPP项目本身建设内容复杂、周期长、需要的资金丰厚等特点，使得政府在面向社会资本进行招标的时候更倾向于大型企业或国有企业。

在PPP项目中，社会资本通过投入资金获得相应股份，通过分担风险获得相应收益。社会资本的目标是获得收益最大化。在与政府合作的过程中，社会资本属于合作方，在谈判地位和出价顺序上其实不占优势，往往因为承担的风险过重而导致项目无法继续前行。因为在项目实施过程中，本来由政府承担的风险很有可能转嫁给社会资本，导致社会资本承担双重风险，而一旦风险超过了社会资本的承受范围，将很有可能直接导致项目的中断或失败。因此，政府要注重对社会资本的权利保障，这样有利于提高社会资本参与PPP项目的积极性。社会资本也应该做好自己的本职工作，无论是在项目的融资、建设、运营还是移交环节都要保证质量达标，因为PPP项目大都与民众息息相关，关系到民众的切身利益，社会资本不能因为过度追求自身利益而牺牲效率或服务公平性，形成基础设施的排他，因此，政府要做好全生命周期内的监督管理工作。

3. 银行及其他贷款金融机构

PPP项目周期长、投资额度大，整个项目是需要分阶段进行投资，并且总投资额度大。在这种情况下，政府和社会资本由于资金有限不可能将所有资金直接一次性投入项目中，此时需要从银行、保险以及证券等金融机构中去贷款，这就需要对金融机构进行筛选。这些贷款机构一般是国家政策性银行或传统商业银行，因为这些金融机构有足够的资金支持、贷款时间长、额度大，而且可信度高、值得信赖，可以为PPP项目的顺利运行提供良好的资金支持。PPP模式下，银行等金融机构为了降低自己的风险，不仅要对借款方的信用资质、偿还能力等进行评估，还要时刻关注项目的经营状况以及现金流量，密切关注未来项目的动态变化，准确分析项目全生命周期的风险因素。

4. 项目供应商

项目供应商顾名思义就是为项目的建设提供原材料及所需设备的机构。根据供应商供应的产品类型可以分为设备供应商、燃气供应商等。从供应商的角度考虑，他们希望能够找到可以长期、稳定合作的合作伙伴。因此，供应商会主动降低价格，延长收款期限，按量给予优惠等措施，跟项目投资方进行合作，这样对PPP项目的发展也有良好的促进作用。

5. 项目承建商

项目承建商是在项目确定之后，负责项目的设计、制造、施工、购买设备等工作的部门，项目承建商具有先进的技术设备、专业的队伍团队以及充足的流动资金。项目承建商需要根据承包项目的内容跟项目公司签订合同，合同中会详细规定承包材料类型、数量以及承包时间，项目承包商一般要承担项目的工程质量风险以及项目延期风险。为了减轻管理负担，一般会安排单一的项目承建商负责项目的设计、采购和建设等环节，也有可能与多个承建商进行签约，分别承担不同环节的项目建设工作。

6. 项目运营商

项目运营商是指对项目进行运营和维护的机构，PPP项目的运营和维护可以分为两种情况：比较简单的项目，如收费公路项目，可以自己进行运营管理；而比较复杂的项目，如电厂项目，一般需要专业的运营商进行管理，广西来宾B电厂项目就是采用委托运营的方式。因此，项目运营商是个可以选择的选项，是否需要取决于PPP项目的运营策略。

7. 项目担保方

PPP项目中的担保方可以是政府也可以是除政府和社会资本之外的其他部门。因为PPP项目会涉及很多风险，融资贷款方一般会要求项目中有担保人，当PPP项目发生风险并因此造成较大的损失时，担保机构可以通过自身雄厚的经济实力以及良好的信誉为项目做担保，保障PPP项目的顺利进行。

政府作为担保方可以排除法律法规变更、法律制度不健全、经济政策变化等政府层级风险，除此之外，政府还应该担保PPP项目中的融资、建设等具体事项，这些担保可以吸引优秀的社会资本，不仅有利于项目的顺利运营和建设，还有利于国有资产的合理利用，保护公共利益。

8. 项目终端用户

PPP项目建成后会进入运营阶段，服务于政府或社会大众，所以，PPP项目的最终用户就是政府或社会大众，项目运营阶段的收益也来自这些终端用户。终端用户通过付费获得公共产品以及服务的使用权，同样有权力对公共产品或服务质量进行监督，并提出意见，促进PPP项目高质量完成并充分满足使用者的需求。

上述列举了八个典型的PPP项目风险分担主体，实际上项目风险分担主体远不止这些，还有很多别的机构，如中介机构、保险机构、项目公司、审计机构等，这些机构在 PPP 模式中担任着不同的职责，都对 PPP 项目的顺利运行有着不可或缺的作用。

4.2.3　风险分担框架

在进行 PPP 项目风险分担时，首先，应该要确定风险分担的先后顺序，有些风险可以很好地被识别，而有些风险很隐蔽不能直接被识别，还有的风险，其控制成本会远远高于该风险的收益水平，因此要明确风险分担的等级和风险分担的先后顺序。其次，有些风险是无法在合同中明确界定的，无法界定风险的边界以及承担的主体，如不可抗力风险，这类风险应该由实力雄厚的第三方担保机构进行担保，这样可以有效降低风险成本。最后，在进行风险分担时，要充分考虑各参与方的风险偏好，基于上文中阐述的风险分担原则，对风险进行有效分配。

政府和社会资本作为 PPP 项目中的重要参与方，在风险分担中，应该要充分考虑双方的角色和特点，有些风险需要某一方单独承担，而有些风险则需要政府和社会资本双方共同承担，本书按照政府层级风险、市场层级风险和项目层级风险的风险分类方法，分别探讨了 PPP 项目的风险承担情况，详细情况如表 4 - 4 所示。

表 4 - 4　　　　　　　　　PPP 项目风险分担框架总结

风险类别	风险因素	风险分担结果
政府层级风险	政府信用风险	政府承担
	法律变更风险	
	政府决策失误风险	
	项目审批延误风险	
	土地获取风险	
	税收调整风险	
	法律及监管体系不完善	
	政府官员腐败	
	政府干预	
	征用或公有化风险	

续表

风险类别	风险因素	风险分担结果
政府层级风险	地质风险	政府和社会资本共同承担
	环保风险	
	自然灾害风险	
	政治环境动荡风险	
	政治反对风险	
市场层级风险	融资风险	政府和社会资本共同承担
	市场需求变化风险	
	利率风险	
	外汇风险	
	通货膨胀风险	
	第三方延误或违约	
	项目的唯一性风险	政府承担
	金融市场或机构不完善风险	
	项目设计风险	社会资本承担
	项目技术风险	
	项目完工风险	
	供应风险	
	运营成本超支风险	
	组织协调风险	
	项目工程或运营变更风险	
	投资者变动风险	
	招标竞争不充分	政府承担
	项目财务监管不足风险	
	配套基础设施风险	
	项目吸引力不足	政府和社会资本共同承担
	合同变更风险	
	收费变更风险	
	费用支付风险	
	残值风险	
	权利义务分配风险	

    政府作为项目的发起方，应该对风险进行合理的配置，努力提高社

会资本参与 PPP 项目的积极性，还要在保证 PPP 项目效率的情况下保护公众利益和集体利益。从表 4 - 4 中可以看到，政府承担的主要风险为政府层级风险，是存在于 PPP 项目之外的风险，如政府信用风险、政治干预、法律变更等。PPP 模式通过引入社会资本在项目融资上缓解了政府的债务危机，社会资本在 PPP 项目中主要负责项目的建设和运营，因此，社会资本在 PPP 项目中负责提供技术服务和管理经验。社会资本更加了解并应该主动承担 PPP 项目设计、建设、运营维护等环节的市场风险，如项目技术风险、项目设计风险、项目融资风险、项目组织协调风险等。

PPP 项目风险种类繁多，涉及的范围很广，为了达到项目的整体效益最大化，有些风险需要政府和社会资本共同来承担，如自然灾害风险、市场需求变化风险、合同变更风险等。自然灾害风险的影响和损坏都是巨大的，政府或社会资本其中任何一方都不能单独去承受，这类风险是突发性的，很多都是不曾预料到的，如地震、山洪等。面对这些风险，政府和社会资本应该让资金雄厚、信誉度高的第三方担保机构对其进行担保，这只是一种方法，如果无法进行投保，则应该由政府和社会资本根据双方承担风险的能力进行分担，共同承担风险。再比如市场风险，在 PPP 项目实施之前，项目参与方就会对项目的未来运营情况进行预估，但是，如果市场需求以及价格波动跟原预测的情况不一样（一般都是实际收益低于预估收益甚至无法弥补成本），就会产生市场风险，这种情况下应该由政府和社会资本共同来承担，具体来讲就是在一定的损失临界值内，该损失由社会资本单独承担，一旦超过临界值，政府就要对损失按照契约进行相应的经济补偿。这样可以给社会资本更大的信心，也可以有效提高项目的整体效益。

4.2.4　风险分担监管

PPP 模式通过引入社会资本进而引进先进的技术和丰富的项目管理经验，这种模式力求高质量、高效率地提供公共基础设施服务和产品。PPP 项目参与方众多，主要包括政府、项目公司、保险机构银行等，各部门的目标和利益诉求不一样，不同阶段承担的责任也不一样，再加上信息的不对称性，导致项目存在很多风险。风险分担不是一成不变的，是根据环境的变化和项目的运营情况随时变动的，在确定初步风险分担方案之后，要对风险分担情况进行实时监测，通过监督发现一些问题，对分担方案进行不断的调整，必要时进行风险再分担。因此，在项目的设计阶段、运营阶段、维护阶段等全生命周期内对项目进行监督是保证 PPP 项目顺利进行的重要环节。

1. 政府的监督职责

在 PPP 模式中，政府承担着项目发起人的角色同时又承担着监督者的角色，并负责制定相关政策。虽然政府对政策信息掌握得比较全面，但是，在审计和监督检查等方面缺乏专业知识和经验，因此，为了划清职业界限，有必要引进具有专业资格、经验丰富的第三方独立监管机构对项目的风险分担进行监督和管理，并对其支付相应的委托手续费。监管机构一般为会计事务所或审计机构，因为这些机构可以对项目的经营情况以及项目的风险分担情况进行详细、全面、专业的监控，同时对社会资本提供的费用、成本、收益等资料进行检查，发现风险分担不合理的地方或者之前未曾考虑到的风险时，将风险上报给政府，由政府对风险进行再识别并对其进行合理的再分担，以此来保证项目的顺利实施。

政府在风险监管过程中，应该对社会资本和中介机构上报的材料进行分析，并制定相应的奖惩措施，一旦发现中介机构和社会资本有违规上报的情况或者双方合谋违规上报的情况就要对其进行惩罚。另外，鉴于我国现阶段社会资本参与 PPP 项目的积极性不高，可以考虑在召集社会资本的时候，以公开招标的形式对社会资本进行筛选，而且要简化并规范行政审批程序。在项目运营阶段应该要注意项目绩效的监管，通过设置激励机制、完善法律法规体系、给予税收优惠等措施，鼓励社会资本努力提升 PPP 项目的绩效，高质量、高效率地完成项目。

2. 绩效评价与按效付费

我国 PPP 项目的绩效管理从无到有已经有了很大的进步，但是，目前仍处于起步阶段，缺乏统一的标准和规定，仍有很多地方亟须改进。从绩效评价主体来看，我国提倡独立于政府和社会资本的第三方机构对 PPP 项目进行绩效评价，并赋予其独立决策的自主权，但是，鉴于第三方机构对 PPP 相关专业知识的了解不是很充分，存在专业知识上的盲区，会导致机构的评价结果缺乏可信度。因此，项目绩效评价主体应该以项目实施机构为主，必要时方可寻求具有专业知识的第三方机构进行协助监管，保证 PPP 项目顺利进行。从绩效评价阶段及内容来看，PPP 项目的绩效评价应该要考虑到项目的全生命周期，其中包括项目的识别、准备、采购，以及项目的建设、运营、移交等多个阶段。要确保在项目启动前、建设过程中以及项目完工后分别对项目进行绩效考核。另外，在项目实施过程中要对项目进行中期评估，及时发现问题并制定改正措施。从绩效评价结果来看，要严格实施"按效付费"。

总体来看，我国 PPP 项目的绩效管理还没有一个独立健全的法律体系，相应的顶层设计也有所匮乏，绩效评价指标体系也不够完善。在我国，PPP 项目涵盖多个行业领域，不同行业的绩效评价指标应该体现出其特有的专业属性，不能简单地照搬照抄。因此，亟须有关政府对绩效评价进行规范和引导，建立一个基于 PPP 项目全生命周期的绩效管理制度，并完善绩效合同管理。

4.3　基于 QCA 方法的 PPP 项目风险因素分析

4.3.1　PPP 项目影响因子情景变量分类

伴随着以 BOT 模式为代表的早期 PPP 项目在我国逐渐盛行，与之相关的连带问题也层出不穷，如融资门槛高、社会资本关注度低、财政承诺未予以兑付等都直接影响项目有效生命力。由于风险监管法律法规不够健全，政策变更以及财政承受能力限制等诸多因素，导致我国 PPP 模式面临新的风险和挑战，很多 PPP 项目被取消或在全生命周期不同阶段陷入困境。因此，厘清 PPP 项目提前中止或失败的具体原因，分析众多具体影响因子之间错综复杂的关系，是保证 PPP 项目生命力的前提条件。

1. 外部环境情境

PPP 模式合作双方社会责任负担和经济利益诉求是存在重要差异的：政府追求公共利益最大化和社会资源的最优配置，会把公共品负担强加给社会资本；而社会资本追求自身经济利益最大化和公共资源的排他享用，因此无形中会形成债务风险或负担转嫁。吴义东等（2019）从项目投资额和落地数量两个方面，实证考察了地方政府公信力对当地 PPP 项目落地的影响，结果显示，两者之间存在正相关关系。因为 PPP 项目通常为大型的基础设施项目，在长达 10～30 年的特许经营周期内，核心决策主体变动、公众消费倾向和消费意愿的升级以及资本市场稳态均衡都面临着不可预测的不确定因素，如领导人换届、政策变动和市场需求的变动等。融资失败或同行业竞争导致收益无法补偿成本也是导致 PPP 项目失败的关键因素，因此，中央政府、地方财政和金融机构都应自主规范，培养合作各方的契约精神，共同努力建立起推动 PPP 项目发展的良性运作机制。

2. 社会资本情境

社会资本的所有制性质也会影响到 PPP 项目有效生命力，目前积极参与 PPP 项目的社会资本主要还是国有企业，截至 2020 年 12 月底，民营企业的成交额还不到总成交额的 20%①，以"公公合作"的方式开展 PPP 项目会对民间资本的投资规模和效益形成"挤出"，甚至难逃"与民争利"的嫌疑。PPP 项目落地前，政府即使是通过招标选择合作方，仍然存在对国有企业的天然偏好，甚至某些项目地方政府会在招标环节采取一些隐性措施来排斥民营企业参与竞争，另外，项目落地后还可能给国有企业一些隐性补贴。在这种"同性相吸、异性相斥"的引力场下，竞争中处于弱势地位的民营企业为了争取项目可能会跨行业竞争甚至恶意投标，放弃市场

---

① 根据 Wind 数据库中数据整理。

信息优势争取一些自己并不熟悉的，不在自己主营业务范围内的项目，直接影响到项目运营阶段的有效生命力。

3. 特许经营情境

PPP 项目风险分担机制的预先设计极其复杂，这引起了很多学者对项目风险管理有效性的关注。风险网络模型可以应用于 PPP 项目风险分析，识别未被注意但具有传播效应的关键风险，还可以预警 PPP 基础设施项目中风险的相互作用及其传播机制（杨琳、王嘉君，2020）。妥善安排风险在政府和社会资本之间的合理配置，构建一个 PPP 项目风险共担的理性预期框架，可以有效缓释风险并改善项目绩效，优化利益相关者目标，强化不同生命周期阶段的项目可持续性目标，包括提高项目生命周期效率以及社区和社会效益等。在良好风险分担机制的基础上，项目的付费模式也和项目的持续性有着不可或缺的关系（李冬冬等，2021）。

4.3.2　基于 QCA 方法的 PPP 项目风险分析研究设计

1. 研究方法选择

PPP 项目失败是由多种因素综合影响的结果，由多种因素构成的分类组态作为多重并发因素，仅通过多元回归分析难以揭示其中的复杂关系。并且多元回归还要求变量之间不存在多重共线性，得到的是某一个变量对结果的平均净效应，该"平均"消除了具体个案的独特性，而我们研究 PPP 项目生命力的影响因子之间明显相互依赖，而且条件和结果之间是非对称的关系。

鉴于此，笔者尝试采用定性与定量相结合的方法来综合分析影响 PPP 项目生命力的具体原因，从组态集合的视角下引入多值集定性比较分析方法，分析排序多重因素的差异化组态对项目最终结果的不同影响，最后达到不同组态"殊途同归"的效果。定性比较分析（QCA）近几年来受到众多学者的关注并且已经在公司治理、营商环境等不同的管理学领域得到充分的应用。结合多组案例组态构型研究，跳出了传统二元关系分析视角，把研究对象视作条件变量不同组合方式的组态，有助于回答多重并发的因果关系（即 PPP 项目失败后，无论最终是由政府出资回购、退回到管理库进行重新论证，抑或是其他的结果，比如直接取消，均是由政府信用风险、社会环境抵触、融资收益持续和 PPP 具体模式选择等多重原因共同作用的结果）、因果非对称性（即某些因素还会同时诱发多重结果，如政府信用风险和融资收益持续可能导致 PPP 项目最后由政府回购，也可能导致示范项目被退回管理库甚至储备库，要求重新进行论证）和多种方案等效因果复杂性问题（杜运周、贾良定，2017）。

QCA 就是从组态构型出发，将定量与定性的最优特征有机结合在一起，揭示了变量间复杂因果关系，突破了计量模型自变量边际效应的局限性，更好地解释了影响 PPP 项目失败的多重复杂原因。QCA 主要包括清晰集—定性比较分析（cs-QCA）、多值集—定性比较分析（mv-QCA）和模糊集—定性比较分析（fs-QCA）。由于落地 PPP 项目失败后的处置可能是政府回购、退回管理库甚至直接终止等多种结果，因此，笔者采用 mv-QCA 方法。

2. 案例样本选择

QCA 在案例选择上要求参照"最大相似"和"最大差异"原则进行系统设计，"最大相似"的系统设计理念是许多理论上的显著差异将在相似的系统间出现，并且这些差异可以被"解释"；"最大差异"就是在样本系统中寻求最大异质性（杜运周、李永发，2020）。笔者通过中国知网学术文献、地方政府新闻网站政务公开平台和财政部 PPP 中心等公开信息采集渠道，对 PPP 项目失败案例进行搜索和分析，总结归纳了 33 个典型案例。选取案例都有详尽的原始信息，基本涵盖了目前国内主要的基础设施行业领域，如交通运输行业、水利工程、电力能源等，此外，这些项目地域分布较广（东北、华北、中部、华东、华南、西北、西南均有覆盖），所在地方政府可支配财力差异明显，可以最大限度地保证样本的典型性和有效性（见表 4 – 5）。

表4-5　　　　　　　　　　　PPP 代表性失败案例汇总

案例编码	所属地区	项目名称	所属行业
1	安徽	安庆市顺安南区、祥和南苑公租房 PPP 项目	保障性安居工程—保障性住房
2	黑龙江	黑龙江省鹤大高速佳木斯过境段	交通运输—高速公路
3	四川	成安渝高速公路项目	交通运输—高速公路
4	福建	福建泉州刺桐大桥	交通运输—桥梁
5	江苏	南京长江三桥	交通运输—桥梁
6	山东	济南济广高速西二环南延高架桥 PPP 项目	交通运输—桥梁
7	江苏	南京长江隧道（纬七路过江隧道）项目	交通运输—隧道
8	安徽	六安市 S366 合六南通道 PPP 项目	交通运输——级公路
9	甘肃	甘肃省庆阳市 G244 线打扮梁（陕甘界）至庆城段公路工程 PPP 项目	交通运输——级公路
10	新疆	博州温泉县呼场至 G30 线及 S205 线 K31 博乐老火车站至 K89 散包段公路建设 PPP 项目	交通运输——级公路
11	云南	云南省红河州蒙自市碧色寨滇越铁路历史文化公园项目	旅游—生态旅游
12	天津	天津市双港垃圾焚烧发电厂	能源—垃圾发电
13	江西	九江市柘林湖湖泊生态保护项目	生态建设和环境保护—综合治理
14	云南	云南省大理州大理市环洱海流域湖滨缓冲带生态修复与湿地建设工程 PPP 项目	生态建设和环境保护—综合治理
15	广西	来宾 B 电厂	市政工程—电力
16	山东	山东中华发电项目	市政工程—电力
17	甘肃	兰州威立雅项目	市政工程—供水
18	辽宁	沈阳第八水厂 BOT 项目	市政工程—供水
19	上海	上海大场自来水处理厂	市政工程—供水
20	甘肃	甘肃省兰州新区地下综合管廊一期工程 25 条管廊 PPP 项目	市政工程—管网
21	云南	云南省昆明市春城路延长线及官渡主 5 路地下综合管廊政府和社会资本合作项目	市政工程—管网
22	上海	延安东路隧道复线 PPP 项目	市政工程—市政道路
23	安徽	安庆市市区公共停车场 PPP 项目	市政工程—停车场
24	甘肃	黄羊镇污水处理厂 BOT 项目	市政工程—污水处理
25	广东	钟村污水处理项目	市政工程—污水处理

续表

案例编码	所属地区	项目名称	所属行业
26	贵州	遵义市道真污水处理 PPP 项目	市政工程—污水处理
27	河北	河北省保定市污水处理 PPP 项目	市政工程—污水处理
28	湖北	汤逊湖污水处理厂	市政工程—污水处理
29	吉林	长春汇津污水处理厂	市政工程—污水处理
30	北京	国家体育场项目	体育—体育
31	广东	增江体育公园项目	体育—体育
32	河南	沈丘念慈医院养老产业综合服务园 PPP 项目	养老—养老业
33	甘肃	嘉峪关市第一人民医院迁建项目 PPP 项目	医疗卫生—医院

资料来源：笔者根据相关资料整理。

3. 变量设置

变量设置分为条件变量和结果变量。条件变量遵照前文研究逻辑设定的三大类条件变量共 8 个具体风险因子，其中外部环境情境分为政府信用风险、社会环境抵触、融资收益持续和财政承受能力 4 个因子；社会资本情境分为社会资本性质和经营范围匹配 2 个因子；特许经营情境分为 PPP 具体模式和项目政府付费模式 2 个因子。结果变量参照 PPP 项目的实际情况进一步细分，根据采集到的具体案例样本将结果变量归类为政府回购、调出示范名单回到管理库和其他（限期整改、重回示范项目和融资失败项目终止）三种情况。

（1）外部环境情境变量赋值原则。PPP 模式的一个显著特征就是政府与社会资本的"伙伴关系"，而维系这种关系中最重要的就是合作双方的诚信意识。政府信用风险是一种原发性风险，其诱发因素包含多个方面，如政府换届，新上任的领导拒绝履行前任做出的承诺；或者因前期入库项目纷纷进入落地阶段，不断累积的财政支付责任挤占了未来政府规划新建基础设施项目的财力空间。此外，政策或制度的变更[1]也都属于政府信用

---

[1]　如修订 PPP 入库示范项目的进入门槛，分别对前期入库项目进行"物有所值"（VFM）论证和财政承受能力论证，未能通过论证的项目须从管理库清退或者影响到其他增量项目入库。

风险，其对 PPP 项目的有效生命力影响巨大，甚至部分社会资本在极端情况下提前退出项目合作。笔者将政府信用风险界定依据酌定为政府是否通过政策、制度变更进行项目契约风险的再谈判，如果再谈判未能顺利进行导致项目失败则赋值为1，反之赋值为0。

PPP 单体项目的社会收益获益对象和外部成本波及范围还存在明显的权责不匹配，如垃圾焚烧项目，本地居民的生活垃圾均可在此进行焚烧处理（项目实施的受益主体是该地辖区的全体民众），然而因为垃圾运输和焚烧产生的气味给项目附近市民的生活、工作带来不便（项目实施的外部成本波及范围，远远小于受益主体的覆盖面），因此，周围的居民会联合起来投诉反对项目的实施，这样就会导致项目的失败。[1] 因此，笔者把该因素界定为社会环境抵触，如果是因为公众反对导致项目失败则赋值为1，反之则赋值为0。

虽然 PPP 模式被越来越多地引入基础设施建设，但是具体项目的落地正面临着融资难、社会资本合作效率低、政府债务风险增加等的困境。融资难的原因一是因为合作双方面临的约束条件差异，政府斥资满足公共需要会受到赤字和债务的预算约束，而公共基础设施 PPP 项目集中在重要民生领域，社会资本的经济利益诉求会受到收益率上限管制；二是融资双方风险分担责任不能完全匹配，这主要源于双方投入资金的性质不同。因此，笔者将融资收益的可持续性列为风险影响因子，其中因为融资失败或同行业竞争等导致收益无法补偿成本的项目失败赋值为1，反之则赋值为0。

为了控制地方政府举债规模的迅速扩张，中央政府采用"以奖代补"等形式大力推广 PPP 模式引导社会资本的投资方向，但也迅速积累了中长期偿债压力。PPP 模式发起后进入执行阶段，项目数量和资金规模都在不断扩张，所以依据项目合同应由地方政府承担的直接显性支出责任负担也在加重。2014 年以来融资平台举债模式不断收紧，导致地方政府"一拥而上"PPP 项目，很多项目缺乏前期充分论证到最后演变成纯粹的政府付费或者由政府担保收益率的"明股实债"项目，给地方财政造成了很大的隐

---

[1]　比较典型的案例是天津市政府与泰达环保合作共建的"双港垃圾焚烧处理厂"。

性或有债务支出压力。根据财政承受能力检验 "10%、7%、5%" 三档警戒红线①的现实要求，笔者设置了财政承受能力这一风险因子作为反映政府财力的外部影响因子，申报入库时未作论证或者项目所在行政区已经超过 10% 红线的赋值为 1，反之则赋值为 0。

（2）社会资本情境变量赋值原则。PPP 模式成功与否非常关键的一个因素就在于民营企业作为社会资本参与 PPP 项目的积极性和深度。笔者将社会资本性质为国有企业或由国有企业牵头组建联合体的赋值为 1，反之则赋值为 0。除了社会资本性质对 PPP 项目失败有影响之外，其主营业务的经营范围与项目所在行业技术和经验要求是否相匹配也会影响 PPP 项目的有效生命力。笔者将项目所属行业属于社会资本主营业务范围内的赋值为 1，反之赋值为 0。

（3）特许经营情境变量赋值原则。广义 PPP 项目收益模式主要包括外包类、特许经营类和私有化类。其中特许经营类最常见的即为 BOT 模式，截至 2021 年 12 月底，BOT 模式项目数占入库总项目数的 77.6%②，可以看到，BOT 模式是我国 PPP 项目集中采用的主导模式。在当前 "全民抗疫" 进行时，随着不断提升国民经济抗压能力的诉求，BOT 作为更接，近于 "委托—代理" 的模式，财政仅支付运营期的部分可行性缺口补助，不帮助社会资本分担风险或履行其他法定支出责任，压力得到极大缓解。但由于 BOT 模式本身涉及多边合作，甚至包括外国合作伙伴，在运营环节所面临的中止风险比传统 PPP 项目融资模式如 TOT/BOOT 等要更高。笔者将项目采用 BOT 模式进行风险分担机制设计的赋值为 1，反之则赋值为 0。最后一个风险因子为项目付费模式，李冬冬等（2021）认为，项目付费模式影响着政府的最优伙伴关系的选择，对项目的结果也必然会产生影响，笔者将公益性政府付费类项目赋值为 1，其他付费方式（使用者付费和可行性缺口补助等）赋值为 0。

---

① 2019 年财政部在《关于推进政府和社会资本合作规范发展的实施意见》中规定，"财政支出责任占比超过 5% 的地区，不得新上政府付费项目""对财政支出责任占比超过 7% 的地区进行风险提示""对超过 10% 的地区严禁新项目入库"。笔者将以上规定简称为 "5%""7%""10%" 红线。

② 根据 Wind 数据库中数据整理。

（4）结果变量赋值原则。根据多值集定性比较分析原理，如果 PPP 项目失败，最后的处置结果是政府回购，赋值为 1；如果结果为调出示范名单回到管理库，赋值为 2；其他情况则赋值为 0。

以上赋值原则汇总如表 4 - 6 所示。

表 4 - 6　　　　　　　PPP 失败项目影响因子情境变量集

变量	情境分类	变量名称	界定依据	变量说明
条件变量	外部环境情境	政府信用风险	由于政策、制度等变更，需要对项目风险进行的再谈判	是为 1 否为 0
		社会环境抵触	因为社会大众的反抗导致项目风险的再谈判	
		融资收益持续	因融资失败或同业竞争等导致收益无法补偿成本	
		财政承受能力	未作论证或所在行政区已超过"10%"红线	
	社会资本情境	社会资本性质	国有企业或国有企业牵头组建联合体	
		经营范围匹配	项目所属行业在企业主营业务范围内	
	特许经营情境	PPP 具体模式	BOT 模式风险分担机制设计	
		项目付费模式	公益性政府付费	
结果变量	处置类别		政府回购	1
			调出示范名单回到管理库	2
			其他方式	0

4.3.3　定性比较分析与结果

笔者采用复旦大学唐世平开发的软件 fm-QCA，能够同时处理被解释变量和解释变量均为多值集的 QCA 数据，并包含了多值逻辑化简、中间解自动生成以及一致性、覆盖率计算等功能。弥补了目前 mv-QCA 软件不能处理多值被解释变量，且不能多值逻辑化简的不足。

1. 单一条件变量的必要性逻辑检验分析

如果一个条件总在某个结果产生时出现，那么这个条件就是该结果产生的必要条件；如果某个结果总在某个条件出现时产生，那么这个条件就是该结果产生的充分条件。在定性比较分析方法中，通过一致性和覆盖率来计算条件是否为结果的必要或充分条件。当一致性大于0.9时，认为某一条件是结果的必要条件。笔者采用 fm-QCA 软件对单个条件的必要性进行分析，得到结果如表4-7所示。表4-7中的条件变量为政府信用风险（ZFXY）、社会环境抵触（SHHJ）、融资收益持续（RZSY）、财政承受能力（CSNL）、社会资本性质（SHZB）、经营范围匹配（JYFW）、PPP 具体模式（JTMS）、项目付费模式（FFMS）。

表4-7　　　　　　　　　　单一条件变量必要性分析

条件变量	结果变量					
	0		1		2	
	一致性		一致性		一致性	
	是	否	是	否	是	否
ZFXY	0.33	0.67	0.31	0.69	0.0	1.0
SHHJ	0.22	0.78	0.23	0.77	0.0	1.0
RZSY	0.67	0.33	0.15	0.85	0.0	1.0
CSNL	0.67	0.33	1.0	0.0	0.18	0.82
SHZB	0.44	0.56	0.31	0.69	0.73	0.27
JYFW	1.0	0.0	0.85	0.15	1.0	0.0
JTMS	1.0	0.0	1.0	0.0	0.64	0.36
FFMS	0.0	1.0	0.38	0.62	0.18	0.82

从表4-7中可以看出，结果为政府回购的必要条件为财政承受能力已超过10%红线或者未作论证和PPP具体模式为BOT模式；结果为调出示范名单回到管理库的必要条件为政府守信意识强或者相关政策制度保持较好连贯性、社会环境未抵触、融资收益可持续和社会资本性质为国有企业或国有企业牵头组建联合体；最后结果为"其他"的情况同理可以得到必要条件，但是，因为该结果包含的内容比较杂乱，有终止协议、重新谈判和仍然经营等，而且每个子结果几乎都只有1~2个代表性案例，缺乏足够原始数据支撑，因此不再过多展开讨论。以上结论可以看出，除了几个特

殊条件外,大部分的单独条件并不构成 PPP 项目失败的必要条件,因此有
必要进行组态分析研究多重条件共同作用结果。

2. 多值集定性比较分析

QCA 可以得到三组不同的条件组合方案,它们分别是过简方案（parsimonious solution）、中间方案（intermediate solution）和复杂方案（complex solution）。这三种方案是根据案例因子是否有逻辑余项及其数量多少来区分的。假设条件个数为 n,那么具体组合方式应该有 2^n 个,逻辑余项就是理论上的最大可能组合数减去实际观察到的案例数。过简方案就是布尔最小化包含所有的逻辑余项,中间方案是指布尔最小化包含一部分逻辑余项,复杂方案就是布尔最小化不包括逻辑余项。笔者选用了 8 个前因条件,最大可能组合方式有 256 种,另外因笔者选取了 33 个典型案例,数量有限导致逻辑余项过多,若全部纳入考虑范围得到的结果过于简单,因此,采用中间方案即纳入部分逻辑余项,结果如表 4 – 8 所示。

表 4 – 8　　　　　　　　　　多值集定性比较分析结果

结果	条件组合	原始覆盖率	净覆盖率
0	~ ZFXY * ~ SHHJ * RZSY * ~ CSNL * JYFW * JTMS * ~ FFMS	0.3333	0.1111
	~ ZFXY * ~ SHHJ * RZSY * ~ SHZB * JYFW * JTMS * ~ FFMS	0.3333	0.0000
	~ ZFXY * RZSY * CSNL * ~ SHZB * JYFW * JTMS * ~ FFMS	0.2222	0.1111
	ZFXY * ~ SHHJ * ~ RZSY * CSNL * JYFW * JTMS * ~ FFMS	0.2222	0.2222
	ZFXY * SHHJ * RZSY * CSNL * SHZB * JYFW * JTMS * ~ FFMS	0.1111	0.1111
	所有组合覆盖率		0.8889
1	~ ZFXY * ~ SHHJ * ~ RZSY * CSNL * ~ SHZB * JYFW * JTMS	0.3846	0.0000
	~ ZFXY * ~ SHHJ * ~ RZSY * CSNL * ~ SHZB * JTMS * ~ FFMS	0.3077	0.0769
	~ SHHJ * ~ RZSY * CSNL * ~ SHZB * JYFW * JTMS * FFMS	0.2308	0.0000
	ZFXY * ~ RZSY * CSNL * ~ SHZB * JYFW * JTMS * FFMS	0.1538	0.0000
	ZFXY * SHHJ * ~ RZSY * CSNL * ~ SHZB * JYFW * JTMS	0.1538	0.0769
	~ ZFXY * ~ SHHJ * RZSY * CSNL * SHZB * ~ JYFW * JTMS * ~ FFMS	0.0769	0.0769
	~ ZFXY * SHHJ * ~ RZSY * CSNL * SHZB * JYFW * JTMS * ~ FFMS	0.0769	0.0769
	ZFXY * ~ SHHJ * RZSY * CSNL * SHZB * JYFW * JTMS * FFMS	0.0769	0.0769
	所有组合覆盖率		0.9231

续表

结果	条件组合	原始覆盖率	净覆盖率
2	~ZFXY * ~SHHJ * ~RZSY * ~CSNL * JYFW * JTMS * FFMS	0.6364	0.5455
	~ZFXY * ~SHHJ * ~RZSY * ~CSNL * ~SHZB * JYFW * FFMS	0.1818	0.0000
	~ZFXY * ~SHHJ * ~RZSY * ~CSNL * ~SHZB * JYFW * JTMS	0.1818	0.0909
	~ZFXY * ~SHHJ * ~RZSY * CSNL * SHZB * JYFW * JTMS	0.1818	0.1818
所有组合覆盖率			1.0000

在条件构型中，"＊"表示和，即各个条件一起构成的组态，"～"表示非，即不存在，例如"～ZFXY * ～SHHJ * ～RZSY * CSNL * ～SHZB * JYFW * JTMS"表示没有政府信用风险，没有社会环境抵触，没有融资收益风险但是财政承受能力超过规定的红线，另外，社会资本性质为非国有企业，经营范围在主营业务范围之内，PPP具体模式为BOT模式。覆盖率可以检测所有前因构型对结果的解释程度，覆盖率越大表示解释力度越大，反之越小。从表4－8中可以看到，PPP项目失败结果为政府回购，即赋值为"1"的有8条路径，总覆盖率为0.9231，说明这些条件构型具有较大的可信度；同理结果为调出示范名单回到管理库的有4条路径，总覆盖率为1；如前文所述包含多种结果的"其他"，并无规律可循，不再涉及。

3. 组态分析

QCA认为存在等效组态，并通过反事实推理划分核心条件和边缘条件。一般我们采用中间方案并且辅之以过简方案，在中间方案和过简方案中都出现的条件我们称之为核心条件，认为会对结果会产生重要影响，只在中间方案中出现的条件称之为边缘条件，认为会对结果起到辅助贡献作用。笔者用"●"和"⊗"（符号比较大）表示核心条件的存在和不存在；用"•"和"⊗"（符号比较小）表示边缘条件的存在和不存在，"空白"表示本条件组态中该条件可存在也可不存在，另外CV、NCV、OCV分别表示覆盖率、净覆盖率和总体覆盖率。通过中间方案和过简方案的结果对比，得到以下结果。

（1）失败结果为政府回购。表4－9给出了PPP项目失败结果为政府回购的8种典型组态构型，将其分别标为A1～A8。总覆盖率为0.923，证明所有的组态具有较强的解释力。对表中 8 条路径进行分析可以得到以下 4 种我国典型的 PPP 项目失败组态。

表 4 – 9　　　　　　　结果为政府回购的 PPP 项目条件构型

条件变量	A1	A2	A3	A4	A5	A6	A7	A8
ZFXY	⊗	⊗		•	•	⊗	⊗	•
SHHJ	⊗	⊗	⊗		●	⊗	●	⊗
RZSY	⊗	⊗	⊗	⊗	⊗	•	⊗	
CSNL	●	●	●	●	●	•	•	●
SHZB	⊗	⊗	⊗	⊗	⊗			
JYFW	•		●	●		⊗		
JTMS	•	•	•	•		•	•	•
FFMS		⊗	●	●		⊗	⊗	•
CV	0.385	0.308	0.231	0.154	0.154	0.077	0.077	0.077
NCV	0	0.077	0	0	0.077	0.077	0.077	0.077
OCV	0.923							

第一，财政承受能力不达标的失败组态构型。A1 和 A2 两种组态构型的核心条件都是政府信用风险、融资收益持续、财政承受能力和社会资本性质，A1 的边缘条件是社会环境抵触、经营范围匹配和 PPP 具体模式，A2 的边缘条件为社会环境抵触、PPP 具体模式和项目付费模式。A1 和 A2 的覆盖率分别为 0.385 和 0.308，一共为 0.693，说明 2/3 以上的案例可以划入这两个组态，构成了当前 PPP 项目失败结果为政府回购的主要形式。另外，A8 也是典型的由于财政承受能力没有符合规范，再辅之以政府信用的缺失、融资收益失败以及国有企业经济兜底失败等原因最后导致政府回购。这一类组态的突出特点是，虽然外部环境中的政策制度等相对稳定，社会环境也很和谐，融资收益持续性也良好，但是，财政承受能力未作论证或者所在行政区已经超过"10%"红线，最后导致政府回购。

第二，经营失效的失败组态构型。A3 和 A4 的核心条件都为财政承受能力、经营范围匹配、PPP 具体模式和项目付费模式，A3 的边缘条件为社会环境抵触、融资收益持续和社会资本性质，A4 的边缘条件为政府信用风险、融资收益持续和社会资本性质，A3 和 A4 的覆盖率分别为 0.231 和

0.154，一共解释了超过 1/3 的案例。这两个组态的突出特点是虽然项目所属行业在企业主营业务范围内，而且采用常见的 BOT 模式风险分担机制，项目付费模式为公益性政府付费，但是，因为意外的发生导致了项目的失败。该类组态一般是因为经营失败，但是经营失败的原因也是多样的，如社会资本和公共部门在合作过程中因为对某些合作事项的观点出现了歧义或者社会资本由于经济能力受限而不再继续投资等。

第三，社会环境抵触的失败组态构型。A5 和 A7 的核心条件都为社会环境抵触和融资收益持续，这两种组态的覆盖率分别为 0.154 和 0.077，总覆盖率为 0.231，即有 23.1% 的 PPP 项目失败跟该条件组合有关，该构型的突出特点是虽然项目的融资收益性良好，也没遇到融资失败的情况，但是，由于社会环境抵触，如公众反对，导致相关配套投入失败，再辅之以政府信用风险和财政承受能力不合规范最后导致政府回购。PPP 项目多为公共基础设施，根源是服务于大众，但是，现实中损害公共利益的现象时有发生，如由于政府的监管不力，污水处理厂排放的污水会影响周围居民的生活，导致居民的投诉，最后终止项目的实施。

第四，经营能力不匹配的失败组态构型。A6 组态的核心条件为经营范围匹配的缺失，即项目所属行业不在企业主营业务范围内，再辅之以融资收益的失败和财政承受能力不合格以及没有良好的 BOT 模式风险分担机制，最后导致政府回购。

综观这 8 条最后结果为政府回购的条件构型，可以得到外部环境情境中的 4 种因素重要性排序为：财政承受能力 > 融资收益持续 > 政府信用风险 ≈ 社会环境抵触；社会资本情境的两种因素重要性排序为：经营范围匹配 > 社会资本性质；特许经营情景的两种因素重要性排序为：PPP 具体模式 ≈ 项目付费模式。

（2）失败结果为调出示范名单退回管理库。表 4 - 10 给出了 PPP 项目失败结果为调出示范名单回到管理库的 4 种典型组态构型，分别将其标为 B1 ~ B4，其中，B1 和 B2 的核心条件为融资收益持续和财政承受能力，B1 组态的覆盖率为 0.636，B2 组态的覆盖率为 0.182，解释了 80% 以上的案例，其突出特点是政府信用良好，没有公众反对，融资收益持续性良好，财政承受能力也符合规范，经营范围和公司业务较为匹配的 BOT 合作项目意外发生了项目失败，最后导致退出示范名单回到管理库。$B3$ 和 $B4$ 的核心条件为政府信用风险和 PPP 具体模式，其突出特点为政府信用风险良好，PPP 具体模式不是典型的 BOT 模式，尽管没有社会公众的反对，融资收益也良好，但是，在风险分担机制上没有严格规划政府和社会资本方各自应该承担的责任，最后导致项目失败，调出示范名单回到管理库。

表 4 – 10　　　　　结果为退出示范名单回到管理库的条件构型

条件变量	$B1$	$B2$	$B3$	$B4$
ZFXY	⊗	⊗	⊗	⊗
SHHJ	⊗	⊗	⊗	⊗
RZSY	⊗	⊗	⊗	⊗
CSNL	⊗	⊗	⊗	●
SHZB		⊗	⊗	●
JYFW	●	●	●	●
JTMS	●		⊗	⊗
FFMS	⊗	⊗		
CV	0.636	0.182	0.182	0.182
NCV	0.545	0	0.091	0.182
OCV	1.0			

综观这 4 条最后结果为调出示范名单退回管理库的条件构型，可以得到外部环境情境中的 4 种因素重要性排序为：财政承受能力 ≈ 融资收益持续 ≈ 政府信用风险 > 社会环境抵触；社会资本情境的两种因素重要性排序为：经营范围匹配 ≈ 社会资本性质；特许经营情景的两种因素重要性排序为：PPP 具体模式 > 项目付费模式。

4.4　PPP 项目风险分担的柔性机制研究

考虑到 PPP 项目规模大、周期长、合作方关系复杂以及项目未来面临的不确定性高，在初步签订合约时很难将所有明细进行详细的界定。鉴于此，柔性管理和柔性理论在 PPP 项目中的应用就显得尤为重要。柔性可以描述为 PPP 项目适应变化的能力，即用最低的成本保证不影响质量和进度的情况下适应变化或不确定性的能力。PPP 项目一般建设期都很长，有可能在落地几年之后，项目所面临的环境已经有所变化，技术也都有所进步，这就可能使得项目在最开始设定的需求不能满足参与者的实际需求，因此，PPP 项目中存在很高的不确定性，为了应对这种不确定性，需要引入柔性思想，在合约中加入柔性条款，完善柔性机制，灵活应对 PPP 项目中的风险。

　　柔性是相对于刚性而言的，鉴于 PPP 项目的不确定性，适度的柔性有利于 PPP 项目风险收益的良好分配，促进 PPP 项目高效率发展。从 PPP 项目的发展阶段来看，可以在 PPP 项目的建设期和运营期分别注入柔性因素。从国内外文献中可以看出运营期的运营柔性研究的比较多，如价格调整机制、再谈判机制、补贴机制等。而建设期投资柔性的研究相对比较匮乏，但是，这种柔性的机制可以很好地缓解 PPP 项目一次性投资的压力，给 PPP 项目的投资带来更多的灵活性，因此，下文中重点阐述了建设期的分阶段柔性投资，并在此基础上从全方位的角度对运营期的柔性机制进行了分析。

4.4.1　建设期的柔性机制

1. 柔性投资机制

　　PPP 项目一般规模比较大，投资额也比较大，对于社会资本来说融资本身就是一个问题，如果要求一次性完成融资，那么不仅融资的成本高，而且难度也大，完成度很低，再考虑到当前阶段社会资本参与 PPP 项目的积极性本身就比较低，因此，融资难的问题急需解决，这是一个项目的开始，只有把这个"地基"打好，上层"建筑"才能够更稳定、更长久。面对融资难的问题，最直接也是最简单的方法就是考虑多阶段融资。多阶段融资就是一种柔性投资机制，社会资本可以根据市场以及外界环境的变化随时调整投资。建设初期的项目容量比较，这时可以融资一部分，根据后续的需求变动随时调整项目融资规模，如当项目需求量逐渐增加时，可以对项目进行适当的扩建，这样可以有效缓解一次性融资的压力，还可以降低需求不稳定带来的收益风险。面对成本巨大且不可逆的 PPP 项目，灵活的投资时间也可以减少很多项目风险。试想如果投资时间过早，又无法预测后续的需求，很有可能造成资源的浪费，而如果投资时间过晚，则很有可能阻碍项目的正常发展。在投资过程中，投资者可以根据自身实力以及项目的实际情况选择是否继续投资或放弃投资，如果投资过程中出现了不利的因素导致收益前景不容乐观，投资者可以选择放弃，交给有能力的投资者接管，或者直接退出。因此，PPP项目的柔性投资机制主要体现在投资的规模、时间以及是否选择放弃等方面。

2. 柔性投资决策机制的特征

柔性投资机制的一个典型特征就是项目投资决策的柔性，投资者可以享有柔性投资时间、投资规模以及放弃投资的权力。PPP项目一般采用一次性采购多阶段实施的方式，由于在采购阶段对未来项目面临的风险没有一个很好的预测，未来会面临很强的不确定性，所以在PPP项目中一般都会赋予社会资本方灵活的扩建或放弃的权力。随着环境以及实际需求的变化，投资决策者可以根据前期项目的实际情况选择是否扩建规模或者放弃扩建。最后的决策是根据扩建规模、时机等对项目价值影响作用的大小而定，目的是增强项目的配套衍生价值及增量风险的抵御能力。

柔性投资机制的另一个典型特征是资产投资的专用性。在项目建设初期往往需要投资一笔专用资产，为后期的扩建奠定基础。如果前期完成了专用资产的投资，后期选择放弃扩建，那么这些专用资产将变成沉没成本。所以，专用资产的投资与否主要是看这些专用资产对未来项目的价值是否有积极的影响作用，而这些价值能否实现主要依赖于后期的扩建能否实现。

4.4.2　运营期的柔性机制

运营期的柔性涉及的方面比较多，为了更好、更全面地了解项目运营期的柔性机制，本书从上述QCA研究范畴内选取12个典型且具有影响力的案例进行深入研究，这些项目案例比较全面地反映了我国PPP项目发展的过程，涉及的领域也比较全，包括交通运输行业、电力行业、污水处理以及体育等行业，通过对这些案例的详细研究总结归纳出项目运营期的柔性调节机制必备元素，详细情况如表4－11所示。

表4－11 PPP项目柔性调整机制案例归纳

省份	项目名称	所属行业	涉及的柔性调整机制
福建	福建泉州刺桐大桥	交通运输—桥梁	缺乏价格调整机制、缺乏特许期调整机制、缺乏再谈判机制
江苏	南京长江隧道（纬七路过江隧道）项目	交通运输—隧道	退出机制较完善
天津	天津市双港垃圾焚烧发电厂	能源—垃圾发电	缺乏政府补贴机制
广西	来宾B电厂	市政工程—电力	价格调整机制较完善、特许期调整机制较完善
山东	山东中华发电项目	市政工程—电力	缺乏价格调整机制、缺乏再谈判机制
甘肃	兰州威立雅项目	市政工程—供水	缺乏价格调整机制、缺乏收益风险分担机制
辽宁	沈阳第八水厂BOT项目	市政工程—供水	缺乏价格调整机制
上海	上海大场自来水处理厂	市政工程—供水	缺乏价格调整机制
湖北	汤逊湖污水处理厂	市政工程—污水处理	缺乏退出机制
吉林	长春汇津污水处理厂	市政工程—污水处理	缺乏再谈判机制、缺乏退出机制
北京	国家体育场项目	体育—体育	退出机制较完善
北京	北京地铁4号线	交通运输—地铁	有良好的收益风险分担机制

1. 政府补贴机制

政府补贴机制是指政府对PPP项目的亏损进行补贴的机制。尤其是对盈利性比较差、公益性比较高的项目，政府补贴可以保证项目的可持续性。并不是所有的PPP项目都需要政府的补贴，通过前文对PPP项目的分类可以了解到，准经营性项目既需要使用者付费，又需要政府进行适当的补贴。

政府补贴有很多种，按照PPP项目的发展阶段可以对项目的建设期和运营期分别进行补贴。曹启龙等（2016）将政府补贴分为"补建设"和"补运营"，并介绍了这两种补贴方式背后的激励效果，发现"补建设"实际上是用政府的财政资金进行项目的建设，补贴越多，私人部门努力就越少，没有真正发挥社会资本的作用，补贴对项目整体的激励作用是负面的；而"补运营"是强调全生命周期内由社会资本出资建设，在运营阶段由政府给予一定的补贴，充分发挥了财政资金的支持作用，是一种有效的激励补贴方式，使PPP项目达到了真正意义上的"风险共担，收益共享"。李景焕（2019）将政府补贴分为建设期补贴和运营期补贴，并建议对以上补贴分别设置不同的"按效付费"标准尺度。

按照政府补贴形式的不同，可以将政府补贴分为直接补贴和间接补贴两种。直接补贴的补贴形式是现金，也就是指政府会给予社会资本一定的现金补助；间接补助是指通过实施一些优惠政策，如减免税费、免费的土地使用权等。PPP项目具体采用哪种补贴方式，以及补贴的多少需要根据项目的实际情况来确定。如交通设施类的项目可以基于客流量进行补贴，电力行业项目可以根据最低需求补贴，污水处理项目可以根据处理量进行补贴等。

政府补贴直接关系到PPP项目的成败，要使政府补贴在满足项目收益的同时保证项目社会效益最大化是最优的政府补贴机制。基于此，很多学者研究了政府的动态补贴，邓小鹏等（2009）设计了一种动态的调整和补贴机制来应对PPP项目中出现的各种情况，实证研究表明，该机制具有良好的调节作用，并且能使政府、私营部门和公众三方都满意。胡安等（Juan et al. , 2008）提出了一种动态补偿机制，认为政府补贴应该根据项目的实际收益随时调整补贴。吴孝灵等（2013）认为，政府应该根据项目的实际收益以及特许收益情况给予社会资本一定的建设成本补偿和运营风险补偿，这种动态补偿机制在实现收益的同时又可以满足社会效益最大化。

2. 收益风险分担机制

在PPP项目中，政府和社会资本的目标不是完全一致的，政府追求的是社会公共效益最大化，考虑的是社会大众，是想通过PPP模式获得高质量的公共基础设施或服务；而社会资本是想获得利润收益，追求的是私人利益最大化，是想通过PPP项目获得净利润。由于PPP项目利益相关者之间追求的目标不同以及PPP项目本身的规模大、特许期长等特点，导致项目面临很多风险，存在很多不确定性，这也是导致很多PPP项目失败的原因。结合国内外众多PPP项目的案例可以发现，很多PPP项目案例都以失败而告终，其中最重要的原因之一就是收益风险在各参与方之间的分担不合理。收益风险的来源主要是需求的不确定性。

李景焕（2019）认为，PPP项目在设计合约时应该兼顾最低收益保证和超额收益分享两种柔性机制。恩格尔等（Engel et al.，2013）也认为，良好的PPP项目合同应该具有最低收入保证和最高收入上限。最低收益保证就是当社会资本的收益不足以弥补成本时，政府给予社会资本一定的补偿。这种补偿在某种程度上可以提高社会资本参与PPP项目的积极性。超额收益分享就是指在PPP项目的实际收益超过一定水平时，政府有权分享部分超额收益。这两种机制的相互制衡可以保证PPP项目的公平和公正。

3. 弹性特许经营期调整机制

我国的PPP项目一般采用特许经营的模式，特许权协议是很多BOT项目的先决条件和核心内容。特许权协议是指在特定的时间内政府将项目的建设、运营以及获得收益的权利特许给项目公司，当这个期限到期后，项目中所建设的公共基础设施或者服务全权移交给政府的一种法律文件。它规定了政府和项目公司的权利和义务，规定了双方的风险和收益分配，是项目成功的关键所在。

在特许权协议中，有一个重要的参数——特许期，它是招投标以及谈判的重要博弈焦点，也是项目成败的关键。特许期是指特许权生效的时期。特许期的长短关系到政府和项目公司之间利益的分配，特许期过长，留给政府经营的时间就会变短，影响政府及社会大众的利益；特许期过短，项目公司无法获取足够的利润，甚至没法收回成本，会影响项目公司的利益。因此，特许期的设定非常关键，特许期可以分为固定特许期和弹性特许期。

固定特许期存在很多局限性。就项目本身而言，BOT项目的投资规模比较大，运营时间也比较长，如果采用固定特许期，那么就需要在项目实施之前将特许期的起止时点确定下来，这就需要在项目前期根据相关经验以及需求变动对项目进行预测。但是，根据以往的经验，获取的数据很有可能不准确，由于环境的变化以及信息的更新换代，很有可能导致最终的特许周期决策失误，进而导致项目的失败。如果特许期决策失误，项目公司可能会以利益受损和承担的风险过大为由主动发起与政府进行再谈判，政府为了维护公众利益，同时为了使项目更好地经营下去，会采用担保或政府补贴的形式对社会资本进行适当补助，在不断的谈判和博弈中，政府的成本和负担会加重，项目的效率也会降低；如果政府不积极采取相关措施或者对其进行补贴，那么项目公司不仅要面对法律变更、需求波动等风险还要遵守项目合约的规定，不能根据实际情况对特许期以及价格进行调整，这些风险因素都会给社会资本带来损失，打击社会资本参与 PPP 项目的积极性。

因此，完备的柔性契约设计需要引入弹性特许期，弹性特许期就是指不限定特许期的长短，可以根据项目需要灵活调整。弹性特许期不需要在项目前期规定好项目中的各种明细，可以根据项目实施过程中的实际情况以及未来的需求灵活调整。这样就会减少项目初期的财务成本和时间成本，有利于项目风险的合理分担，也可以保证政府、社会资本以及公众等多方的利益，最终实现社会福利最大化，为项目顺利进行提供保障。

4. 价格调整机制

PPP 项目中所提供的产品或服务的价格是直接影响 PPP 项目参与方利益的重要因素，因为 PPP 项目长达数十年，在这个期间，外部环境、物价以及科技等都会发生剧烈的变化，公共产品或服务的价格应该根据实际情况进行调整，这样才会保证投资者的合理收益，同时也有助于项目风险的合理分担。例如，我国广西来宾 B 电厂①项目，就是一个典型的具有良好价格调整机制的项目，合同中规定可以根据汇率变动以及燃料价格对电价进行灵活调整，这些规定可以灵活防范项目运营中的风险。而福建泉州刺桐大桥项目在实施过程中与泉州市政府商定协议收费标准为：小轿车6元，货运客车8元，后来项目公司根据市场需求以及汇率变动等因素向政府申请调整价位，但是政府并没有同意，无法调价确实影响了社会资本预期收

---

① 广西来宾 B 电厂项目是我国第一个规范化吸引外资发展基础设施建设的 BOT 项目。从 20 世纪 80 年代开始，我国主要在电厂、水厂、高速公路等基础设施领域尝试公私合作，其中大多以 BOT 方式运作，是 PPP 模式的主要类型。广西来宾 B 电厂 BOT 项目的特许经营权由法国电力国际和通用电气阿尔卑斯通共同组成的"法国电力联合体"获得，特许经营期为 18 年。

益率的顺利实现，因此，项目最后的结果是被政府提前回购，这也宣告了该项目的失败。[①]

综上所述，PPP项目产品或服务价格的高低与项目公司的经营、社会资本的经济利益以及公众的社会福利有很大的关系，因此，一个良好的、科学的价格调整机制是PPP项目可持续发展的必然要求，根据环境的变化以及实际需求调整产品或服务的价格，使社会资本即能获得一定的利润又不至于损害社会大众的利益，是PPP项目成败的关键所在。

如何调节价格受到很多国内外学者的关注，价格调节不是千篇一律的，不同领域不同类型的PPP项目有不同的价格调节方法和机制。宋金波等（2014）基于公路BOT项目，探讨了当交通需求量偏离预期时，动态调整项目收费价格的决策分析。王东波等（2011）通过构建完全信息动态博弈模型，从价格弹性的角度探讨了交通需求量变化对特许期以及价格的影响。李启明等（2010）基于系统动力学理论，设计了PPP项目的价格调整机制。宋波和徐飞（2011）通过分析不同市场需求下公共产品定价水平的影响因素，发现了不同需求水平下公共产品的定价与产品需求弹性之间的关系差异。张俊生和王广斌（2012）基于实物期权理论，探究了PPP项目价格的动态调节模型。

5. 股权变更机制及退出机制

我国PPP项目当前的退出机制可以归纳为两种：一种是正常退出；另一种是非正常退出。正常退出是指依据相关法律法规的规定或合约中约定的情形，社会资本从相关PPP项目中退出的情形。这种情况通常是因为合约到期，社会资本不准备继续经营该项目，将原本经营的公共事业项目移交给政府。非正常退出是指当面临不可抗力因素、政策变更或法律变更等情况时，以及当政府或社会资本出现违法或违反相关约定的情况时，PPP

---

① 1994年3月，为了缓解跨越晋江两岸的泉州大桥的交通压力，泉州市政府决定建设泉州刺桐大桥。为了缓解财政压力，政府决定创新性地采用BOT（build-operate-transfer）方式，由泉州市名流实业股份有限公司（简称"名流实业"）牵头组建的项目公司——泉州市名流路桥投资开发股份有限公司负责筹集资金、建设和运营，实行业主负责制。后来，该项目公司由名流实业与其他三家国有企业按60：15：15：10的比例出资组建，名流实业出资3600万元。

项目无法继续进行，不得已而非正常退出项目的情况。其中，违法或违约是指政府和社会资本其中任何一方做出违反合约规定或者法律法规条文规定的情况，可能是政府单方面违约，也可能是社会资本单方面违约，甚至是政府和社会资本双方同时违约的情况。由于PPP项目规模大、跨度长，一般项目会长达数十年，在这期间很有可能出现不可抗力风险，法律的变更风险以及预测错误风险等。如果当这些情况发生时，合约中没有合理的补救措施或应急措施，那么很有可能会直接导致项目的失败。

政府在招标的时候，会对社会资本的融资能力、管理能力、技术能力、应对风险的能力等进行综合评审，只有通过评审的社会资本才能被选为项目的实施者。如果在项目建设过程中社会资本将项目股权转移给其他不符合条件的主体，可能会导致项目的失败。因此，出于保护项目实施的稳定性，防止不合适、没有能力的社会资本接管项目，一般PPP项目合同中都会规定不允许股权变更，也防止社会资本未完成本职义务就退出项目。① 但是，当社会资本面临一些突发状况以至于无法持续有效经营PPP项目时，希望可以有权选择保留或放弃部分乃至全部股权。这样可以吸引社会资本参与PPP项目的积极性，因此，应该在PPP项目合约中明确规定特定条件下允许社会资本选择转让部分或全部股权，当然应该对转让和被转让双方的资格和能力都进行严格的筛选和判定。

综上所述，PPP项目的退出机制应该包括主动退出机制和被动退出机制。主动退出机制应该具备完善的合约条款，条款中应该规定在适当的期限内，社会资本可以根据实际情况在同PPP项目其他参与方进行协商并达成一致意见时，可以将部分或全部股权转移给其他有能力、有技术的投资方。被动退出机制是指政府可以处于保护公众利益的前提，在特定情况下对项目进行接管或提前终止合约。这种机制的合约条款中应该明确规定接管的条件、流程以及赔偿等详细内容。

6. 再谈判机制

随着PPP项目在我国的快速发展，项目在实施过程中也逐渐暴露出一

---

① 如PPP项目合同一般会直接约定锁定期条款，在一定期间内限制社会资本转让其所直接或间接持有的项目公司股权。

些问题。因为 PPP 项目本身就具有非常高的复杂性，再加上经营期一般长达数十年，在这么长的期限内，外部环境是存在不可预知性的，PPP 项目的参与方在合同签订之初很难对所有的风险以及需求做详细的预测。随着环境以及政策的变动，合同在执行过程中很有可能已经不再适用，需要做相应的调整，再谈判也就应运而生。瓜斯科等（Guasch et al.，2007）通过研究 20 世纪 90 年代发展中国家 PPP 项目的再谈判情况，发现项目的再谈判率高达 54.5% 。由此可见，项目的再谈判是很有必要的。

再谈判是指在上一次谈判或者第一次谈判的基础上，谈判的一方或者双方对原谈判结果不满意，根据实际情况在充分考虑双方实力、政治、经济的前提下，对原有的谈判结果进行改动以适应新环境的二次或多次谈判。再谈判内容会更加广泛、涉及谈判的方法也比较规范，因此，谈判的复杂程度也会增加。在 PPP 项目实施过程中，再谈判的触发因素有很多，本书将其分为主观原因和客观原因。

主观原因主要包括政府信用风险、社会资本的机会主义以及收益不合理等。政府信用风险是指由于政府在 PPP 项目中不守信用而导致的风险。政府为了招募社会资本参与 PPP 项目的投资，通常都会做出很多承诺，如最低收入保证、减免税收、财政拨款等。但是，随着市场供需的变化、政府领导的换届以及技术的进步等，政府很有可能不按时完成之前的履约，产生失信行为。当政府出现失信行为后，社会资本很难维护自己的合法权益，再谈判就会应运而生。由于政府对 PPP 项目的监管力度不够，可能会导致社会资本机会主义行为的产生。例如，社会资本在投标过程中为了排除其他投标者，通常会在允许的范围内尽量压低价格，甚至可能在合同中设置不公平的投机条款。这必然会导致初始合同的不完备性和不合理性，在后期的项目合同执行过程中，为了寻求弥补，再谈判就必不可少。收益不合理分为超额收益和收益不足。因为 PPP 项目的周期长，存在预期情况和实际情况不一致的现象。超额收益是指社会资本获得的收益远远超过预期，这样会损失公众的利益，这种情况下会进行再谈判，通常都会使政府提前回购；收益不足是指社会资本的收益存在亏损状况甚至不能弥补成本，社会资本为了维护自身的利益往往会申请再谈判。

客观原因主要包括合同自身的不完备性、社会公众的反对以及重大政策的变更等。在签订合同之初很难设计出条款完备的合同，而且合同刚性也会限制合同双方的创造性。因此应该适当地放宽条件，在特定状态下发起再谈判。PPP项目提供的主要是和社会大众息息相关的公共基础设施产品和服务，但是，当所提供的公共产品危害到公众利益时，如污水厂废水处理不达标，会导致居民周围的水质受到影响；当水费、公路收费、地铁收费等收费不合理从而损害公众利益的时候，政府作为社会大众的代表就会申请再谈判。PPP项目在我国的实行比较晚，法律系统和管理体系都不够完善，且PPP模式所处的环境一直处于不断地更新变化中，加上政府领导的换届选举，以及很多相关政策的变化，原先的合同内容很有可能已经不适用当下的环境，这种情况下，新一轮的谈判是不可避免的。

再谈判流程是一个复杂的过程，不同的PPP项目有不同的谈判流程，图4-1是比较普遍的一般流程图。

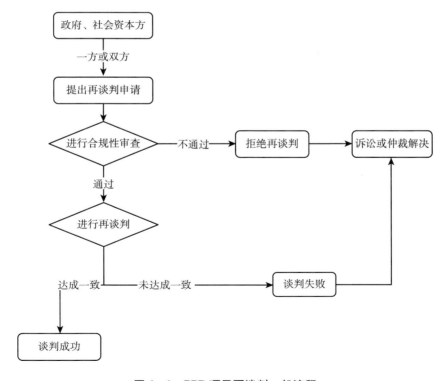

图4-1　PPP项目再谈判一般流程

综上所述，本书总结了包含政府补贴机制、收益风险分担机制、弹性特许期调整机制、价格调整机制、股权变更及退出机制、再谈判机制的六种柔性调整机制。在 PPP 项目合同中注入柔性思想很重要，一个良好的、有效的、科学的柔性调整机制，可以保证 PPP 项目参与方在合作过程中持续良好地沟通，平衡风险，化解僵局，对 PPP 项目顺利进行有很大的帮助作用。良好的柔性调整机制可以减少 PPP 项目合作方的谈判成本；有效地规避风险；有利于 PPP 项目参与方之间更好地沟通，更好地进行风险分担；充分保证政府、社会资本以及社会大众的利益；促进 PPP 项目高效、健康发展。

第 5 章

PPP 项目风险分担研究

5.1 基于柔性再谈判机制的风险分担

PPP 项目风险分担是一个复杂的过程，这源于 PPP 项目的周期长、规模大、环境复杂的特点。正如前文所论述的，柔性契约条款可以很好地应对 PPP 项目风险分担中的不确定性，因此，在 PPP 项目的风险分担中柔性再谈判机制必不可少。再谈判过程就是参与双方讨价还价的流程，在 PPP 项目风险分担中，参与方有很多，包括政府、社会资本、金融机构、施工承建方等，孟枫平和刘淑雯（2019）在研究风险分担的过程中，将参与方先分为两大类，一类是政府，另一类是银行、投资人和承包商整体，在完成双方首轮讨价还价过程后，又在次轮的风险分担过程中重新将乙方切分，一类是金融机构，另一类是投资人和承包商联盟，下一步继续切分，最后得到政府、银行、投资人和承包商四方的风险分担比例。本书中我们讨论主要参与方——政府和社会资本之间的风险分担讨价还价模型。由于政府和社会资本的地位是不对称的，出价顺序的不同也会导致最后风险分担比例的不一样，因此，本书会分别讨论政府先出价和社会资本先出价的两种不同情况。另外，本书也会基于完全信息和不完全信息两种信息状态对风险分担结果进行讨论。

5.1.1　完全信息下政府先出价的风险分担

假设在 PPP 项目中政府和社会资本需要共同承担一项风险，政府先提出风险分担比例（以下简称为"出价"），然后社会资本考虑是否接受，如果社会资本接受，那么博弈结束；如果社会资本不接受，那么进入第二轮博弈中，在第二轮博弈中由社会资本先出价，对于出价的结果，政府可以考虑接受或者拒绝，如果政府接受，那么博弈结束，按照第二轮的报价分担风险，但是，如果政府选择拒绝，那么进入第三轮博弈中；第三轮再由政府先出价，以此循环往复，直到有一方接受，则博弈结束。在完全信息动态博弈中，假设参与博弈的双方可以清楚地了解彼此的所有信息及特征。详细博弈过程如图 5 – 1 所示。

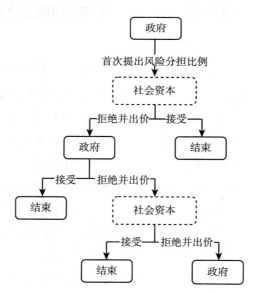

图 5 – 1　政府先出价的讨价还价博弈过程

1. 模型基本假设

假设 5.1：在此次博弈模型中只有政府 A 和社会资本 B 两个参与方，并且两方对彼此的信息完全了解。

假设5.2：政府和社会资本均为理性参与人，都追求利益最大化，社会资本以私人利益最大化为目标，政府代表社会公共利益最大化，双方都希望谈判可以尽快成功，不希望浪费谈判时间。

假设5.3：政府和社会资本共担的每一项风险与风险之间都是没有关系的，是相互独立的，且风险初始值为1。

假设5.4：博弈存在 n 个回合，政府和社会资本承担的每一项风险分担比例之和为100%，p_i 为政府部门在第 i 个回合需要承担的风险比例，$1-p_i$ 为社会资本在第 i 个回合承担的风险比例，其中，$0 \leqslant p_i \leqslant 1$，$i=1$，2，…，$n$。

假设5.5：在此模型中政府部门先出价。

假设5.6：政府和社会资本都是风险厌恶的，即双方都不愿意主动承担风险，都希望尽量降低各自承担的风险，期望在谈判过程中达到最优效果。

2. 模型参数设定

（1）谈判损耗系数 $\delta(\delta>1)$。政府和社会资本的谈判过程可能会持续几个月甚至更长的时间，在这个过程中双方均需要消耗时间、精力以及成本等，因此，我们假设政府和社会资本在这个过程中都存在谈判损耗，系数分别为 δ_1 和 δ_2，由于政府和社会资本之间的不对等性，政府占主导地位，而社会资本又有天然逐利性，所以我们假设 $\delta_1<\delta_2$。

（2）风险转移份额6q。政府和社会资本在风险分担的时候会存在转嫁风险的情况，假设政府向社会资本转嫁的风险为 q_i（q_i 表示第 i 个回合政府向社会资本转移的风险份额），$0 \leqslant q_i \leqslant p_i \leqslant 1$（$i=1$，2，…，$n$）。

3. 模型建立

基于上述假设，在政府和社会资本地位非对等并且信息完全公开的情况下，构建如下博弈模型。

第一回合，政府先提出风险分担比例，政府承担的风险比例为 p_1，社会资本承担的风险比例为 $1-p_1$，同时政府会利用其自身优势向社会资本转移风险 q_1，所以第一回合双方承担的风险为：

$$A_1 = p_1 - q_1 \tag{5.1}$$

$$B_1 = 1 - p_1 + q_1 \tag{5.2}$$

其中，A_1 表示第一回合中政府承担的风险，B_1 表示第一回合中社会资本承担的风险，若双方就此风险分担比例达成一致，则博弈结束，反之，双方谈判进入第二回合。

第二回合，由社会资本先出价，政府承担风险比例为 p_2，社会资本承担的风险分担比例为 $1 - p_2$，政府向社会资本转移的风险为 q_2，政府和社会资本的谈判损耗系数分别为 δ_1 和 δ_2，由此可得第二回合双方承担的风险为：

$$A_2 = \delta_1 (p_2 - q_2) \tag{5.3}$$

$$B_2 = \delta_2 (1 - p_2 + q_2) \tag{5.4}$$

其中，A_2 表示第二回合中政府承担的风险，B_2 表示第二回合中社会资本承担的风险。同理，若政府和社会资本接受 A_2、B_2，则谈判结束，否则双方谈判进入第三回合。

第三回合，由政府提出风险分担方案，政府和社会资本承担比例分别为 p_3 和 $1 - p_3$，政府向社会资本转移的风险为 q_3，双方谈判损耗系数分别为 δ_1^2 和 δ_2^2，由此可得第三回合双方承担风险为：

$$A_3 = \delta_1^2 (p_3 - q_3) \tag{5.5}$$

$$B_3 = \delta_2^2 (1 - p_3 + q_3) \tag{5.6}$$

其中，A_3 表示第三回合中政府承担的风险，B_3 表示第三回合中社会资本承担的风险。依次类推，直到双方都接受风险分担方案，否则此过程会一直周而复始地进行下去。

4. 模型求解

该模型求解可以采用逆推法，可以将第三回合定为逆推点，试想如果第二回合社会资本提出的风险分担方案中，政府的风险分担 A_2 比第三回合政府的风险分担 A_3 多，那么政府在第二回合中肯定不会接受该方案，谈判就会进行到第三回合。但是，本着谈判成本最小化的原则，在第二回合中社会资本提出的风险分担方案应该满足自己风险分担最少的情况下，还要保证政府在第二回合的风险分担比例不大于第三回合的风险分担比例，即 $A_2 \leqslant A_3$，这样政府才会同意不进行第三回合的谈判，最小化节约成本。综上所述，第二回合中社会资本可提出如下最优方案：

$$A_2 = A_3$$

即：

$$\delta_1(p_2 - q_2) = \delta_1^2(p_3 - q_3) \tag{5.7}$$

解得：

$$p_2 = \delta_1(p_3 - q_3) + q_2 \tag{5.8}$$

将式（5.8）代入式（5.4）中，得到社会资本承担的风险 B_2 为：

$$B_2 = \delta_2(1 - p_2 + q_2) = \delta_2(1 - \delta_1 p_3 + \delta_1 q_3) \tag{5.9}$$

比较 B_2 和 B_3 的大小：

$$B_2 - B_3 = \delta_2(1 - \delta_1 p_3 + \delta_1 q_3) - \delta_2^2(1 - p_3 + q_3) \tag{5.10}$$

因为 $1 < \delta_1 < \delta_2$ 并且 $0 \leqslant q_3 \leqslant p_3 \leqslant 1$，所以 $B_2 - B_3 < 0$，即 $B_2 < B_3$。这意味着社会资本第二回合提出的风险分担比第三回合风险分担要少，同时政府第二回合风险分担不大于第三回合风险分担，双方意见达成一致。

同理，倒退至第一回合，政府在出价的时候应该不仅要保证自己的风险分担小于第二回合，还要使得社会资本在第一回合的风险分担不大于第二回合的风险分担，所以，第一回合政府的最优策略为：

$$B_1 = B_2$$

即：

$$1 - p_1 + q_1 = \delta_2(1 - p_2 + q_2) \tag{5.11}$$

解得：

$$p_1 = 1 + q_1 - \delta_2(1 - p_2 + q_2) \tag{5.12}$$

将式（5.8）代入式（5.12）中，得到：

$$p_1 = 1 + q_1 - \delta_2 + \delta_1\delta_2 p_3 - \delta_1\delta_2 q_3 \tag{5.13}$$

又因为无限期回合博弈的特征：

$$p_1 = p_3$$

即：

$$1 + q_1 - \delta_2 + \delta_1\delta_2 p_3 - \delta_1\delta_2 q_3 = p_3 \qquad (5.14)$$

解得：

$$p_3 = \frac{\delta_1\delta_2 q_3 + \delta_2 - q_1 - 1}{\delta_1\delta_2 - 1} \qquad (5.15)$$

又因为 $p_1 = p_2 = p_3$，所以：

$$P = \frac{\delta_1\delta_2 q_3 + \delta_2 - q_1 - 1}{\delta_1\delta_2 - 1} \qquad (5.16)$$

$$1 - P = \frac{\delta_1\delta_2 - \delta_1\delta_2 q_3 - \delta_2 + q_1}{\delta_1\delta_2 - 1} \qquad (5.17)$$

如果将政府转移给社会资本的风险 q_i 设置为常数，即 $q_i = q$，则式（5.16）、式（5.17）结果可以简化为：

$$P^* = \frac{\delta_2 - 1}{\delta_1\delta_2 - 1} + q \qquad (5.18)$$

$$1 - P^* = \frac{\delta_1\delta_2 - \delta_2}{\delta_1\delta_2 - 1} - q \qquad (5.19)$$

通过上述分析，我们得到，在完全信息下政府先出价的讨价还价博弈模型中，政府最优风险分担比例为 $\frac{\delta_2 - 1}{\delta_1\delta_2 - 1} + q$，社会资本的最有风险分担比例为 $\frac{\delta_1\delta_2 - \delta_2}{\delta_1\delta_2 - 1} - q$，可以看出，最优风险分担比例和谈判损耗系数以及风险转移份额都有显著的关系，其中，风险转移份额为直接影响因素，这是因为在目前阶段的 PPP 项目中，政府和社会资本的地位差距悬殊，很多相关法律文件也限制了社会资本的权力，使得政府在 PPP 项目中拥有优先权，也会利用自己的优势向社会资本转移风险，使社会资本不仅要承担自身风险还要承担额外的风险，总体风险分担比例会比较大，这也是社会资本参与 PPP 项目积极性不高的原因。除了风险转移份额之外，谈判损耗系数也是影响最优风险分担比例的一个重要因素。当政府部门和社会资本的谈判损耗系数比较大的时候，随着时间的推移和谈判次数的增加，双方需要付出的成本会越来越高，承担的风险也会变大，尤其是社会资本，更加耗不起时间成本，因此，双方应该本着节约成本的角度去考虑，减少谈判次数，尽快找到最合适的风险分担方案。

5.1.2　完全信息下社会资本先出价的风险分担

前文讨论了政府先出价的讨价还价博弈模型，但是，基于我国目前PPP项目的现状，应该要考虑给社会资本一定的优势，适当地给社会资本选择的优先权，因此，下文中讨论如果在讨价还价过程中社会资本先出价，政府部门观测到社会资本的行为后再选择是否同意，进而考虑是否需要继续谈判，详细的博弈过程如图5-2所示。

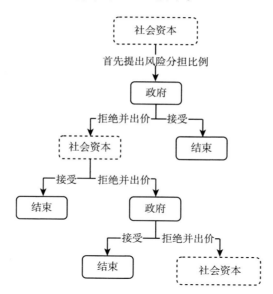

图5-2　社会资本先出价的讨价还价博弈过程

该模型的基本假设和上述假设大体情况相同，假设5.1至假设5.6中只有假设5.5由政府部门先出价改为由社会资本先出价，其余保持不变；模型参数设定中仍然有谈判损耗系数 δ（$\delta > 1$）和风险转移份额 q，因为在该模型中虽然社会资本先出价 p，但是，政府的地位还是不可动摇的，还是处于优势地位，因此还是会存在向社会资本转移风险 q 的情况。基于上述情况，不同回合的风险分担情况如下所示。

第一回合：

$$A_1 = 1 - p_1 - q_1 \tag{5.20}$$

$$B_1 = p_1 + q_1 \tag{5.21}$$

第二回合：

$$A_2 = \delta_1(1 - p_2 - q_2) \tag{5.22}$$

$$B_2 = \delta_2(p_2 + q_2) \tag{5.23}$$

第三回合：

$$A_3 = \delta_1^2(1 - p_3 - q_3) \tag{5.24}$$

$$B_3 = \delta_2^2(p_3 + q_3) \tag{5.25}$$

依次类推，直到双方都接受风险分担方案，否则此过程会一直周而复始地进行下去。

模型求解中依然从第三回合开始逆推，由上可知，第二回合中政府提出的风险分担比例不仅要是自己风险最小，还要使社会资本第二回合的风险不大于第三回合的风险，所以第二回合中政府可提出如下最优方案：

$$B_2 = B_3$$

即：

$$\delta_2(p_2 + q_2) = \delta_2^2(p_3 + q_3) \tag{5.26}$$

解得：

$$p_2 = \delta_2(p_3 + q_3) - q_2 \tag{5.27}$$

将式（5.27）代入式（5.22）中，得到政府承担的风险 A_2 为：

$$A_2 = \delta_1(1 - p_2 - q_2) = \delta_1(1 - \delta_2 p_3 - \delta_2 q_3) \tag{5.28}$$

比较 A_2 和 A_3 的大小：

$$A_2 - A_3 = \delta_1(1 - \delta_2 p_3 - \delta_2 q_3) - \delta_1^2(1 - p_3 - q_3) \tag{5.29}$$

因为 $1 < \delta_1 < \delta_2$ 并且 $0 \leqslant q_3 \leqslant p_3 \leqslant 1$，所以 $A_2 - A_3 < 0$，即 $A_2 < A_3$。这意味着政府第二回合的风险分担比第三回合风险分担要少，同时，社会资本第二回合风险分担不大于第三回合风险分担，双方意见达成一致。

同理，倒退至第一回合，社会资本在出价的时候不仅应该要保证自己的风险分担小于第二回合，还要使得政府在第一回合的风险分担不大于第二回合的风险分担，所以，第一回合社会资本的最优策略为：

$$A_1 = A_2$$

即：

$$1 - p_1 - q_1 = \delta_1 (1 - p_2 - q_2) \tag{5.30}$$

解得：

$$p_1 = 1 - q_1 - \delta_1 (1 - p_2 - q_2) \tag{5.31}$$

将式（5.27）代入式（5.31）中，得到：

$$p_1 = 1 - q_1 - \delta_1 + \delta_1 \delta_2 p_3 + \delta_1 \delta_2 q_3 \tag{5.32}$$

同理，因为：

$$p_1 = p_3$$

即：

$$1 - q_1 - \delta_1 + \delta_1 \delta_2 p_3 + \delta_1 \delta_2 q_3 = p_3 \tag{5.33}$$

解得：

$$p_3 = \frac{q_1 + \delta_1 - 1 - \delta_1 \delta_2 q_3}{\delta_1 \delta_2 - 1} \tag{5.34}$$

又因为 $p_1 = p_2 = p_3$，所以：

$$P = \frac{q_1 + \delta_1 - 1 - \delta_1 \delta_2 q_3}{\delta_1 \delta_2 - 1} \tag{5.35}$$

$$1 - P = \frac{\delta_1 \delta_2 + \delta_1 \delta_2 q_3 - \delta_1 - q_1}{\delta_1 \delta_2 - 1} \tag{5.36}$$

同理，如果将政府转移给社会资本的风险 q_i 设置为常数，即 $q_i = q$，则式（5.35）、式（5.36）结果可简化为：

$$P^* = \frac{\delta_1 - 1}{\delta_1 \delta_2 - 1} - q \tag{5.37}$$

$$1 - P^* = \frac{\delta_1 \delta_2 - \delta_1}{\delta_1 \delta_2 - 1} + q \tag{5.38}$$

所以由上可知，社会资本的风险分担比例为$\dfrac{\delta_1-1}{\delta_1\delta_2-1}-q$，政府的风险分担比例为$\dfrac{\delta_1\delta_2-\delta_1}{\delta_1\delta_2-1}+q$，最终的风险分担方案仍然和谈判损耗系数和风险转移份额有关。我们将上面所分析的完全信息下政府先出价以及完全信息下社会资本先出价两种不同出价顺序下的最优风险分担比例进行归纳，如表5-1所示。

表5-1　　　　　完全信息下不同出价顺序下的最优风险分担策略

项目	政府先出价	社会资本先出价
政府最优风险分担比例	$\dfrac{\delta_2-1}{\delta_1\delta_2-1}+q$	$\dfrac{\delta_1\delta_2-\delta_1}{\delta_1\delta_2-1}+q$
社会资本最优风险分担比例	$\dfrac{\delta_1\delta_2-\delta_2}{\delta_1\delta_2-1}-q$	$\dfrac{\delta_1-1}{\delta_1\delta_2-1}-q$

通过表5-1的风险分担比例式可以直观看出：首先，最优风险分担方案和谈判损耗系数、风险转移份额息息相关，除此之外，我们发现先出价的一方具有先动优势。具体分析如下：对比政府先出价和社会资本先出价不同出价顺序下的政府最优风险分担比例$\dfrac{\delta_2-1}{\delta_1\delta_2-1}+q$和$\dfrac{\delta_1\delta_2-\delta_1}{\delta_1\delta_2-1}+q$，因为$1<\delta_1<\delta_2$，所以$\dfrac{\delta_2-1}{\delta_1\delta_2-1}+q<\dfrac{\delta_1\delta_2-\delta_1}{\delta_1\delta_2-1}+q$，由此可以得出，政府先出价的情况下要比其后出价的情况下分担的风险比例小，即先出价的一方具有先动优势；同理，对比社会资本先出价和其后出价的风险分担比例$\dfrac{\delta_1-1}{\delta_1\delta_2-1}-q$和$\dfrac{\delta_1\delta_2-\delta_2}{\delta_1\delta_2-1}-q$，由于$1<\delta_1<\delta_2$，可以得出$\dfrac{\delta_1-1}{\delta_1\delta_2-1}-q<\dfrac{\delta_1\delta_2-\delta_2}{\delta_1\delta_2-1}-q$，所以，同样可以得出，社会资本先出价比其后出价的情况下的风险分担比例要小。这与实际情况也很符合，在PPP项目中，参与方在谈判过程中都倾向于先出价，取得先动优势。但是，后出价的一方也不会处于完全的被动状态，后出价的参与方应该尽快缩短谈判的时间，将损耗降到最低，以保证整体的风险最小。

5.1.3　不完全信息下政府先出价的风险分担

前文讨论了完全信息下不同出价顺序下的讨价还价博弈模型，也得到了不同出价顺序下的差别所在，最终得到先出价的一方存在先动优势的结论。完全信息是一种不可能实现的状态，信息不对称的现象始终存在，特别是政府部门在谈判过程中占有一定主动权和信息优势。在 PPP 项目风险分担的过程中，政府可能处于保护公共利益的角度对一些信息进行保密，这就使得社会资本不了解政府部门的"底牌"，导致双方信息不对称，因此，有必要讨论政府部门和社会资本的讨价还价博弈模型。

不完全信息下的情况很难讨论，因此需要将不完全信息转化为完全但不完美信息，这就需要用到海萨尼转换理论。如果参与博弈的双方能够很好地了解对方的行为特点，这就是完美信息，反之，如果不能，那该博弈称之为不完美信息博弈。海萨尼转换的关键是引入一个先验概率。本书的海萨尼转换是指在政府和社会资本互相不充分了解对方信息以及策略的情况下，能够根据概率情况，估计出博弈参与方相互转嫁风险的概率。

基于以上理论，构建政府先出价的不完全信息讨价还价博弈模型，基本假设和完全信息下政府先出价的假设基本一样，只是将完全信息改为不完全信息，即政府和社会资本了解的信息是不全面的。另外，在模型参数设定中同样存在谈判损耗系数 δ（$\delta > 1$）和风险转移份额 q，除此之外还多加入一个参数——政府强势的概率 k，该系数是指在双方谈判的过程中，政府也希望谈判能尽快达成一致，以减少谈判损耗成本，所以，政府可能会以概率 k 的可能向社会资本转移风险，也可能以 $1 - k$ 的概率向社会资本妥协主动承担风险。

基于上述假设，在政府和社会资本地位非对等并且信息并不完全公开的情况下，构建如下博弈模型。

第一回合，假设政府向社会资本转移风险的概率为 k，并且在第一回合中先提出自己承担的风险比例为 p_1，同时可能会利用自身优势向社会资本转移风险比例 q_1，所以，此时政府、社会资本承担的风险分别为：

$$A_1' = k\,(p_1 - q_1) \tag{5.39}$$

$$B_1' = k(1 - p_1 + q_1) \tag{5.40}$$

正如上面所说，政府给社会资本转移风险的概率为 k，不转移风险的概率为 $1 - k$，于是在不转移风险的情况下，政府、社会资本承担的风险分别为：

$$A_1'' = (1 - k)p_1 \tag{5.41}$$

$$B_1'' = (1 - k)(1 - p_1) \tag{5.42}$$

由上可知，第一回合中政府、社会资本的风险期望分别为：

$$A_1 = A_1' + A_1'' = k(p_1 - q_1) + (1 - k)p_1 \tag{5.43}$$

$$B_1 = B_1' + B_1'' = k(1 - p_1 + q_1) + (1 - k)(1 - p_1) \tag{5.44}$$

其中，A_1 表示第一回合中政府承担的风险期望，B_1 表示第一回合中社会资本承担的风险期望，若双方就此风险分担比例达成一致，则博弈结束，反之，双方谈判进入第二回合。

第二回合，此时应该加入双方的谈判损耗系数 δ_1 和 δ_2，假设政府向社会资本转移风险时，政府、社会资本承担的风险分别为：

$$A_2' = \delta_1 k(p_2 - q_2) \tag{5.45}$$

$$B_2' = \delta_2 k(1 - p_2 + q_2) \tag{5.46}$$

同理，假设政府不向社会资本转移风险时，政府、社会资本承担的风险分别为：

$$A_2'' = \delta_1(1 - k)p_2 \tag{5.47}$$

$$B_2'' = \delta_2(1 - k)(1 - p_2) \tag{5.48}$$

由上可知，第二回合政府、社会资本的风险期望分别为：

$$A_2 = A_2' + A_2'' = \delta_1 k(p_2 - q_2) + \delta_1(1 - k)p_2 \tag{5.49}$$

$$B_2 = B_2' + B_2'' = \delta_2 k(1 - p_2 + q_2) + \delta_2(1 - k)(1 - p_2) \tag{5.50}$$

其中，A_2、B_2 分别表示第二回合中政府和社会资本承担的风险期望，若此时双方达成一致，则谈判结束，否则双方谈判进入第三回合。

第三回合，同上，政府向社会资本转移风险时，政府、社会资本承担的风险分别为：

$$A_3' = \delta_1^2 k(p_3 - q_3) \tag{5.51}$$

$$B'_3 = \delta_2^2 k(1 - p_3 + q_3) \tag{5.52}$$

当政府不向社会资本转移风险时，政府、社会资本承担的风险分别为：

$$A''_3 = \delta_1^2(1 - k)p_3 \tag{5.53}$$

$$B''_3 = \delta_2^2(1 - k)(1 - p_3) \tag{5.54}$$

由上可知，第三回合政府、社会资本承担的风险期望分别为：

$$A_3 = A'_3 + A''_3 = \delta_1^2 k(p_3 - q_3) + \delta2_1(1 - k)p_3 \tag{5.55}$$

$$B_3 = B'_3 + B''_3 = \delta_2^2 k(1 - p_3 + q_3) + \delta_2^2(1 - k)(1 - p_3) \tag{5.56}$$

依次类推，直到双方都接受风险分担方案，否则，此过程会一直周而复始地进行下去。

该模型的求解过程和上述求解过程类似，仍然将第三回合设置为逆推点，所以，由上可以得到：

$$A_2 = A_3$$

即：

$$\delta_1 k(p_2 - q_2) + \delta_1(1 - k)p_2 = \delta_1^2 k(p_3 - q_3) + \delta2_1(1 - k)p_3 \tag{5.57}$$

解得：

$$p_2 = kq_2 - \delta_1 kq_3 + \delta_1 p_3 \tag{5.58}$$

由此可得社会资本第二轮的风险分担为：

$$B_2 = \delta_2 k(1 - p_2 + q_2) + \delta_2(1 - k)(1 - p_2) = \delta_2 + \delta_2\delta_1 kq_3 - \delta_2\delta_1 p_3 \tag{5.59}$$

社会资本第三轮的风险分担化简后为：

$$B_3 = \delta_2^2 k(1 - p_3 + q_3) + \delta_2^2(1 - k)(1 - p_3) = \delta_2^2 + \delta_2^2 kq_3 - \delta_2^2 p_3 \tag{5.60}$$

因为 $1 < \delta_1 < \delta_2$，$0 \leqslant k \leqslant 1$ 并且 $0 \leqslant q_3 \leqslant p_3 \leqslant 1$，可得，$B_2 - B_3 < 0$，即 $B_2 < B_3$。所以，政府和社会资本双方意见达成一致。同理，倒退到第一回合，为了节约成本，双方达成一致：

$$B_1 = B_2$$

即：

$$k(1 - p_1 + q_1) + (1 - k)(1 - p_1) = \delta_2 k(1 - p_2 + q_2) + \delta_2(1 - k)(1 - p_2)$$

$$(5.61)$$

解得：

$$p_1 = kq_1 + 1 + \delta_2 p_2 - \delta_2 - \delta_2 kq_2 \tag{5.62}$$

将式（5.58）代入式（5.62）中，得到：

$$p_1 = kq_1 + 1 - \delta_2 \delta_1 kq_3 + \delta_2 \delta_1 p_3 - \delta_2 \tag{5.63}$$

又因为：

$$p_1 = p_3$$

即：

$$p_3 = \frac{kq_1 + 1 - \delta_1 \delta_2 kq_3 - \delta_2}{1 - \delta_1 \delta_2} \tag{5.64}$$

又因为 $p_1 = p_2 = p_3$，所以：

$$P = \frac{kq_1 + 1 - \delta_1 \delta_2 kq_3 - \delta_2}{1 - \delta_1 \delta_2} \tag{5.65}$$

$$1 - P = \frac{\delta_2 + \delta_2 \delta_1 kq_3 - \delta_1 \delta_2 - kq_1}{1 - \delta_1 \delta_2} \tag{5.66}$$

如果将政府转移给社会资本的风险 q_i 设置为常数，即 $q_i = q$，则式（5.65）、式（5.66）结果可以简化为：

$$P^* = \frac{1 - \delta_2}{1 - \delta_1 \delta_2} + kq \tag{5.67}$$

$$1 - P^* = \frac{\delta_2 - \delta_2 \delta_1}{1 - \delta_1 \delta_2} - kq \tag{5.68}$$

通过上面分析，最终得到在最优风险分担方案中，政府分担比例为 $\frac{1 - \delta_2}{1 - \delta_1 \delta_2} + kq$，社会资本分担的比例为 $\frac{\delta_2 - \delta_2 \delta_1}{1 - \delta_1 \delta_2} - kq$。从分担比例中可以直观地看出，最优风险分担方案不仅和上述结论中的谈判损耗系数和风险转移份额有关，还和政府向社会资本转移风险的概率有关。将政府先出价的完全信息与不完全信息博弈最优风险分担方案做对比，如表 5 - 2 所示。

表 5 - 2　　政府先出价下的完全信息与不完全信息最优风险分担策略

项目	完全信息	不完全信息
政府最优风险分担比例	$\dfrac{\delta_2 - 1}{\delta_1\delta_2 - 1} + q$	$\dfrac{1 - \delta_2}{1 - \delta_1\delta_2} + kq$
社会资本最优风险分担比例	$\dfrac{\delta_1\delta_2 - \delta_2}{\delta_1\delta_2 - 1} - q$	$\dfrac{\delta_2 - \delta_2\delta_1}{1 - \delta_1\delta_2} - kq$

由上可知，当风险转移的概率 $k = 0$ 时，意味着政府不会向社会资本转移风险，此时，政府承担的风险为 $\dfrac{1 - \delta_2}{1 - \delta_1\delta_2}$，社会资本承担的风险为 $\dfrac{\delta_2 - \delta_2\delta_1}{1 - \delta_1\delta_2}$，该结果只和谈判损耗系数有关；当风险转移的概率 $k = 1$ 时，意味着政府一定会将 q 份额的风险转移给社会资本，此时，政府承担的风险为 $\dfrac{1 - \delta_2}{1 - \delta_1\delta_2} + q$，社会资本承担的风险为 $\dfrac{\delta_2 - \delta_2\delta_1}{1 - \delta_1\delta_2} - q$，和完全信息下的政府先出价的讨价还价模型结论一样；当风险转移的概率 $0 < k < 1$ 时，意味着政府可能会将比例为 kq 的风险转移给社会资本，此时，政府分担的风险为 $\dfrac{1 - \delta_2}{1 - \delta_1\delta_2} + kq$，社会资本分担的风险为 $\dfrac{\delta_2 - \delta_2\delta_1}{1 - \delta_1\delta_2} - kq$，因为在这个过程中 $0 < k < 1$，所以 $0 < kq < q$，即 $\dfrac{1 - \delta_2}{1 - \delta_1\delta_2} + kq < \dfrac{1 - \delta_2}{1 - \delta_1\delta_2} + q$，$\dfrac{\delta_2 - \delta_2\delta_1}{1 - \delta_1\delta_2} - kq > \dfrac{\delta_2 - \delta_2\delta_1}{1 - \delta_1\delta_2} - q$，这说明不完全信息下由政府先出价的讨价还价博弈模型中，政府承担的风险比完全信息下由政府先出价的讨价还价博弈模型中的政府承担的风险要小，同理，不完全信息下社会资本承担的风险要比完全信息下社会资本承担的风险大，这与实际情况完全符合，在 PPP 项目合作中，政府可能会故意隐瞒一些信息来降低自己承担的风险，通过转嫁给社会资本，进而增加社会资本承担的风险，因此，在信息不完全公开的情况下，或者政府对相关信息的披露有所保留的情况下，社会资本参与 PPP 项目的积极性会大大降低，所以，为了更好地发挥 PPP 的作用，应该加大信息公开力度，完善信息公开制度，提高社会资本参与 PPP 项目的积极性，减轻政府财政压力。

不完全信息下的博弈模型相对于完全信息下的博弈模型更加贴近实际，也为政府和社会资本在风险决策过程中提供了更为科学合理的理论依据，在 PPP 项目的合同制定方面，应该要充分考虑社会资本的利益，在制度确立方面应该要明确政府的责任和义务，防止政府向社会资本转移风险。

5.1.4　不完全信息下社会资本先出价的风险分担

接下来讨论不完全信息下社会资本先出价的讨价还价博弈模型，该模型中由社会资本先出价，政府选择接受与否，若选择接受则谈判结束，若不接受则进行到下一回合的谈判中。该模型的假设条件和上述情况大体相同，只是改为由社会资本先出价；参数设定中保持不变，仍然是政府向社会资本转移风险的概率为 k，不转移的概率为 $1-k$。具体的模型构建以及求解过程跟上文类似，因此此处不再赘述。最后得到社会资本和政府的最优风险分担比例为：

$$P^* = \frac{\delta_1 - 1}{\delta_1 \delta_2 - 1} - kq \tag{5.69}$$

$$1 - P^* = \frac{\delta_1 \delta_2 - \delta_1}{\delta_1 \delta_2 - 1} + kq \tag{5.70}$$

由上可得，不完全信息下社会资本先出价的讨价还价模型中，政府分担的风险为 $\frac{\delta_1 \delta_2 - \delta_1}{\delta_1 \delta_2 - 1} + kq$，社会资本分担的风险为 $\frac{\delta_1 - 1}{\delta_1 \delta_2 - 1} - kq$，最优风险分担方案不仅跟谈判损耗系数和风险转嫁份额有关，还和风险转嫁的概率有关。将社会资本先出价的讨价还价模型中完全信息和不完全信息下的最优风险分担方案做对比，如表 5 - 3 所示。

表 5 - 3　　社会资本先出价下的完全信息与不完全信息最优风险分担策略

项目	完全信息	不完全信息
政府最优风险分担比例	$\frac{\delta_1 \delta_2 - \delta_1}{\delta_1 \delta_2 - 1} + q$	$\frac{\delta_1 \delta_2 - \delta_1}{\delta_1 \delta_2 - 1} + kq$
社会资本最优风险分担比例	$\frac{\delta_1 - 1}{\delta_1 \delta_2 - 1} - q$	$\frac{\delta_1 - 1}{\delta_1 \delta_2 - 1} - kq$

同样的道理，当风险转移的概率 $k=0$ 时，意味着政府本部门不会向社会资本转移风险，此时，政府承担的风险为 $\dfrac{\delta_1\delta_2-\delta_1}{\delta_1\delta_2-1}$，社会资本承担的风险为 $\dfrac{\delta_1-1}{\delta_1\delta_2-1}$，该结果只和谈判损耗系数有关；当风险转移的概率 $k=1$ 时，意味着政府部门一定会将 q 份额的风险转移给社会资本，此时，政府承担的风险为 $\dfrac{\delta_1\delta_2-\delta_1}{\delta_1\delta_2-1}+q$，社会资本承担的风险为 $\dfrac{\delta_1-1}{\delta_1\delta_2-1}-q$，和完全信息下的社会资本先出价的讨价还价模型结论一样；当风险转移的概率 $0<k<1$ 时，意味着政府可能会将 kq 比例的风险转移给社会资本，此时，政府分担的风险为 $\dfrac{\delta_1\delta_2-\delta_1}{\delta_1\delta_2-1}+kq$，社会资本分担的风险为 $\dfrac{\delta_1-1}{\delta_1\delta_2-1}-kq$，因为在这个过程中 $0<k<1$，所以 $0<kq<q$，即 $\dfrac{\delta_1\delta_2-\delta_1}{\delta_1\delta_2-1}+kq<\dfrac{\delta_1\delta_2-\delta_1}{\delta_1\delta_2-1}+q$，$\dfrac{\delta_1-1}{\delta_1\delta_2-1}-kq>\dfrac{\delta_1-1}{\delta_1\delta_2-1}-q$，这说明在由社会资本先出价的讨价还价博弈模型中，不完全信息下政府承担的风险比完全信息下政府承担的风险要小，同理，不完全信息下社会资本承担的风险要比完全信息下社会资本承担的风险大。与上述分析结果一样，说明信息公开程度越大越利于社会资本。

将不完全信息下政府和社会资本不同出价顺序的最优风险分担方案进行比较，如表 5-4 所示。

表 5-4　　　　不完全信息下不同出价顺序下的最优风险分担策略

项目	政府先出价	社会资本先出价
政府最优风险分担比例	$\dfrac{1-\delta_2}{1-\delta_1\delta_2}+kq$	$\dfrac{\delta_1\delta_2-\delta_1}{\delta_1\delta_2-1}+kq$
社会资本最优风险分担比例	$\dfrac{\delta_2-\delta_2\delta_1}{1-\delta_1\delta_2}-kq$	$\dfrac{\delta_1-1}{\delta_1\delta_2-1}-kq$

通过对比表 5-4 中的风险分担比例，可以依然得出，先出价的一方具有先动优势。政府先出价下的最优风险分担比例要比政府后出价下的风险分担比例小，即 $\dfrac{1-\delta_2}{1-\delta_1\delta_2}+kq<\dfrac{\delta_1\delta_2-\delta_1}{\delta_1\delta_2-1}+kq$（$1<\delta_1<\delta_2$），同理，社会资本

先出价下的风险分担比例要比社会资本后出价的风险比例小，即 $\dfrac{\delta_1-1}{\delta_1\delta_2-1}-$

$kq<\dfrac{\delta_2-\delta_2\delta_1}{1-\delta_1\delta_2}-kq(1<\delta_1<\delta_2)$。

5.2　特色小镇类 PPP 项目风险分担研究

城镇化依然是我国建设发展的潜力和引擎，我国户籍人口城镇化率逐年提高，取得了新成绩，但在这个过程中，包含基础设施成本和社会保障成本在内的公共成本增加，导致财政压力很大，因此，需要嫁接 PPP 模式的特色小镇，助力城镇化发展。在国家政策的扶持下，特色小镇 PPP 项目已经在多地区如火如荼地开展，这样的探索不仅能够吸纳一部分农村闲置劳动力，促进农村人口市民化，推动乡村振兴，还能够充分发挥公共部门和私营部门的互补优势。因此，本书以发展文旅产业的服务型特色小镇类 PPP 项目作为案例分析对象，剖析影响项目风险再分担比例的具体影响因素：公众现实需要、政府财政承受能力、风险管理经验等。

5.2.1　特色小镇类 PPP 项目分类

按照核心产业类型进行分类，现存 PPP 模式的特色小镇可以分为服务型特色小镇、森林特色小镇、农业型特色小镇以及制造型特色小镇。

（1）服务型特色小镇。服务型特色小镇秉承着以人为本的核心价值理念，聚焦民生服务，旨在帮助人们提供优质休闲服务，主要发展文化旅游产业、运动休闲产业以及健康养老产业等。例如，发展玉器相关旅游产业的扬州湾头玉器特色小镇、发展康养产业的新疆维吾尔自治区阿勒泰市戈宝睡眠养生小镇、发展体育文化的江苏省扬州市仪征市铜山体育小镇等，这类特色小镇不仅能够满足当下消费升级的新需求，产生经济效益，还能够缓解民众的工作生活压力，提高生活品质，丰富精神生活。

（2）森林特色小镇。森林特色小镇是以森林、绿地和湿地为主体，彰显"绿水青山"的理念，充满元气、氧气、绿色惠民的综合体。森林特色小镇具有重要意义：一是有助于深化国有林场、林区改革，促进其转型升级，推进产业融合；二是有助于落实供给侧结构性改革，让人们享受到更优质的生态产品；三是有助于强化生态保护意识，促进生态效益的增加，从而助力产业扶贫，改善当地人民的生活质量。

（3）农业型特色小镇。农业型特色小镇是指以农村具有的资源禀赋为基础，打造综合发展平台，让村民借助产业变富裕，让游客领略大自然的美，进而弘扬农业、农村、农民文化的精神。农业类特色小镇意在：助力"农业强"，改变原来单一的生产和销售方式，成立合作社，吸引投资，与公司建立利益联结机制，产品品质化，包装精美化，增加产品附加值，拓宽销售渠道；助力"农村美"，带动农村的经济发展，促进农村产业融合，改善人居环境，传承原乡文化，让人记得住乡愁；助力"农民富"，提供就近就业岗位，同时鼓励创新创业，开发农家乐、民宿等，让村民可以有更多的就业选择，改善生活质量，助力乡村振兴。

（4）制造型特色小镇。制造型特色小镇是以工业产品为核心，以延伸产业链为目标，打造集技术、产品、产业、创意经济于一体的特色小镇，其主要包括工艺制造类特色小镇和现代科技制造类特色小镇。工艺制造类特色小镇是指依托于本土工艺资源，发展传统制造业，生产加工某种单一产品，诸如浙江诸暨袜艺小镇、江苏苏州苏绣小镇等，这类特色小镇能够传承特色工艺，发扬匠心精神。现代科技制造类特色小镇是指运用大数据、人工智能等高新技术，打造智能化产品，创建智慧化城市，让科技美化生活。

5.2.2　特色小镇类 PPP 项目风险识别与评价

风险识别是通过对项目进行综合研究，通过一系列方法识别出系列风险源，按其不同属性、不同流程等进行界定和识别，并对其进行分类整理，列出可识别的潜在风险清单。具体风险识别方法有专家打分、工作分解法、决策树法、文献分析法等。每一个方法都有其自身的优缺点，所以，要有的放矢地根据所研究的项目类型进行选择适配的方法，为了提高精准性，也可以结合几个方法共同使用。特色小镇类 PPP 项目往往是大中型项目，风险种类多，因此，采用文献研究法，通过梳理相关研究文献列示出初始风险清单，在此基础上通过 PPP 项目管理库实际案例情况对风险进行二次识别。

1. 风险识别

为了全面识别特色小镇类 PPP 项目风险因素，通过文献研究法确定初始风险因素，然后通过整理 PPP 项目管理库实际案例，选取代表性风险因素，最终构建特色小镇类 PPP 项目风险因素指标体系。

（1）初始风险因素。通过查阅特色小镇类 PPP 项目风险因素的学术研究资料，选取有代表性的资料，把不同类型的特色小镇存在的风险因素一一列示出来，如表 5-5 所示。

表 5-5　　　　　　　　　　初始风险清单

风险因素	来源依据
法律及监管体系不完善风险	王一婷（2018）、段泳仲（2019）、崔亮（2019）
项目审批延误风险	王相林（2018）、万树（2018）、施慧斌（2019）
政府信用风险	冯春辉（2019）、桑美英（2014）、莫吕群（2017）
特色资源风险	李文军（2018）、汪凯（2019）、韩晓晨（2018）
自然环境破坏风险	赵福军（2017）、杨强（2019）、雷世文（2019）
购买力风险	陈杨（2019）、罗鑫（2018）、赖一飞（2018）
竞争风险	周佳其（2018）、洪文霞（2018）、吴富标（2019）
市场需求变化风险	张家铭（2018）、贾铁梅（2019）
招标风险	郑丹（2010）、刘承广（2018）
融资风险	徐文学（2018）、丁磊（2019）、付彦霖（2019）
建设风险	朱兰俊丹（2018）、郝亚琳（2019）
设备毁损风险	徐志伟（2012）、周晓冬（2008）
供应商违约风险	刘燕舞（2015）、张晋梅和王丽芸（2015）
资金链风险	张华（2014）、陈得敢（2015）
经营管理风险	惠京颖等（2014）；何建雄（2012）
成本超支风险	李霄鹏（2012）、李泽红和王志刚等（2009）
技术优势风险	梁永宽（2008）、林杰（2012）、陈宏玉（2013）
创新能力风险	常宏建（2009）、王彦伟（2010）
责任分担风险	何晓晴（2006）、张晶晶（2015）、陈玉晓（2013）
运营收益不足风险	陈阳（2007）、张宁（2014）

资料来源：笔者根据相关文献梳理。

（2）关键风险因素。由于特色小镇之间既存在类似风险，也存在不同风险，本研究不可能穷尽所有风险因素，因此选取特色小镇代表性风险进行研究。确定特色小镇初始风险清单后，在政府和社会资本合作中心 PPP 项目库中搜索"特色小镇"，梳理这些项目的风险因素，对比初始风险清单，主要是对以上20个指标进行剔除，筛选出普遍符合特色小镇类项目风险的代表性指标，由此选取出 11 个风险，并根据项目阶段的不同进行列示，如表 5−6 所示。

表 5−6   风险因素指标体系

目标层	一级指标	二级指标
PPP 特色小镇项目风险因素指标	准备期风险	项目审批延误风险 融资风险
	建设期风险	技术优势风险 建设风险 自然环境破坏风险 特色资源风险
	运营期风险	市场需求变化风险 运营收益不足风险
	贯穿全生命周期风险	创新能力风险 政府信用风险 法律及监管体系不完善风险

准备期风险。在 PPP 特色小镇项目前期准备中，政府部门的决策至关重要，如果决策缺乏准确性与可行性，就容易产生前期准备风险。政府决策可能会出错，容易大包大揽，而忽视市场的作用。例如，一些地区坚持传统的发展理念，以领导意志为中心，不注重调研考察和科学分析，也不注重考虑市场的功效，盲目发展自认为具有潜力的特色小镇；一些地方政府前期准备就存在误区，缺乏长远眼光，只注重追逐短期利益，将特色小镇作为借债工具等，这些前期准备的不足或者不正确都会导致风险发生，从而项目难以长期运行。

建设期风险。特色小镇项目建设中，创新和高质量是关键。在正常情况下，建设范围是数十数百平方千米，设计方面的影响因素包括是否定位清晰、是否结合小镇自身实际进行创新性规划、是否去除同质化；建设质量方面问题，特别是如果小镇建设须采用新的工程技术或设备时，新的工程技术是否成熟等，这些对后期的项目移交都会产生影响。

运营期风险。在运营阶段，特色小镇宣传力度不够或者吸引力不足等，可能会造成社会资本不能获得预期的效益，尤其是对于特色小镇PPP项目，社会资本往往不能取得预期的利润报酬，此时，社会资本就会寻求地方政府的财政补贴，这会给地方政府带来较大的风险。

贯穿全生命周期风险。法规政出多门，法律变更易滋生风险。从管理职权来看，财政部和国家发展改革委对PPP项目管辖权的侧重点不同，并出台多项法律规章文件，由于两部门的职责不同，那么制定的政策导向也不同，财政部更多地关注资金风险，而国家发展改革委更多地关注项目落地进度。同时，其他项目发起部门也会出台一系列政策性文件，这会形成复杂的法律法规约束体系。一旦法律法规发生变更，比如特色小镇类PPP项目，因耕地红线和林场草场保护政策（因为粮食安全和生态环境保护）有可能改变，都直接影响到文旅小镇的社会和经济效益，进而社会资本会要求二次谈判。如果二次谈判成功，那么地方政府要承担风险，补偿社会资本；如果二次谈判不成功，那么地方政府要赎回该项目，这都给地方财政带来很大压力。此外，遭遇自然灾害、汇率利率变动、信用问题等都会产生风险。

2. 风险评价

风险评价是重要一环，主要目的就是明确风险等级以及风险水平。研究的方法主要分为定性和定量方法。前者是基于评价主体的知识储备来判断，主观性会有些大。而后者是将主观事件进行量化处理，普遍采用的方法有 AHP、模糊综合评估法等。就本书中特色小镇类 PPP 项目来看，倾向于定量分析，但是，由于公开数据较少，所以选择模糊综合评价方法评估特色小镇类 PPP 项目的风险。

对特色小镇类 PPP 项目风险进行比较分析和综合评价，不仅能够明确风险等级顺序，也能进一步量化已识别的风险发生概率。考虑到风险评价的专业性，采取调查问卷的形式，借助相关专业人员的知识和经验对各类风险打分，以打分结果为依据运用 SPSS—AU 软件进行分析，得到风险评价结果。具体来看，对某一风险进行评价，首先，要明确评估项目的风险因素有哪些，评价因素集为｛项目审批延误风险，融资风险，技术优势风险，建设风险，自然环境的破坏风险，特色资源风险，市场需求变化风险，运营收益不足风险，创新能力风险，政府信用风险，法律及监管体系不完善风险｝。其次，设定评语集 V =｛1，2，3，4，5｝，分别代表风险可能性的五个级别，也就是说，打分采取五分制，1~5 分，分别代表低风险、较低风险、中等风险、较高风险、高风险。其后通过线上发放调查问卷的方式，请拥有较丰富 PPP 项目参与经验的专业人士（包括科研和业内专家）对各类风险因素打分。最后，将打分结果整理成 Excel 表格形式进行数据分析，进而得到结果。后文案例分析中会详细、具体展示风险评价过程，并进行结果分析。

5.2.3　特色小镇类 PPP 项目风险初步分担

1. 风险分担流程

特色小镇类 PPP 项目的风险来源具有动态性、随机性和内外生变量交错的特点，这就导致了健全的风险分担机制难以一次促成，风险分担的完整过程可划分为三个阶段：第一个阶段，在项目的决策阶段，解决特色小镇类 PPP 项目风险因素在各参与者之间的归属问题，首先全面识别特色小镇类 PPP 项目各阶段可能会出现的风险后，依据风险分担原则，选择单一来源风险的最优承担者；第二阶段，解决 PPP 项目上一阶段未达成一致的风险归属、各参与主体共同承担的多源性风险、突发新风险等的风险分担问题，需要经过参与方进行谈判，确定参与主体的具体共担比例，最终达成意见一致，这一阶段主要研究风险承担者为政府和社会资本；第三阶段，由于 PPP 项目的周期比较长，所面临的环境比较复杂，而且在事前穷尽所有的风险是不可能的，因此在事中和事后会出现新风险，需要将这些事前未能充分预测到的风险按照风险再分担模型明确归属方和分担比例，详细风险分担流程如图 5 - 3 所示。

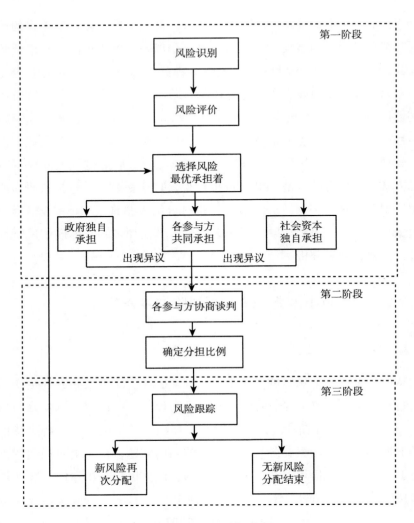

图 5-3　风险分担流程

2. 风险初步分担

结合《关于印发政府和社会资本合作模式操作指南（试行）的通知》，把 PPP 项目的常见风险进行责任划分，具体来说，可以把法律、政策方面划归政府，将设计、建设、运营等部分责任划归社会资本，其他不易划分的应由双方共同承担。也就是说，通过合同契约，社会资本承担了大部分商业风险，地方政府承担着非商业风险，同时也面临着一系列由于市场外部运行环境和内部运行机制不通畅形成的潜在风险。通过对相关政策文件的梳理和分析，可以得到特色小镇类 PPP 项目模式风险分担框架设计（见表 5 - 7）。

表 5 - 7　　　　　　　特色小镇 PPP 项目初步风险分担框架

风险阶段	风险因素	单一主体承担		多方主体承担	
		政府	社会资本	政府	社会资本
准备阶段	项目审批延误风险			√	√
	融资风险			√	√
建设阶段	技术优势风险		√		
	建设风险		√		
	自然环境的破坏风险			√	√
	特色资源风险	√			
运营阶段	市场需求变化风险			√	√
	运营收益不足风险			√	√
全生命周期阶段	创新能力风险			√	√
	政府信用风险	√			
	法律及监管体系不完善风险	√			

资料来源：笔者基于文献梳理，根据《关于印发政府和社会资本合作模式操作指南（试行）的通知》和特色小镇特点加工整理。

5.2.4　特色小镇类 PPP 项目风险再分担

1. 讨价还价博弈模型适用性分析

根据讨价还价博弈论模型的基本原理，影响合作各方讨价还价最终结果的重要因素有：局中人话语权、地位非对称性、信息集充分性、出价顺序，因此，通过以下几方面对特色小镇类 PPP 项目风险再分担模型的适用性进行分析。

（1）局中人话语权。由于特色小镇项目建设既能够发挥城镇化产生的社会价值，又能够发挥特色产业产生的经济效益，因此，该讨价还价博弈中的局中人可以将其分为两类：政府与社会资本。政府满足社会对公共产品或服务的高质量需求，代表着社会效益，而社会资本则代表着最大化的经济利润。

（2）地位非对称性。地位非对称性是指参与双方由于掌握的信息或资源不同，造成一方处于较高地位，另一方处于较低地位。在特色小镇类PPP项目中，参与者之间的不对称地位是随时变化的。在风险初步分担阶段，由于政府是项目的发起人和政策的制定者，相对于社会资本是处于威慑地位；而在风险再分担阶段，社会资本担任项目的运营管理者，掌握更多项目相关的信息，项目段承包商和设计商等更清楚建设方面的信息，商业管理方更了解运营、营销方面的信息，与此同时，政府是极力促成项目落地的，会更加珍惜选定的项目合作者，这就导致在这一阶段政府处于被动局面。因此，在特色小镇类PPP项目风险再分担阶段，社会资本相对于政府处于优势地位。

（3）信息集充分性。根据讨价还价博弈信息的获取程度可以分为完全信息和不完全信息，完全信息是指参与双方掌握了再分担过程的全部信息，不完全信息是指只获取了部分信息，或者说只有对部分信息的认知。显然，前者是理想状态。特色小镇类PPP项目签约时信息是对称的，签约后社会资本知道自己的偏好，根据自己的偏好选择行动，而社会资本不会主动向他人告知自己的选择状态，也就是说政府不能观测到社会资本的选择，但社会资本偏好的概率分布是公开的。因此，构建不完全信息下的讨价还价博弈模型。

（4）出价顺序。在讨价还价博弈中，先出价一方具有先动优势，可以利用对方耐心程度减弱设计并遴选出有利于自身的条件，并且这一优势会随着谈判成本的增加和对方耐心程度减弱而进一步放大，因此，可以按照参与双方不同出价顺序展开研究。

2. 社会资本先出价的风险再分担研究

（1）模型假设。模型的假设如下。

假设5.7：政府和社会资本均是理性人，双方都希望特色小镇能够成功落地，并在这个项目中都追求自身最大效益，从而在讨价还价博弈中实现风险最优分担均衡点。

假设5.8：每个进行再分担的风险因素都是独立的，风险之间没有关联性。

（2）参数设置。模型的参数设置如下。

参数一：贴现因子 ξ。政府和社会资本在谈判过程中存在谈判成本，它体现了参与方的耐心程度，参与人的收益率越高，耐心程度越差，则其贴现因子越小，假设社会资本、政府分别为 ξ_p、ξ_g。

参数二：转移风险 α。社会资本会利用自己成熟的管理经验、先进技术以及营销运营手段等优势地位将部分风险转嫁给政府，以实现自身利润最大化，将转移风险记为 α，这一转移风险比例应小于社会资本承担的风险再分担比例（t_i），因此，$0 < \alpha < t_i < 1$，假设 α 是常数。

参数三：概率 p。在不完全信息条件下，双方对于风险再分担过程所掌握的信息都是不完全的，政府对于社会资本是否会向其转移风险这一信息也是不确定的，假设社会资本转移风险的概率是 p，则不转移风险的概率为 $1 - p$。

（3）模型建立。社会资本先出价的特色小镇类 PPP 项目风险再分担流程如图 5 - 4 所示。

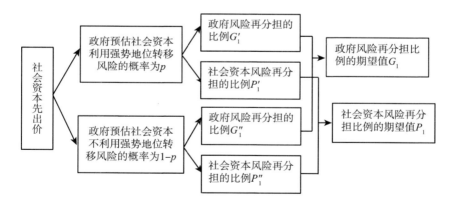

图 5 - 4　社会资本先出价的风险再分担流程

参与双方轮流出价过程以及模型求解过程同前文，这里就不再赘述，最后得到社会资本风险再分担的最优比例为 $t = (\xi_g - 1)/(\xi_p\xi_g - 1) + p\alpha$；政府风险再分担的最优比例为 $1 - t = (\xi_p\xi_g - \xi_g)/(\xi_p\xi_g - 1) - p\alpha$。

3. 政府先出价的风险再分担研究

假设政府先出价，政府 G 承担的风险再分担比例为 ki（i 指第 i 轮谈判），则社会资本 P 承担的风险再分担比例为 $1-ki$，政府 G 和社会资本 P 是针对 ki 进行的讨价还价博弈，此处的假设和贴现因子、转移风险、概率设置同上。

对模型进行求解可以得到政府再分担的最优比例为 $k=(\xi_p-1)/(\xi_p\xi_g-1)-p\alpha$；社会资本再分担的最优比例为 $1-k=(\xi_p\xi_g-\xi_p)/(\xi_p\xi_g-1)+p\alpha$。

5.2.5　特色小镇类 PPP 项目案例分析

分析财政部 PPP 项目管理库中的国家级示范特色小镇案例，案例基本信息情况如表 5-8 所示。

表 5-8　　　　　　　　　国家示范类特色小镇 PPP 项目

项目名称	社会资本	付费模式	预计项目收益来源
扬州湾头玉器特色小镇项目	扬州湾头玉器特色小镇有限公司	可行性缺口补助	旅游开发
云南省红河州绿春县阿倮欧滨特色小镇 PPP 项目	绿春县城市开发投资有限公司	可行性缺口补助	文旅产业
山东省济宁市泗水县泗河源头幸福健康特色小镇 PPP 项目	山东泗河源实业有限公司	使用者付费	健康养老、文化旅游
新疆维吾尔自治区阿勒泰市戈宝睡眠养生小镇 PPP 项目	桑德环境资源股份有限公司	使用者付费	康养产业
江苏省扬州市仪征市铜山体育小镇片区开发建设项目	扬州铜山体育小镇建设发展有限公司	可行性缺口补助	体育文化产业
湖北省孝感市大悟县宣化店旅游名镇建设 PPP 项目	湖北大悟山水文旅发展有限公司	可行性缺口补助	文旅产业
湖南省湘西自治州泸溪县浦市古镇保护与旅游开发 PPP 项目	安徽水利开发股份有限公司	可行性缺口补助	文旅产业

资料来源：笔者根据财政部政府和社会资本合作中心官方网站整理。

1. 项目风险识别与评价

前文已经对特色小镇类 PPP 项目进行了详细的风险识别，具体风险如表 5 – 9 所示，通过咨询参与过 PPP 项目的 7 位相关负责人，对风险因素指标进行风险等级打分。具体的打分将采取五分制，1 ~ 5 分别代表低风险、较低风险、中等风险、较高风险、高风险。

表 5 – 9　　　　　　　　　　　　风险因素打分表

指标项	负责人一	负责人二	负责人三	负责人四	负责人五	负责人六	负责人七
审批延误风险	3	4	3	4	4	3	3
政府信用风险	2	2	3	3	2	2	2
创新能力风险	2	3	3	3	3	2	2
技术优势不足风险	3	3	2	3	3	4	2
融资风险	3	2	3	3	2	2	2
建设风险	4	3	3	4	2	3	3
市场需求变化风险	3	3	4	2	2	3	3
法律及监管体系不完善风险	3	3	4	4	4	4	3
特色资源风险	4	4	3	3	4	4	5
自然环境的破坏风险	3	3	3	2	4	3	3
运营收益不足风险	3	3	4	4	4	5	3

在风险打分的基础上，将数据录入 SPSSAU，得到各风险因素的权重，如图 5 – 5 所示，风险因素的权重大小排序为：技术优势不足风险（0.1280）= 市场需求变化风险（0.1280）> 建设风险（0.1077）> 融资风险（0.1040）> 创新能力风险（0.0963）> 政府信用风险（0.0939）> 运营收益不足风险（0.0884）> 自然环境的破坏风险（0.0821）> 特色资源风险（0.0698）> 审批延误风险（0.0523）> 法律及监管体系不完善风险（0.0495）。

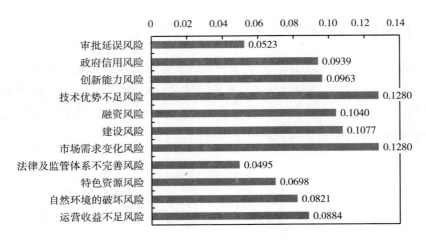

图5－5　风险权重

资料来源：SPSSAU 软件计算所得。

从上述风险重要程度的排列可以看出来，技术、市场、建设风险是主要风险，应该增强对这些风险的防范意识，提高对这些风险的化解能力。第一，技术风险排在首位，这意味着技术、创新对于项目是重要的影响因素。一般的特色小镇都是需要通过旅游业来获得收益的，那么它所提供的产品和服务就应该尽可能地满足民众的需求，尽可能优化服务、提高质量，这都需要技术和创新加持，所以，技术风险需要着重加强防范。第二，市场需求变化风险也是重要的影响因素。在运营阶段，特色小镇类PPP 项目的收益不仅取决于消费者的需求，还取决于市场竞争，这可能会使社会资本不能得到合理的回报，尤其是对于使用者付费的 PPP 项目，社会资本往往不能取得预期的利润报酬。第三，建设风险是次重要风险。特色小镇类 PPP 项目往往具有很长的周期，在建设过程中，往往存在着项目供应商的选择、资金供应链的持续性、工程的质量等多种风险，这会加剧建设风险。

评估整体风险水平结果如表 5－10 所示，项目处于低风险的概率是12.7%，处于较低风险的概率是 14.5%，处于一般风险的概率是 34.5%，处于较高风险的概率是 26.4%，处于高风险的概率是 11.8%。根据模糊综合评价法的最大隶属度原则，从数据结果来看，项目的风险等级为一般水平，说明在政府和社会资本的合作下，项目的开展及后期运营会比较顺利，这也符合项目具体实施时的评估结果。

表 5 – 10　　　　　　　　　　**风险等级**　　　　　　　　　　单位：%

评价原则	低风险	较低风险	中等风险	较高风险	高风险
隶属度	12.7	14.5	34.5	26.4	11.8
隶属度归一化（权重）	12.7	14.5	34.5	26.4	11.8

资料来源：SPSSAU 软件计算结果。

2. 项目风险再分担

此处以项目的市场需求变化风险为例，由前述内容可知，当社会资本先出价时，政府和社会资本分别承担的风险比例为 $(\xi_p\xi_g-\xi_g)/(\xi_p\xi_g-1)-p\alpha$ 和 $(\xi_g-1)/(\xi_p\xi_g-1)+p\alpha$，从财政部政府和社会资本合作中心中找到服务类型的国家示范特色小镇项目，以上述 7 个案例为例，从物有所值评价报告中找到 ξ_g 与 ξ_p 的取值。当社会资本先出价，$p=0.68$，$\alpha=0.31$ 时，可以得到，特色小镇的市场需求变化风险中政府和社会资本分别承担的最优比例，详细情况如表 5 – 11 所示。

表 5 – 11　　　　　　　**市场需求变化风险最优分担比例**

项目名称	ξ_g	ξ_p	K_g	K_p	$p\alpha$
扬州湾头玉器特色小镇项目	0.95	0.9	0.66	0.34	21%
云南省红河州绿春县阿倮欧滨特色小镇 PPP 项目	0.93	0.85	0.67	0.33	21%
山东省济宁市泗水县泗河源头幸福健康特色小镇 PPP 项目	0.96	0.88	0.74	0.26	21%
新疆维吾尔自治区阿勒泰市戈宝睡眠养生小镇 PPP 项目	0.86	0.8	0.55	0.45	21%
江苏省扬州市仪征市铜山体育小镇片区开发建设项目	0.95	0.89	0.68	0.32	21%
湖北省孝感市大悟县宣化店旅游名镇建设 PPP 项目	0.96	0.9	0.71	0.29	21%
湖南省湘西自治州泸溪县浦市古镇保护与旅游开发 PPP 项目	0.94	0.88	0.65	0.35	21%

注：K_g 和 K_p 分别代表政府和社会资本承担的最优风险比例。

由表 5 – 11 中可知：社会资本会形成 21% 的风险转嫁概率；对于市场需求变化风险，实际上政府承担的风险比例要高于社会资本的承担比例。

政府与社会资本的风险再分担比例与一些因素密切相关，比如贴现因子、地位非对称性等。社会资本的贴现因子越大，其承担的风险比例也就越大，政府承担的风险比例越小。同时，由参与双方不同出价顺序的风险再分担结果可以看出，当政府后出价时，所承担的风险份额往往大于先出价时的份额，相同的结论同样适用于社会资本。也就是说，谈判双方哪一方先出价就占据了有利的形势，在实际谈判中，参与者更倾向于成为先出价的那方，想要在谈判过程中优先获得有利的形势，但是，另一方并非完全处于劣势情形，可以采用一些方法改变谈判当前形势，如调节谈判整体时间。

该案例结论与前文中的模型结论相契合，充分验证了基于柔性再谈判机制的风险分担模型的正确性和实用性。

第 6 章

PPP 项目收益分配研究

6.1 引入政府监管和绩效考核的 PPP 项目收益分配

如何科学合理地分配收益是 PPP 项目的核心问题之一，构建公平合理的收益分配方案可以保障参与各方的权益，提高参与者的积极性、创新性和努力程度，从而保障项目的顺利实施。在 PPP 项目中引入政府监管机制，做好绩效考核可以有效提高项目质量，督促社会资本行为，避免机会主义的产生，因此，本节探讨政府监管和绩效考核下的 PPP 项目收益分配。

6.1.1 PPP 项目的收益分配原则及影响因素

1. 收益分配原则

为了避免项目参与方之间因信息不对称造成的不必要冲突，更公平地维护各方利益，收益分配方案的制定应以遵循与风险共担及合作共享的基本原则为基础。

（1）互惠互利原则。PPP 模式是多方合作构建的联盟伙伴关系，各个参与方均能对项目产生影响，而通过优势互补可以实现项目成功和个体收益的最大化。如社会资本具有先进的技术和管理经验，政府拥有独特的资源优势。各方联合、优势互补所产生的效益远大于单独行动时的收益，增值收益源于每个项目参与者的贡献，因此，在收益分配过程中应当均衡考虑多方利益诉求，使各参与者的合理收益均能得到保障，从而形成多方"合作共赢"的收益分配方案。

（2）投入、风险分担与收益分配相适应原则。投入与收益相对等原则是公平收益分配的另一重要原则，投入既包括对资本、技术、经验等的实际投入，也包括一些额外付出，如承担项目风险的付出。参与者对项目的贡献还会由于各个参与方自身条件不同，对风险偏好程度和承受能力不同而存在差异。投入得越多，承担的风险越大，获得的收益应当越多，这从根本上保证了收益分配的公正、公平，最大限度地保证了参与者的合理收益，并调动了其积极性。

（3）公平兼顾效率原则。PPP项目的顺利运行，需要政府和社会资本的通力合作。如果双方为了一己私利，而互相竞争，就会浪费资源、影响项目进程，甚至导致项目中止或失败。公平合理的收益分配方案，有助于避免政府和社会资本之间的不良竞争和冲突，提升双方的积极性和主动性。但是，由于PPP项目涉及的投入、风险等各种因素过多，绝对公平是很难实现的，因此要在效率和公平之间寻找一个平衡点。在项目收益分配过程中需要充分衡量双方的投入、风险分担、对项目贡献度等因素，兼顾效率与公平。

（4）信息共享原则。PPP项目涉及的参与方众多，合作关系较为复杂。如果参与者之间沟通不畅，很容易造成资源浪费和矛盾冲突。所以，PPP项目收益分配过程中，要保持项目参与方之间的良好沟通和信息共享。

2. 收益分配影响因素

PPP项目的核心利益相关者是政府和社会资本，公平合理的收益分配方案将有利于双方通力合作，使项目收益最大化。因此，在确定收益分配方案的时候，需要对各种影响因素进行分析，确保收益分配方案的科学性、合理性和可行性。通过查阅各种文献资料，本书整理PPP项目收益分配的主要影响因素。

（1）项目总收益。PPP 项目收益分配是对项目总体收益的分配，项目总收益是收益分配的前提与基础，通常而言，PPP 项目的总收益包括使用者付费取得的经济收益和社会效益。只有 PPP 项目的参与者共同努力，提供更优质的产品与服务，使得项目的总体收益最大化，才能保证各个参与方在利益分配过程中获取更高的利润。

（2）参与者的投入成本。在 PPP 项目中，参与方的投入成本是最为重要的。在项目中投入越多，期望的收益回报就会越高。PPP 项目中政府和社会资本在项目中的投入不仅包括项目资金投入，还包括其他资本的投入，如政府投入的建设土地、特许经营权等；社会资本投入的先进技术、丰富的管理经验和人力资本。而根据投入、风险分担与收益分配相适应原则，随着项目参与者在项目中投入的增加，其所带来的收益回报增量的分配额度也应成比例增加，也就是说项目收益分配与项目投入成正比。

（3）参与者的风险分担。在传统的基础设施建设项目中，风险几乎都是由政府来承担。在 PPP 模式下的基础设施建设项目中，政府与社会资本收益共享、风险共担，社会资本在投入资金、技术等成本的同时，还分担了项目的一部分风险，在一定程度上降低项目风险成本，实现项目整体收益的提高。风险的分担意味着更高的成本投入，应当考虑利用收益分配来弥补这部分成本。

（4）参与者的努力程度。在 PPP 项目运营中，如果政府和社会资本都消极对待，双方都会遭受损失；双方如果都努力提升运营水平，则可以提高工作效率，节约成本，增加总体收益，实现整体利益最大化，从而各方都能获得与其创新性和努力度相对应的收益。

6.1.2　PPP 项目收益分配模型假设与构建

假设 6.1：该模型有两个参与方分别是政府和社会资本，双方追求的利益目标不一样，政府追求社会公众利益最大化，社会资本则是追求私人利益最大化。

假设 6.2：政府和社会资本双方对彼此的行为策略和信息都不是很了解，属于不完全信息动态博弈。并且该博弈过程局中人均是有限理性，双方在博弈过程中会根据之前的博弈结果不断调整接下来的策略，直到达到理想的最优状态。

假设 6.3：政府对 PPP 项目运营具有监督的责任，也可以委托给独立的第三方监管机构。社会资本负责 PPP 项目的运营，通过使用者付费或运营补贴等方式获得回报。

假设 6.4：政府基于社会效益和自身利益可以选择监管，也可以选择不监管，社会资本也有两种选择，即通过努力付出提供高质量的服务和通过投机行为提供低质量的服务。

假设 6.5：社会资本在 PPP 项目中可实现固定收益为 V_s，例如公共契约条款中规定的最低收益等。如果社会资本在 PPP 项目中选择努力付出提供高质量的服务，那么社会资本需要付出成本为 C_H，并且该高质量服务经过政府监管部门或者第三方评估机构评估后可以获得运营补贴 R_s；如果社会资本选择投机行为提供低质量的服务，那么需要付出的成本比较低为 C_L（$C_H > C_L$），但是，当政府监管部门监管时必然会发现这种投机行为，不监管时则不能发现，若发现则社会资本会受到惩罚，由此造成的损失为 F_s。

假设 6.6：政府选择监管策略时，需要付出的成本为 C_g，同时会受到来自上级部门的奖励津贴或者公众的认可，将该收益记为 R_g；若政府选择不监管，则不会产生成本，也不会获得收益，但是，如果在社会资本选择投机行为提供低质量服务的时候，因政府的不监管行为而受到责罚，由此造成的损失记为 F_g。

假设 6.7：政府选择监管的比例为 x，选择不监管的比例为 $1-x$；社会资本选择努力提供高质量服务的比例为 y，选择投机行为提供低质量服务的比例为 $1-y$。x 和 y 均为时间 t 的函数。

根据上述假设，政府和社会资本之间的演化博弈支付矩阵如图 6-1 所示。

政府	社会资本	
	努力（y）	投机（$1-y$）
监管（x）	$R_g - C_g,\ V_s + R_s - C_H$	$R_g - C_g,\ V_s - C_L - F_s$
不监管（$1-x$）	$0,\ V_s + R_s - C_H$	$-F_g,\ V_s - C_L$

图 6-1　政府与社会资本的演化博弈矩阵

6.1.3 PPP 项目收益分配演化博弈分析

根据上述政府和社会资本的演化博弈矩阵可以得到政府监管的期望收益 G_1 和政府不监管的期望收益 G_2 分别为：

$$G_1 = y(R_g - C_g) + (1 - y)(R_g - C_g) = R_g - C_g \tag{6.1}$$

$$G_2 = -(1 - y)F_g = yF_g - F_g \tag{6.2}$$

所以，政府的平均期望收益为：

$$\bar{G} = xG_1 + (1 - x)G_2 = x(R_g - C_g) + (1 - x)(yF_g - F_g) \tag{6.3}$$

由此可得政府的复制动态方程为：

$$F(x) = \frac{dx}{dt} = x(G_1 - \bar{G}) = x(1 - x)(G_1 - G_2) = x(1 - x)(R_g - C_g - yF_g + F_g) \tag{6.4}$$

同理，根据演化博弈支付矩阵可以得到社会资本努力提供高质量服务的期望收益 P_1 和选择投机行为提供低质量服务的期望收益 P_2 分别为：

$$P_1 = x(V_s + R_s - C_H) + (1 - x)(V_s + R_s - C_H) = V_s + R_s - C_H \tag{6.5}$$

$$P_2 = x(V_s - C_L - F_s) + (1 - x)(V_s - C_L) = V_s - xF_s - C_L \tag{6.6}$$

所以，社会资本的平均期望收益为：

$$\bar{P} = yP_1 + (1 - y)P_2 = y(V_s + R_s - C_H) + (1 - y)(V_s - xF_s - C_L) \tag{6.7}$$

由此可得社会资本的复制动态方程为：

$$F(y) = \frac{dy}{dt} = y(P_1 - \bar{P}) = y(1 - y)(P_1 - P_2) = y(1 - y)(R_s - C_H + xF_s + C_L) \tag{6.8}$$

根据以上分析，由 $F(x)$ 和 $F(y)$ 可得一个二维动力系统 L，即：

$$\begin{cases} \dfrac{dx}{dt} = x(1 - x)(R_g - C_g - yF_g + F_g) & (6.9) \\[2mm] \dfrac{dy}{dt} = y(1 - y)(R_s - C_H + xF_s + C_L) & (6.10) \end{cases}$$

令 $\dfrac{dx}{dt} = 0$ 和 $\dfrac{dy}{dt} = 0$，可以得到系统的 5 个均衡节点分别为 (0，0)、(0，

1）、(1，0)、(1，1) 和（x^*，y^*）。其中，

$$x^* = \frac{C_H - R_s - C_L}{F_s} \tag{6.11}$$

$$y^* = \frac{R_g + F_g - C_g}{F_g} \tag{6.12}$$

根据弗里德曼（Friedman，1991）提出的方法，二维动力系统演化稳定性要通过系统的雅克比（Jacobin）矩阵局部稳定性分析导出，系统的雅克比矩阵用 J 表示为：

$$J = \begin{bmatrix} \dfrac{\partial F(x)}{\partial x} & \dfrac{\partial F(x)}{\partial y} \\ \dfrac{\partial F(y)}{\partial x} & \dfrac{\partial F(y)}{\partial y} \end{bmatrix} = \begin{bmatrix} a_{11} & a_{12} \\ a_{21} & a_{22} \end{bmatrix} \tag{6.13}$$

式中的 a_{11}、a_{12}、a_{21}、a_{22} 分别为：

$$a_{11} = (1 - 2x)(R_g - C_g - yF_g + F_g) \tag{6.14}$$

$$a_{12} = -x(1 - x)F_g \tag{6.15}$$

$$a_{21} = y(1 - y)F_s \tag{6.16}$$

$$a_{22} = (1 - 2y)(R_s - C_H + xF_s + C_L) \tag{6.17}$$

如果博弈策略系统在某平衡点处同时满足以下两个条件，则复制动态方程的均衡点就是局部稳定的均衡稳定策略（ESS）。

$$\det J = \begin{bmatrix} a_{11} & a_{12} \\ a_{21} & a_{22} \end{bmatrix} = a_{11}a_{22} - a_{12}a_{21} > 0 \tag{6.18}$$

$$\operatorname{tr} J = a_{11} + a_{22} < 0 \tag{6.19}$$

其中，$\det J$ 和 $\operatorname{tr} J$ 分别代表雅可比矩阵的行列式和迹。

经求解，可得 5 个局部均衡点处 a_{11}、a_{12}、a_{21}、a_{22} 的取值，如表 6 - 1 所示。

表 6 - 1　　　　局部稳定点处 a_{11}、a_{12}、a_{21}、a_{22} 的具体取值

均衡点	a_{11}	a_{12}	a_{21}	a_{22}
(0，0)	$R_g - C_g + F_g$	0	0	$R_s - C_H + C_L$
(0，1)	$R_g - C_g$	0	0	$C_H - R_s - C_L$

续表

均衡点	a_{11}	a_{12}	a_{21}	a_{22}
$(1, 0)$	$C_g - R_g - F_g$	0	0	$R_s - C_H + F_s + C_L$
$(1, 1)$	$C_g - R_g$	0	0	$C_H - R_s - F_s - C_L$
(x^*, y^*)	0	A	B	0

表 6 – 1 中的 $A = \dfrac{F_g(C_H - R_s - C_L)(C_H - R_s - C_L - F_s)}{F_s^2}$, $B = \dfrac{F_s(R_g + F_g - C_g)(C_g - R_g)}{F_g^2}$。

通过对表 6 – 1 分析可以发现，均衡点 (x^*, y^*) 的 $\mathrm{tr}J = a_{11} + a_{22} = 0$，不满足条件 $\mathrm{tr}J = a_{11} + a_{22} < 0$，所以，该均衡点显然不是 ESS，因此只需考虑其余四个局部均衡点的行列式和迹的值即可。又因为表 6 – 1 中（0，0）、（0，1）、（1，0）和（1，1）4 个局部稳定点的 a_{12} 和 a_{21} 均为 0，所以，演化稳定策略的条件可以简化为 $\det J = a_{11}a_{22} > 0$ 并且 $\mathrm{tr}J = a_{11} + a_{22} < 0$，即 a_{11} 和 a_{22} 都为负数，基于此我们进行如下讨论。

情况一：当 $R_g < C_g - F_g$ 且 $R_s + F_s < C_H - C_L$ 时，系统的 ESS 点为（0，0），如表 6 – 2 所示。

表 6 – 2　　　　　　　　情况一的 ESS 点分析

均衡点	a_{11}	a_{22}	$\det J$	$\mathrm{tr}J$	稳定性
$(0, 0)$	$R_g - C_g + F_g < 0$	$R_s - C_H + C_L < 0$	+	−	ESS
$(0, 1)$	$R_g - C_g < 0$	$C_H - R_s - C_L > 0$	−	不确定	鞍点
$(1, 0)$	$C_g - R_g - F_g > 0$	$R_s - C_H + F_s + C_L < 0$	−	不确定	鞍点
$(1, 1)$	$C_g - R_g > 0$	$C_H - R_s - F_s - C_L > 0$	+	+	不稳定性

情况二：当 $R_g < C_g - F_g$ 且 $R_s > C_H - C_L$ 时，系统的 ESS 点为（0，1），如表 6 – 3 所示。

表 6 – 3　　　　　　　　情况二的 ESS 点分析

均衡点	a_{11}	a_{22}	$\det J$	$\mathrm{tr}J$	稳定性
$(0, 0)$	$R_g - C_g + F_g < 0$	$R_s - C_H + C_L > 0$	−	不确定	鞍点
$(0, 1)$	$R_g - C_g < 0$	$C_H - R_s - C_L < 0$	+	−	ESS
$(1, 0)$	$C_g - R_g - F_g > 0$	$R_s - C_H + F_s + C_L > 0$	+	+	不稳定性
$(1, 1)$	$C_g - R_g > 0$	$C_H - R_s - F_s - C_L < 0$	−	不确定	鞍点

情况三：当 $R_g > C_g$ 且 $R_s + F_s < C_H - C_L$ 时，系统的 ESS 点为（1，0），如表 6-4 所示。

表 6-4　　　　　　　　　　情况三的 ESS 点分析

均衡点	a_{11}	a_{22}	det$J$	tr$J$	稳定性
（0，0）	$R_g - C_g + F_g > 0$	$R_s - C_H + C_L < 0$	−	不确定	鞍点
（0，1）	$R_g - C_g > 0$	$C_H - R_s - C_L > 0$	+	+	不稳定性
（1，0）	$C_g - R_g - F_g < 0$	$R_s - C_H + F_s + C_L < 0$	+	−	ESS
（1，1）	$C_g - R_g < 0$	$C_H - R_s - F_s - C_L > 0$	−	不确定	鞍点

情况四：当 $R_g > C_g$ 且 $R_s > C_H - C_L$ 时，系统的 ESS 点为（1，1），如表 6-5 所示。

表 6-5　　　　　　　　　　情况四的 ESS 点分析

均衡点	a_{11}	a_{22}	det$J$	tr$J$	稳定性
（0，0）	$R_g - C_g + F_g > 0$	$R_s - C_H + C_L > 0$	+	+	不稳定性
（0，1）	$R_g - C_g > 0$	$C_H - R_s - C_L < 0$	−	不确定	鞍点
（1，0）	$C_g - R_g - F_g < 0$	$R_s - C_H + F_s + C_L > 0$	−	不确定	鞍点
（1，1）	$C_g - R_g < 0$	$C_H - R_s - F_s - C_L < 0$	+	−	ESS

6.1.4　PPP 项目收益分配演化仿真分析

为了更好地分析 PPP 项目中政府监管与否和社会资本努力与否之间的演化关系，运用 Matlab 软件对双方演化博弈进行仿真，为了使仿真结果更具科学性和客观性，下文的参数值设置均是在满足假设的前提上随机赋值，不代表现实 PPP 项目政府和社会资本的支付或收益值。

情况一：当 $R_g < C_g - F_g$ 且 $R_s + F_s < C_H - C_L$ 时，满足上述条件下，假设 $F_s = 10$，$R_s = 20$，$C_H = 100$，$C_L = 60$，$F_g = 30$，$C_g = 60$，$R_g = 20$，运用 Matlab 软件进行仿真，得到的结果如图 6-2 所示，在 x 和 y 的不同初始比例下，政府最开始为了社会利益最大化以及为了更好地规范社会资本的行为，选择了监管这一策略，但是，因为政府监管的成本大于政府监管的收益，即 $R_g < C_g$，所以，政府监管的净收益为负数，而当政府不监管时，如

果社会资本努力提供高质量服务，那么此时政府部门净收益为0，相反，如果社会资本选择投机行为，此时政府的惩罚 $F_g = 30$，惩罚的力度比较小，所以综合来考虑，最终政府由监管趋向于不监管，即 x 的取值由1趋向于0。对于社会资本来说，最初社会资本选择努力提供高质量服务，但是，由于提供高质量服务获得的运营补贴小于努力和投机两种策略的成本差，即 $R_s < C_H - C_L$，另外即使社会资本选择投机行为提供低质量的服务，当政府监管发现时给的惩罚为 $F_s = 10$，惩罚力度太轻，因此综合考虑，社会资本的选择会由努力策略趋向于投机策略，即 y 的取值会由1趋向于0。所以，最终政府和社会资本会聚集在图6-2中的（0，0）处，即该条件下系统的 ESS 点为（0，0）。这种均衡状态下的社会总效用最小，因为政府的监管处于无效状态，社会资本也选择投机行为，提供低质量服务，长期这样下去，PPP项目将无法继续运营，必然以失败告终。

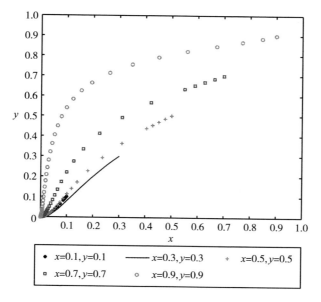

图 6 - 2　情况一稳定点（0，0）演化仿真结果

情况二：当 $R_g < C_g - F_g$ 且 $R_s > C_H - C_L$ 时，满足上述条件下，假设 $F_s = 20$，$R_s = 50$，$C_H = 100$，$C_L = 60$，$F_g = 30$，$C_g = 60$，$R_g = 20$，用 Matlab 软件进行仿真分析，得到的结果如图6-3所示，在 x 和 y 的不同初始比例

下，政府为了社会公众利益最初选择了监管策略，但是，由于政府监管的收益小于政府监管的成本，即 $R_g < C_g$，政府净收益为负，而且政府选择不监管时，上级政府的惩罚较轻，所以，政府最终由监管趋向于不监管，即 x 的取值由 1 趋向于 0；社会资本最初倾向于选择投机行为提供低质量的服务，但是，由于当社会资本选择努力提供高质量服务的时候获得的运营补贴大于社会资本努力和投机两种策略的成本之差，即 $R_s > C_H - C_L$，所以，社会资本选择努力提供高质量服务的净收益要大于选择投机行为提供低质量服务的净收益，即 $V_s + R_s - C_H > V_s - C_L$，最终社会资本在利益的驱使下，由投机策略趋向于努力策略，即 y 的取值会由 0 趋向于 1。所以，最终政府和社会资本演化至均衡点（0，1），此时政府部门处于不监管状态，长此以往可能会导致 PPP 项目的高额运营补贴，不利于 PPP 项目健康发展。

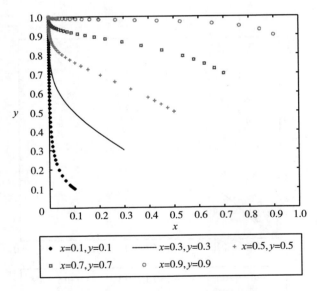

图 6-3　情况二稳定点（0，1）演化仿真结果

情况三：当 $R_g > C_g$ 且 $R_s + F_s < C_H - C_L$ 时，满足上述条件下，假设 $F_s = 20$，$R_s = 10$，$C_H = 100$，$C_L = 60$，$F_g = 30$，$C_g = 40$，$R_g = 50$，运用 Matlab 软件进行仿真分析，得到的结果如图 6-4 所示，在 x 和 y 的不同初始比例下，政府最初选择不监管策略，但是，因为政府监管的收益大于监管的成

本，即 $R_g > C_g$，而不监管的收益为 0 或者出现社会资本投机行为后，收益为 $-F_g$，所以综合考虑下，政府选择监管的净收益大于不监管的净收益，最终由不监管策略趋向于监管策略，即 x 的取值由 0 趋向于 1；社会资本一开始有较高比例选择努力提供高质量的服务，但是，由于选择努力策略后的运营补贴小于努力和投机策略的成本之差，且政府对社会资本投机行为的惩罚比较轻，使得社会资本选择努力提供高质量服务的净收益小于选择投机行为提供低质量服务的净收益，最终在自身利益最大化的驱动下由努力策略趋向于投机策略，即 y 的取值由 1 趋向于 0。最终政府和社会资本方双方演化至均衡点（1，0），此时政府虽然选择监管策略，但是，社会资本选择投机行为，虽然从一定程度上来看，政府会遏制社会资本的一些违规行为，但是，无法从根源上杜绝这些行为，所以仍然不利于 PPP 项目的健康发展。

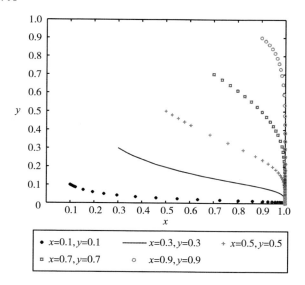

图 6-4　情况三稳定点（1，0）演化仿真结果

情况四：当 $R_g > C_g$ 且 $R_s > C_H - C_L$ 时，满足上述条件下，假设 $F_s = 20$，$R_s = 50$，$C_H = 100$，$C_L = 60$，$F_g = 30$，$C_g = 40$，$R_g = 50$，运用 Matlab 软件进行仿真分析，得到的结果如图 6-5 所示，在 x 和 y 的不同初始比例下，政府最初有较高比例选择不监管策略，但是，随着政府监管成本的降低以及监管收益的提高，使得政府监管的净收益大于不监管时的净收益，最终

政府由不监管策略趋向于监管策略，即 x 的取值由 0 趋向于 1；社会资本最初较多地选择投机策略，提供低质量的服务，但是，随着社会资本选择努力来提供高质量的服务得到的运营补贴大于努力和投机的成本之差，使得 $R_s - C_H > -C_L$ 进而 $V_s + R_s - C_H > V_s - C_L$，即社会资本选择努力提供高质量服务的净收益大于选择投机行为提供低质量服务的净收益，最终由于利益的驱使由投机策略趋向于努力策略，即 y 的取值由 0 趋向于 1。所以，最终政府和社会资本双方演化至均衡点（1，1），此时的政府监管部门达到理想状态，社会资本的积极性也有所提高，不再消极怠工，说明社会资本的运营补贴以及惩罚措施起到了良好的管控作用，政府的监管资源优势也得到充分发挥，社会利益达到最大化，有利于 PPP 项目的持续高质量发展。

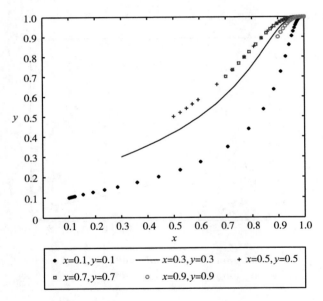

图 6-5　情况四稳定点（1，1）演化仿真结果

通过对不同情况下的参数赋值，运用 Matlab 软件进行仿真分析，得到了不同均衡稳定点的演化仿真结果，上述演化稳定策略的均衡点中，（1，1）均衡点是我们希望最后能够实现的良性均衡点，（0，0）均衡点是最差的均衡点，剩下的（0，1）和（1，0）均衡点是介于两者之间的次劣均衡点。为了使 PPP 项目达到最优的均衡状态即均衡点（1，1），可以通过控制变量法对某参数进行不同的赋值，并通过 Matlab 软件对其进行仿真分析，详细分析过程如下。

以上前三种条件下的均衡点都不是最优均衡点，都需要调整变量，使其向最优状态即情况四演化。这是因为情况一中的政府和社会资本双方均处于不良状态；情况二中的政府监管处于无效状态，社会资本处于努力提供高质量服务的良性状态；情况三中的政府处于监管的良性状态，社会资本处于投机的不良状态。本着由简入繁的原则，下文中先讨论情况二和情况三这两种只有合作双方中某一方处于不良状态的情形，最后讨论情况一双方都处于不良状态的情形。假设 x 和 y 的初始取值均为 0.3。

1. 情况二的变量调整

该情况下的演化稳定均衡点为（0，1），社会资本处于努力提供高质量服务的良性状态，因此只需要考虑政府的参数设置，在模型假设中政府一共有三个参数，分别是政府监管的收益 R_g、政府监管的成本 C_g 和政府不监管社会资本违规情况下的损失 F_g。分别讨论这三个参数的取值变化情况，运用 Matlab 软件进行演化分析，得到的结果如图 6 - 6 至图 6 - 9 所示。通过观察图 6 - 6 可以看到，当政府监管的收益逐渐增大的时候，尤其是当 $R_g > 60$ 时，系统的演化稳定均衡点由（0，1）逐渐趋向于（1，1）；根据图 6 - 7 可得，当政府监管的成本逐渐减小时，尤其是当 $C_g < 30$ 时，系统的演化稳定均衡点由（0，1）逐渐趋向于（1，1）；根据图 6 - 8 可以看到，仅仅提高政府不监管时出现违规行为的处罚时，系统的稳定点并不会由（0，1）逐渐趋向于（1，1）；因此，本书考虑将 F_g 和 R_g 结合起来共同作为变量进行仿真分析，最后得到图 6 - 9，可以看出，当政府不监管时受到的处罚增加并且政府监管的收益增加时，系统的稳定均衡点会由（0，1）逐渐趋向于（1，1）。综上所述，单独提高政府监管收益和单独降低政府监管成本时，政府会由不监管策略向监管策略演化，但是，单独提高政府不监管时出现违规现象的惩罚时，政府并不会由不监管策略演化至监管策略，需要将惩罚和监管收益或者监管成本结合在一起，才能促使政府充分发挥其监管职能。

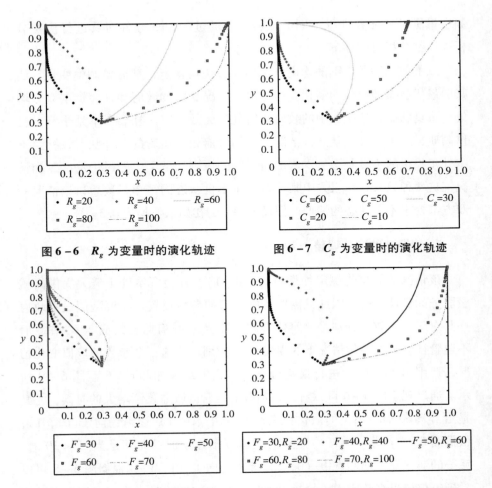

图 6-6　R_g 为变量时的演化轨迹　　　图 6-7　C_g 为变量时的演化轨迹

图 6-8　F_g 为变量时的演化轨迹　　　图 6-9　F_g 和 R_g 同为变量时的演化轨迹

2. 情况三的变量调整

情况三的演化稳定均衡点为 (1, 0)，此时的政府选择监管策略，处于良性状态，而社会资本选择投机行为提供低质量的服务，因此，我们需要考虑社会资本的参数设置，社会资本的参数包括固定收益 V_s，选择努力提供高质量服务时的运营补贴 R_s 和付出的成本 C_H，选择投机行为提供低质量服务时的成本 C_L 和被政府监管发现后的惩罚 F_s。我们可以通过控制变量法对这些参数一一进行演化分析，但是，由于文章篇幅的限制下文中只重点分析 R_s、F_s、C_H 和 C_L，运用 Matlab 软件进行演化分析后得到的结果如图 6-10 所示，从图6-10中可以看到，随着运营补贴的增加，当 $R_s > 30$ 时，系统的稳定点会由（1，0）趋向于（1，1）；图6-11中，当社会资本选择投机行为提供低质量服务时，政府监管发现后产生的损失 F_s 越大，尤其是当 $F_s > 40$ 时，系统稳定点也会由（1，0）趋向于（1，1）；同理从图6-12和图6-13中可以看到，降低社会资本努力策略的成本 C_H，提高社会资本投机策略的成本 C_L 均会使得系统稳定点由（1，0）趋向于（1，1）。综上所述，通过提高社会资本努力策略的运营补贴，降低其成本；提高社会资本投机策略的成本，加大对投机行为的惩罚力度，均会导致社会资本由投机策略转向努力策略，系统由不良状态进入理想状态。

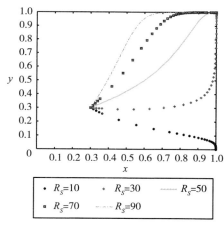

图6-10　R_s 为变量时的演化轨迹

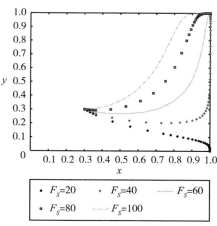

图6-11　F_s 为变量时的演化轨迹

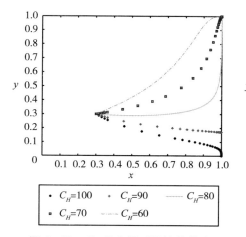

图6-12　C_H 为变量时的演化轨迹

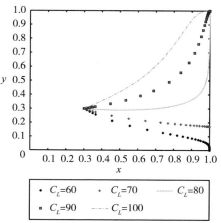

图6-13　C_L 为变量时的演化轨迹

3. 情况一的变量调整

情况一的均衡稳定点为（0，0），政府选择不监管策略，社会资本选择投资策略提供低质量服务，双方均处于不良状态，因此，这种情况下需要考虑双方的参数设置，例如提高政府监管收益的同时也提高社会资本选择努力策略时的运营补贴，即设置 R_g 和 R_s 为一组变量，同理还可以设置 F_g 和 F_s 为组变量。接下来运用 Matlab 软件对演化过程进行分析，得到结果如图 6 - 14、图 6 - 15 所示。从图 6 - 14 中可以看到，运营补贴在增加政府收益 R_g 的同时也促进社会资本努力提供高质量服务，尤其当 $R_g > 60$，$R_s > 60$ 时，可以驱使政府由不监管策略向监管策略演化，同时使得社会资本由投机策略趋向于努力策略，系统的演化稳定均衡点由最劣均衡点（0，0）向最优均衡点（1，1）演化；从图 6 - 15 中可以看到，政府不监管前提下，当提高针对社会资本违规和投机行为的惩罚力度时，系统会由演化稳定均衡点（0，0）进入不稳定状态，并没有达到最理想的稳定均衡点（1，1），这说明仅仅提高政府和社会资本双方的惩罚力度并不能促进系统的良性演化，所以，在 PPP 项目中不能仅仅靠惩罚力度来约束 PPP 项目参与方。

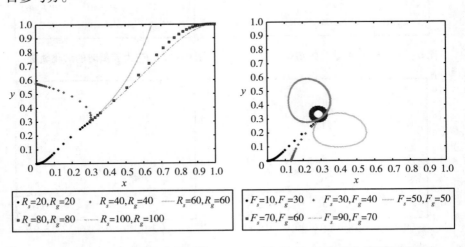

图 6 - 14　R_g 和 R_s 同为变量时的　　　　图 6 - 15　F_g 和 F_s 同为变量时的
　　　　　演化轨迹　　　　　　　　　　　　　　演化轨迹

通过构建 PPP 项目中政府和社会资本双方之间的收益分配演化博弈模型，运用 Matlab 软件进行数值仿真，根据仿真结果可以发现：政府监管收益的增加以及监管成本的减少均有利于增加政府监管的积极性，但是，单独增加政府不监管时出现违规行为的处罚并不能增加政府部门监管的积极性；社会资本努力提供高质量服务的运营补贴的增加、监管成本的减少、社会资本选择投机行为提供低质量服务的风险成本增加以及惩罚的力度加重，均有利于社会资本选择努力策略。另外在政府不监管的情况下，无论是增加社会资本违规行为的处罚还是增加政府不监管的处罚，都不会使系统向最优稳定均衡点（1，1）演化，也就是此时的惩罚措施处于失灵状态。因此，在我国的 PPP 项目中，要注重采取相应的激励措施来增加 PPP 项目参与方的积极性，当然激励措施应该结合绩效写进柔性合同中，以此来完善 PPP 项目合同框架；相应的惩罚措施当然必不可少，但是，要注意在制定惩罚措施时结合参与主体的相关利益（例如参与主体的收益和成本等）综合来考虑，还要考虑到整个社会的公共福利，使 PPP 项目向最理想的状态演化。

6.2　城市轨道交通 PPP 项目收益分配研究

近年来，PPP 模式在我国广泛实施。城市轨道交通 PPP 项目投入成本高、建设和运营周期长等特点，使得初期签署的合同难以涵盖项目全生命周期中的所有问题，并且由于项目的利益相关者众多，各方利益诉求不同，亟须完善的收益分配制度来保证社会资本的合理收益。因此，对城市轨道交通 PPP 项目动态收益分配研究显得尤为重要，在 PPP 项目全生命周期内，涉及收益分配的环节主要有：项目采购阶段和项目执行阶段。这是因为采购阶段一般采用面向社会资本公开招标的方式，竞争过程可以有效选拔出向政府承诺取得更高的项目社会效益的社会资本；而执行阶段社会资本要通过使用者收费、政府付费和可行性缺口补助的方式兑现经济效益，财政承诺的兑付能力直接维系着项目的有效生命力。

6.2.1   城市轨道交通 PPP 项目采购阶段模型设定

在项目采购阶段，政府进行招标，社会资本进行投标，两方对采购进行谈判，并最终签订合作合同。合同内容主要涵盖项目概况、风险分担的基本框架、特许经营项目运作方式、投融资结构、回报机制、相关配套资金安排以及监管框架等方面。在这一阶段，双方对回报机制和收益分配原则比较关注，这决定了双方是否可以就合作内容达成一致。

1. Shapley 值博弈原理

Shapley 值是在一个大联盟 N 中，根据不同合作方式 S 对应的贡献，得出最优的成本分担或者利益分配方式。每个参与者获得的效益等于该参与者对每一个它所参与的联盟的边际贡献的期望值。

Shapley 值的分配策略需要满足对称性、有效性、冗员性和加法性四个公理。对称性指参与者的先后顺序或者记号标记并不会对利益分配结果造成影响；有效性指合作联盟的总价值即为 Shapley 值之和；冗员性指如果一个参与者对合作联盟没有贡献，则他不应当从联盟中获得利益；加法性指当有多种合作策略时，若 N 上有两个特征函数，每种策略的利益分配方式与其他策略结果无关，总分配是两个特征函数求和。

设集合 $I = \{1, 2, \cdots, n\}$，若对于 I 的任一子集 s 都对应着实值函数 $V(s)$：

$$V(\phi) = 0 \tag{6.20}$$

$$V(s_1 \cup s_2) \geqslant V(s_1) + V(s_2), s_1 \cap s_2 \neq \phi \tag{6.21}$$

则称 $[I, V]$ 为 n 人合作对策，V 为对策的特征函数。S 为 N 人集合中的任一种合作，$V(s)$ 为合作 s 的效益。用 x_i 表示 I 的成员 i 从合作的最大效益 $V(I)$ 中应得到的一份收入。$X = (X_1, X_2, X_3, \cdots, X_n)$ 叫作合作对策的分配，满足：

$$\sum_{i=1}^{n} X_i = V(I) \tag{6.22}$$

$$X_i \geqslant V(i), i = 1, 2, \cdots, n \tag{6.23}$$

Shapley 值由特征函数 V 确定，记作：

$$\phi(V) = (\phi_1(V), \phi_2(V), \cdots, \phi_n(V)) \tag{6.24}$$

$$\phi_i(V) = \sum_{s \in s_i} \omega(|s|) [V(s) - V(s \backslash i)], i = 1, 2, \cdots, n \tag{6.25}$$

$$\omega(|s|) = \frac{(n - |s|)! \, (|s| - 1)!}{n!} \tag{6.26}$$

其中，s_i 是 I 中包含 i 的所有子集，$|s|$ 是子集中元素数目，$\omega(|s|)$ 是加权因子，$s \backslash i$ 表示去掉 i 后的合集。

Shapley 值法中，假设参与者均为理性人，基于收益与贡献对等的分配原则，各参与者给项目带来的边际贡献决定了其收益分配比例，从而达到使合作联盟与各参与者均满意的结果。城市轨道交通 PPP 项目追求的是政府与社会资本的合作共赢，收益分配方案需要充分考虑公私双方对项目的贡献。Shapley 值法构造原理相对而言较为简单，并且可求得唯一的最优解值，还可以根据不同的项目特点，对 Shapley 值进行修正，得到收益分配的最优方案。

2. 模型构建

根据对 Shapley 值求解过程，可以得到城市轨道交通 PPP 项目政府和社会资本之间初步的收益分配模型，模型中 A 代表政府，B 代表社会资本，模型分别如表 6-6 和 6-7 所示。

表 6-6   政府部门收益分配模型

子集 S 中元素	A	A, B
$V(s)$	$V(A)$	$V(A, B)$
$V(s \backslash i)$	0	$V(B)$
$V(s) - V(s \backslash i)$	$V(A)$	$V(A, B) - V(B)$
$|s|$	1	2
n	2	2
$\omega(|s|)$	$1/2$	$1/2$

可以得到政府收益分配值为：

$$\phi_A(V) = \sum_{s \in s_i} \omega(\mid s \mid)\left[V(s) - V(s \backslash i)\right] = \frac{V(A)}{2} + \frac{V(A,B) - V(B)}{2}$$

$$(6.27)$$

表 6 - 7   社会资本方收益分配模型

子集 S 中元素	B	A, B
$V(s)$	$V(B)$	$V(A, B)$
$V(s \backslash i)$	0	$V(A)$
$V(s) - V(s \backslash i)$	$V(B)$	$V(A, B) - V(A)$
$\mid s \mid$	1	2
n	2	2
$\omega(\mid s \mid)$	1/2	1/2

可以得到社会资本收益分配值为:

$$\phi_B(V) = \sum_{s \in s_i} \omega(\mid s \mid)\left[V(s) - V(s \backslash i)\right] = \frac{V(B)}{2} + \frac{V(A,B) - V(A)}{2}$$

$$(6.28)$$

通过上述分析可知,当 $V(A)$、$V(B)$ 和 $V(A,B)$ 确定时,即政府单独完成项目可以获得的收益、社会资本单独完成项目可以获得的收益、双方合作完成项目可获得的收益得到确定,就可以得到政府、社会资本在合作联盟中分别可获得的收益。

3. Shapley 值的修正

通过上述对 Shapley 值原理的介绍可知,利益相关者的收益分配比例是根据参与者对合作联盟的贡献值比重得到的。在城市轨道交通项目采购阶段,政府与社会资本对收益的预测依靠双方对项目的投入成本和风险分担。因此,在这一阶段,收益分配的影响因素为双方的投入成本比例和风险分担。

(1)投入成本。在 PPP 项目中,参与方的投入成本是最为重要的。在项目中投入成本越多,期望的收益就会越高。同样的项目收益,运营成本越低,项目的投资回报就越高。在项目中核算投入时不仅需要确定项目资金投入,还要核算其他的投入。政府投入的资金、土地、特许经营权等都应当计入投入成本。社会资本投入的资金、专利技术等也应当一并记入投入成本。根据投入、风险分担与收益分配相适应原则，随着项目参与者在项目中投入的增加，其所带来的收益回报增量也应成比例增加，也就是项目收益分配与投入成本正相关。

（2）风险分担。在传统的基础设施建设项目中，风险几乎都是由政府来承担的。在 PPP 模式下的基础设施建设项目中，社会资本能够带来先进的技术和管理经验，分担了项目的一部分风险，在一定程度上降低了项目风险成本，实现项目整体收益的提高。分担的风险越多意味着投入的成本越多，所以应当考虑利用收益来弥补这部分成本。

通过上述分析可以建立利益分配修正因素集合：$J = \{j\}$，$j = 1$、2 代表着对项目利益分配影响的两种因素：投入成本和风险分担。集合 N 中第 i 个参与者相对于第 j 个修正因素测度值为 a_{ij}，测度值统计如表 $6-8$ 所示。

表 6 – 8 测度值统计

项目	投资比例	风险分担
政府	a_{11}	a_{21}
社会资本	a_{12}	a_{22}

对表 6 – 8 中的因素集合进行处理，可以得到基于投入成本和风险分担的修正矩阵 A：

$$A = \begin{bmatrix} a_{11} & a_{12} \\ a_{21} & a_{22} \end{bmatrix} \tag{6.29}$$

使用归一化的方法对矩阵 A 进行处理，可以得到矩阵 $A' = (a_{ij})_{2 \times 2}$。

在谈判 PPP 项目收益分配方案过程中，通过专家打分法来确定各个收益分配影响因素对于收益分配的综合影响系数矩阵 $\lambda = [\lambda_1 \lambda_2]T$，可以得到政府和社会资本最终修正系数值 β，其中 β_1 为合作联盟中收益分配影响因素对于政府收益分配的影响程度，β_2 为合作联盟中收益分配影响因素对于社会资本收益分配的影响程度。

$$\beta = A \times \lambda = [\beta_1, \beta_2]^{\mathrm{T}} \tag{6.30}$$

调整后政府和社会资本的收益分配值为：

$$\phi_A(V)' = \phi_A(V) + \left(\beta_1 - \frac{1}{n}\right) \times V(A,B) \qquad (6.31)$$

$$\phi_B(V)' = \phi_B(V) + \left(\beta_2 - \frac{1}{n}\right) \times V(A,B) \qquad (6.32)$$

4. 修正参数确定

（1）投入成本。在城市轨道交通 PPP 项目中，公司双方投入的不仅包括有形资产，还包括无形资产，都应当计入投入成本。政府投入的成本包括资金、特许经营权、轨道交通建设用地、人力资本投入，对项目总投入记为 C_A。社会资本的投入包括资金、技术专利、人力资本投入，对项目总投入计为 C_B。通过加权的方法计算得到政府和社会资本投入比重的修正系数分别为：$a_{11} = \dfrac{C_A}{C_A + C_B}$、$a_{12} = \dfrac{C_B}{C_A + C_B}$。

（2）风险分担。城市轨道交通 PPP 项目建设周期长、参与方众多、面临的不确定性因素多。在 PPP 项目实践中，风险在政府和社会资本之间的划分并不十分明显，一些风险在政府和社会资本之间相互交织，因此，需要由政府和社会资本共享。根据风险性质将风险划分为法律、政策环境风险、合同风险、金融风险、建设风险、市场运营风险这五种类型，并且对具体的风险因素进行细分，通过政府和社会资本的性质和职责，确认不同风险的承担者（见表6-9）。

表6-9　　　　　　　　城市轨道交通 PPP 项目风险

风险指标	风险因素	政府承担	社会资本承担	共同承担
法律、政策环境风险	政策稳定性	√		
	政府决策与审批失误	√		
	政府干预	√		
	政治/公众反对	√		
	政治不可抗力	√		
	法律及监管体系不完善	√		
	法律变更	√		
合同风险	违约风险			√
	税收调整	√		

续表

风险指标	风险因素	政府承担	社会资本承担	共同承担
金融风险	利率风险	√		
	汇率风险	√		
	通货膨胀风险	√		
建设风险	土地获得风险	√		
	工程建设变更			√
	融资风险			√
	地址与文物保护	√		
	环保风险			√
	供应风险		√	
	技术风险		√	
	完工风险			√
	建设不可抗力风险			√
市场运营风险	类似项目竞争风险			√
	市场需求风险			√
	供给能力不足		√	
	运营期的长时间停工			√
	收费价格调整风险		√	
	费用支付风险		√	
	产品损失风险			√
	运营成本增加			√
	残值风险			√

资料来源：秦玉秀. PPP 全流程运作实务：核心要点图解与疑难问题剖析［M］. 北京：中国法制出版社，2017.

根据模糊分析法确定政府所承担的风险为 R_A，社会资本承担的风险为 R_B，用加权平均法计算得到政府和社会资本风险分担的修正系数分别为：

$$a_{21} = \frac{R_A}{R_A + R_B}、a_{22} = \frac{R_B}{R_A + R_B}。$$

6.2.2 城市轨道交通 PPP 项目执行阶段模型设定

在城市轨道交通 PPP 项目执行阶段，政府有两种行为选择：努力提升运营水平和不努力提升运营水平。对于社会资本来说也有两种行为选择：努力提升运营水平和不努力提升运营水平。

在项目的实际运行中，由于政府和社会资本的理性是有限的，在一次决策中很难做出最优选择，因此需要在长期的项目运营过程中，通过不断调整和改进策略直到参与双方都达到演化稳定状态。在项目运营阶段，政府主要负责项目监管，包括制定运营策略和票价标准，对紧急事件进行统一调度等。社会资本负责提供客运服务，建立安全管理系统、制定和实施安全演习计划等，保证项目安全运营。社会资本还可以利用项目从事广告等经营，并取得相关收入。政府部门努力提升运营水平的行为包括制订切实可行的运营方案、制定合理的票价和维护政策稳定等。社会资本努力提升运营水平的行为包括创新管理方式、提供安全舒适的乘车环境等。公私双方在项目运营阶段的努力与否，在一定程度上影响着项目总体收益及收益分配。

1. 未引入奖惩机制的收益分配模型

假定政府为 A，社会资本为 B，具体参数设定以及定义如表 6 – 10 所示。

表 6 – 10　　　　　　　　　　参数设定及其定义

参数	定义	取值范围
V_a	采购阶段预测的政府可获得的收益，此时收益分配是基于期初的成本投入和风险分担得到的，并没有考虑到双方在项目实际运营阶段的努力程度	$V_a > 0$
V_b	采购阶段预测的社会资本可获得的收益此时收益分配是基于期初的成本投入和风险分担得到的，并没有考虑到双方在项目实际运营阶段的努力程度	$V_b > 0$
C_a	政府提升运营水平投入的成本	$C_a > 0$
C_b	社会资本提升运营水平投入的成本	$C_b > 0$
α_a	只有政府努力提升运营水平时，政府提升运营水平能够给其带来的收益增加比率	$\alpha_a > 0$
β_b	只有社会资本努力提升运营水平时，社会资本提升运营水平能够给其带来的收益增加比率	$\beta_b > 0$

参数	定义	取值范围
α^*	政府和社会资本都努力提升运营水平时，政府努力提升运营水平给其带来的收益增加比率	$\alpha^* > \alpha_a > 0$
β^*	政府和社会资本都努力提升运营水平时，社会资本努力提升运营水平给其带来收益的增加比率	$\beta^* > \beta_b > 0$
π_a	只有社会资本努力提升运营水平时，即使政府没有努力提升运营水平，但项目总收益得到提升，政府通过"搭便车"分享到社会资本努力提升运营水平所带来的收益	$\pi_a > 0$
π_b	只有政府努力提升运营水平时，即使社会资本没有努力提升运营水平，但项目总收益得到提升，社会资本通过"搭便车"分享到政府努力提升运营水平所带来的收益	$\pi_b > 0$

假设政府采取努力提升运营水平的策略概率为 p（$0 \leqslant p \leqslant 1$），则不采取努力提升运营水平的策略概率为 $1-p$；假设社会资本采取努力提升运营水平的概率为 q，则不采取努力提升运营水平的策略概率为 $1-q$。根据上述假设，建立博弈的支付矩阵，如图 6-16 所示。

政府（A）	社会资本（B）	
	努力提升运营水平（q）	不努力提升运营水平（$1-q$）
努力提升运营水平（p）	$(1+\alpha^*)V_a - C_a,$ $(1+\beta^*)V_b - C_b$	$(1+\alpha_a)V_a - C_a, \pi_b + V_b$
不努力提升运营水平（$1-p$）	$\pi_a + V_a, (1+\beta_b)V_b - C_b$	V_a, V_b

图 6-16 政府部门与社会资本方的演化博弈收益矩阵

政府采取努力提升运营水平策略的期望收益为：

$$\mathrm{E}(A_1) = q\left[(1+\alpha^*)V_a - C_a\right] + (1-q)\left[(1+\alpha_a)V_a - C_a\right] \quad (6.33)$$

政府不努力提升运营水平策略的期望收益为：

$$\mathrm{E}(A_2) = q(\pi_a + V_a) + (1-q)V_a \quad (6.34)$$

政府平均期望收益为：

$$\mathrm{E}(A) = p\mathrm{E}(A_1) + (1-p)\mathrm{E}(A_2) \quad (6.35)$$

社会资本采取努力提升运营水平策略的期望收益为：

$$\mathrm{E}(B_1) = p[(1+\beta^*)V_b - C_b] + (1-p)[(1+\beta_b)V_b - C_b] \qquad (6.36)$$

社会资本不努力提升运营水平策略的期望收益为：

$$\mathrm{E}(B_2) = p(\pi_b + V_b) + (1-p)V_b \qquad (6.37)$$

社会资本平均期望收益为：

$$\mathrm{E}(B) = q\mathrm{E}(B_1) + (1-q)\mathrm{E}(B_2) \qquad (6.38)$$

政府 A 和社会资本 B 对 p 和 q 的调整方程为：

$$\frac{\mathrm{d}p}{\mathrm{d}t} = p[\mathrm{E}(A_1) - \mathrm{E}(A)] \qquad (6.39)$$

$$\frac{\mathrm{d}q}{\mathrm{d}t} = q[\mathrm{E}(B_1) - \mathrm{E}(B)] \qquad (6.40)$$

即动态系统为：

$$\frac{\mathrm{d}p}{\mathrm{d}t} = p(1-p)\{\alpha_a V_a - C_a + q[V_a(\alpha^* - \alpha_a) - \pi_a]\} \qquad (6.41)$$

$$\frac{\mathrm{d}q}{\mathrm{d}t} = q(1-q)\{\beta_b V_b - C_b + p[V_b(\beta^* - \beta_b) - \pi_b]\} \qquad (6.42)$$

令 $\dfrac{\mathrm{d}p}{\mathrm{d}t} = 0$，$\dfrac{\mathrm{d}q}{\mathrm{d}t} = 0$，可得到该动态系统的平衡点为 $(0,0)$ $(1,0)$ $(0,1)$ $(1,1)$，分别代表着（不采取努力提升运营水平，不采取努力提升运营水平）（努力提升运营水平，不采取努力提升运营水平）（不采取努力提升运营水平，努力提升运营水平）（努力提升运营水平，努力提升运营水平）。且当 $0 < \dfrac{\alpha_a V_a - C_a}{\pi_a - V_a(\alpha^* - \alpha_a)} < 1$，$0 < \dfrac{\beta_b V_b - C_b}{\pi_b - V_b(\beta^* - \beta_b)} < 1$ 时，$\left(\dfrac{\beta_b V_b - C_b}{\pi_b - V_b(\beta^* - \beta_b)}, \dfrac{\alpha_a V_a - C_a}{\pi_a - V_a(\alpha^* - \alpha_a)}\right)$ 也是系统的一个平衡点，它们分别对应着一个演化博弈均衡。

假设 $\dfrac{\mathrm{d}p}{\mathrm{d}t} = F(A)$，$\dfrac{\mathrm{d}q}{\mathrm{d}t} = F(B)$，使用雅克比矩阵，研究上述动态系统均衡点的稳定性。雅克比矩阵为：

$$J = \begin{bmatrix} \dfrac{\alpha F(A)}{\alpha p} & \dfrac{\alpha F(A)}{\alpha q} \\[3mm] \dfrac{\alpha F(B)}{\alpha p} & \dfrac{\alpha F(B)}{\alpha q} \end{bmatrix} \qquad (6.43)$$

$$\frac{\alpha F(A)}{\alpha p} = (1 - 2p)\{\alpha_a V_a - C_a + q[V_a(\alpha^* - \alpha_a) - \pi_a]\} \quad (6.44)$$

$$\frac{\alpha F(B)}{\alpha q} = (1 - 2q)\{\beta_b V_b - C_b + p[V_b(\beta^* - \beta_b) - \pi_b]\} \quad (6.45)$$

$$\frac{\alpha F(A)}{\alpha q} = p(1 - p)[V_a(\alpha^* - \alpha_a) - \pi_a] \quad (6.46)$$

$$\frac{\alpha F(B)}{\alpha p} = q(1 - q)[V_b(\beta^* - \beta_b) - \pi_b] \quad (6.47)$$

雅克比矩阵 J 的行列式：

$$\det J = \frac{\alpha F(A)}{\alpha p}\frac{\alpha F(B)}{\alpha q} - \frac{\alpha F(A)}{\alpha q}\frac{\alpha F(B)}{\alpha p} \quad (6.48)$$

雅克比矩阵 J 的迹：

$$\mathrm{tr}J = \frac{\alpha F(B)}{\alpha q} + \frac{\alpha F(A)}{\alpha p} \quad (6.49)$$

由此可得系统平衡点处的雅克比矩阵 J 的行列式和迹如表 6 – 11 所示。

表 6 – 11　　　　　　　　　　系统平衡点

平衡点	$\det J$	$\mathrm{tr}J$
(0, 0)	$(\alpha_a V_a - C_a) \times (\beta_b V_b - C_b)$	$(\alpha_a V_a - C_a) + (\beta_b V_b - C_b)$
(1, 0)	$-(\alpha_a V_a - C_a) \times (\beta^* V_b - C_b - \pi_b)$	$-(\alpha_a V_a - C_a) + (\beta^* V_b - C_b - \pi_b)$
(0, 1)	$(\alpha^* V_a - \pi_a - C_a) \times (C_b - \beta_b V_b)$	$(\alpha^* V_a - \pi_a - C_a) + (C_b - \beta_b V_b)$
(1, 1)	$(\alpha^* V_a - \pi_a - C_a) \times (\beta^* V_b - C_b - \pi_b)$	$(\pi_a + C_a - \alpha^* V_a) + (C_b + \pi_b + \beta^* V_b)$

根据均衡点稳定性检验方法，分别将模型的 5 个均衡点代入，分析其稳定性。

情况一：当 $0 < \alpha_a < \frac{C_a}{V_a}$，$\alpha_a < \alpha^* < \frac{\pi_a + C_a - V_a}{V_a}$，$0 < \beta_b < \frac{C_b}{V_b}$，$\beta_b < \beta^* < \frac{C_b + \pi_b - V_b}{V_b}$ 时，无论是政府和社会资本共同努力提升运营水平还是单独一方努力提升运营水平，努力提升运营水平带来的收益增额都比较小。如表 6 – 12 所示，（0，0）是稳定点，即政府和社会资本在此时都不采取努力提升运营水平的策略为演化稳定策略。

表 6 – 12 　　　　　　　　　　　　情况一的 ESS 点分析

平衡点	det$J$ 符号	tr$J$ 符号	稳定性
(0, 0)	+	−	ESS
(1, 0)	−	不确定	鞍点
(0, 1)	−	不确定	鞍点
(1, 1)	+	+	不稳定

情况二：当 $0 < \alpha_a < \dfrac{C_a}{V_a}$，$\alpha_a < \alpha^* < \dfrac{\pi_a + C_a}{V_a}$，$0 < \beta_b < \dfrac{C_b}{V_b}$，$\beta_b < \beta^* <$ $\dfrac{C_b + \pi_b}{V_b}$ 时，政府努力提升运营水平所带来的收益大于投入的成本，社会资本努力提升运营水平带来的收益小于投入的成本，此时社会资本不会选择努力提升运营水平的策略。如表 6 – 13 所示，（1，0）为稳定点，即政府采取努力提升运营水平的策略，社会资本不采取努力提升运营水平的策略为演化稳定策略。

表 6 – 13 　　　　　　　　　　　　情况二的 ESS 点分析

平衡点	det$J$ 符号	tr$J$ 符号	稳定性
(0, 0)	−	不确定	鞍点
(1, 0)	+	−	ESS
(0, 1)	−	不确定	鞍点
(1, 1)	+	+	不稳定

情况三：当 $\alpha_a < \dfrac{C_a}{V_a}$，$\alpha_a < \alpha^* < \dfrac{\pi_a + C_a}{V_a}$，$\dfrac{C_b}{V_b} < \beta_b < \beta^* < \dfrac{C_b + \pi_b}{V_b}$ 时，社会资本努力提升运营水平所带来的收益大于投入的成本，政府努力提升运营水平带来的收益小于投入的成本，此时政府不会选择努力提升运营水平的策略。如表 6 – 14 所示，（0，1）为稳定点，即政府不采取努力提升运营水平的策略，社会资本采取努力提升运营水平的策略为演化稳定策略。

表 6 – 14　　　　　　　　　　　　　情况三的 ESS 点分析

平衡点	detJ 符号	trJ 符号	稳定性
(0, 0)	–	不确定	鞍点
(1, 0)	–	不确定	鞍点
(0, 1)	+	–	ESS
(1, 1)	+	+	不稳定

情况四：当 $\dfrac{C_a}{V_a} < \alpha_a < \alpha^*$，$\alpha^* > \dfrac{\pi_a + C_a}{V_a}$，$\dfrac{C_b}{V_b} < \beta_b < \beta^*$，$\beta^* > \dfrac{C_b + \pi_b}{V_b}$ 时，政府和社会资本努力提升运营水平获得的收益较高，且都高于自己不努力提升运营水平，从对方努力提升运营水平的收益中"搭便车"获得的收益。如表 6 – 15 所示，（1，1）是稳定点，即政府和社会资本都采取努力提升运营水平的策略为演化稳定策略。

表 6 – 15　　　　　　　　　　　　　情况四的 ESS 点分析

平衡点	detJ 符号	trJ 符号	稳定性
(0, 0)	+	+	不稳定
(1, 0)	–	不确定	鞍点
(0, 1)	–	不确定	鞍点
(1, 1)	+	–	ESS

情况五：当 $\dfrac{C_a}{V_a} < \alpha_a < \alpha^* < \dfrac{\pi_a + C_a}{V_a}$，$\dfrac{C_b}{V_b} < \beta_b < \beta^* < \dfrac{C_b + \pi_b}{V_b}$ 时，政府和社会资本努力提升经营水平所带来的收益高于投入的成本，但小于他们"搭便车"获得的收益。如表 6 – 16 所示，（1，0）（0，1）是稳定点，即政府采取努力提升运营水平的策略，社会资本不采取努力提升运营水平的策略或者政府不采取努力提升运营水平的策略，社会资本采取努力提升运营水平的策略是系统的演化稳定策略，但具体路径是未知的。

表 6 – 16　　　　　　　　　　　　情况五的 ESS 点分析

平衡点	det$J$ 符号	tr$J$ 符号	稳定性
$(0, 0)$	+	+	不稳定
$(1, 0)$	+	–	ESS
$(0, 1)$	+	–	ESS
$(1, 1)$	+	+	不稳定
$\dfrac{\beta_b V_b - C_b}{\pi_b - V_b\,(\beta^* - \beta_b)}$,　$\dfrac{\alpha_a V_a - C_a}{\pi_a - V_a\,(\alpha^* - \alpha_a)}$		0	中心点

2. 引入奖惩机制的收益分配模型

假如政府在努力提升运营水平的情况下引入奖惩机制。当社会资本努力提升运营水平达到合同的约定，而且还在社会效益和使用者付费中超出了政府的预期水平，政府应当给予奖励 R。政府采取激励约束措施，发现社会资本的机会主义行为，对社会资本机会主义行为处以惩罚 M。此时，政府与社会资本的演化博弈收益矩阵如图 6 – 17 所示。

政府（A）	社会资本（B）	
	努力提升运营水平（q）	不努力提升运营水平（$1-q$）
努力提升运营水平（p）	$(1+\alpha^*)V_a - C_a - R,$ $(1+\beta^*)V_b - C_b + R$	$(1+\alpha_a)V_a - C_a + M, \pi_b + V_b - M$
不努力提升运营水平（$1-p$）	$\pi_a + V_a, (1+\beta_b)V_b - C_b$	V_a, V_b

图 6 – 17　奖惩机制下政府部门与社会资本方的演化博弈收益矩阵

同理可得到政府和社会资本的平均期望收益，并由此得到动态系统和平衡点，过程同上，此处不再赘述，对平衡点的稳定性进行分析，当 $\dfrac{C_a - M}{V_a} < \alpha_a$，$\alpha^* > \dfrac{\pi_a + C_a + R}{V_a}$，$\dfrac{C_b}{V_b} < \beta_b$，$\beta^* > \dfrac{C_b + \pi_b - R - M}{V_b}$ 时，如表 6 – 17 所示，$(0, 0)$ 是不稳定点，$(0, 1)$ 和 $(1, 0)$ 是鞍点，$(1, 1)$ 是唯一的 ESS。这表明，此时政府和社会资本都不存在"免费搭便车"行为。引入奖惩机制后，当惩罚的金额大于"免费搭便车"获得的收益，即 $M > \pi_b$，"免费搭便车"行为变得无利可图，社会资本便会减少"免费搭便车"

的概率，而采取努力提升运营水平的策略，政府会给予奖励 R，必然会使得社会资本倾向于努力提升运营水平。

表 6 – 17　　　　　　　　引入奖惩机制的 ESS 点分析

平衡点	det$J$ 符号	tr$J$ 符号	稳定性
$(0, 0)$	+	+	不稳定
$(1, 0)$	−	不确定	鞍点
$(0, 1)$	−	不确定	鞍点
$(1, 1)$	+	−	ESS
$\dfrac{C_b - \beta_b V_b}{V_b\left(\beta^* - \beta_b\right) - \pi_b + R + M},\ \dfrac{C_a - \alpha_a V_a - M}{V_a\left(\alpha^* - \alpha_a\right) - \pi_a - R - M}$		0	中心点

6.2.3　城市轨道交通 PPP 项目演化仿真分析

为了更好地探究政府和社会资本的合作策略，使用 MATLAB，对未引入奖惩机制和引入奖惩机制的模型进行演化仿真，通过对具体参数赋值，比较双方策略演化过程以及演化稳定策略 ESS。参数包括：采购阶段预测的政府和社会资本可获得的收益 V_a、V_b，提升运营水平投入的成本 C_a、C_b，只有一方采取努力提升运营水平时另一方通过"搭便车"得到的收益 π_a、π_b，收益增加比率 α_a、β_b、α^*、β^*，政府对社会资本给予的奖励 R，对社会资本机会主义行为处以惩罚 M。进一步探索收益增加比率、奖惩额对双方策略的影响。仿真结果图中的横轴 p 表示政府采取努力提升运营水平的策略概率，纵轴 q 表示社会资本采取努力提升运营水平的概率。

1. 未引入奖惩机制的演化仿真分析

（1）情形一。假定采购阶段预测的政府和社会资本可获得的收益分别为：$V_a = 400$、$V_b = 600$。提升运营水平投入的成本分别为：$C_a = 40$、$C_b = 100$。"搭便车"得到的收益分别为：$\pi_a = 100$、$\pi_b = 120$。收益增加比率分别为：$\alpha_a = 0.05$、$\beta_b = 0.1$、$\alpha^* = 0.2$、$\beta^* = 0.3$。模拟仿真结果如图 6 – 18 所示。

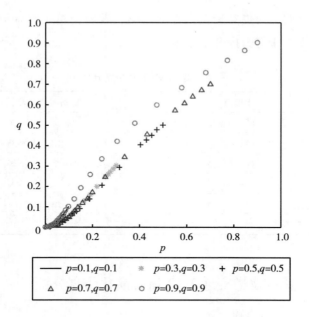

图 6 - 18　情形一演化仿真轨迹

在 p 和 q 同时取 0.1、0.3、0.5、0.7、0.9 五个不同的初始值时，系统只存在唯一稳定点（0，0），此时，政府和社会资本都不选择努力提升运营水平，该结果与上述情况一结果一致。

（2）情形二。假定采购阶段预测的政府和社会资本可获得的收益分别为：$V_a = 400$、$V_b = 600$。提升运营水平投入的成本分别为：$C_a = 40$、$C_b = 100$。"搭便车"得到的收益分别为：$\pi_a = 100$、$\pi_b = 120$。收益增加比率分别为：$\alpha_a = 0.2$、$\beta_b = 0.25$、$\alpha^* = 0.7$、$\beta^* = 0.3$。模拟仿真结果如图 6 - 19 所示。

在 p 和 q 同时取 0.1、0.3、0.5、0.7、0.9 五个不同的初始值时，系统只存在唯一稳定点（1，0），此时，政府选择努力提升运营水平，社会资本不选择努力提升运营水平，该结果与情况二结果一致。

（3）情形三。假定采购阶段预测的政府和社会资本可获得的收益分别为：$V_a = 400$、$V_b = 600$。提升运营水平投入的成本分别为：$C_a = 40$、$C_b = 100$。"搭便车"得到的收益分别为：$\pi_a = 100$、$\pi_b = 120$。收益增加比率分别为：$\alpha_a = 0.2$、$\beta_b = 0.25$、$\alpha^* = 0.3$、$\beta^* = 0.7$。模拟仿真结果如图 6 - 20 所示。

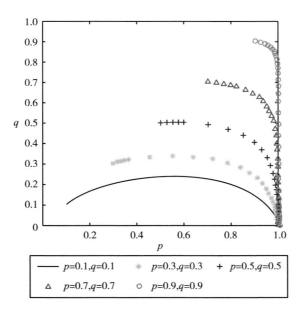

图 6 - 19　情形二演化仿真轨迹

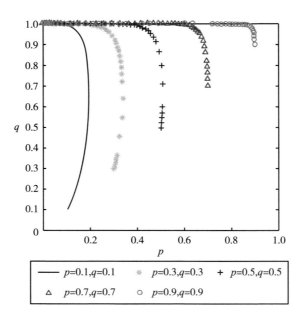

图 6 - 20　情形三演化仿真轨迹

在 p 和 q 同时取 0.1、0.3、0.5、0.7、0.9 五种不同的初始值时，系统只存在唯一稳定点（0，1），此时，政府不选择努力提升运营水平，社会资本选择努力提升运营水平，该结果与情况三结果一致。

（4）情形四。假定采购阶段预测的政府和社会资本可获得的收益分别为：$V_a = 400$、$V_b = 600$。提升运营水平投入的成本分别为：$C_a = 40$、$C_b = 100$。"搭便车"得到的收益分别为：$\pi_a = 100$、$\pi_b = 120$。收益增加比率分别为：$\alpha_a = 0.2$、$\beta_b = 0.25$、$\alpha^* = 0.5$、$\beta^* = 0.5$。模拟仿真结果如图 $6-21$ 所示。

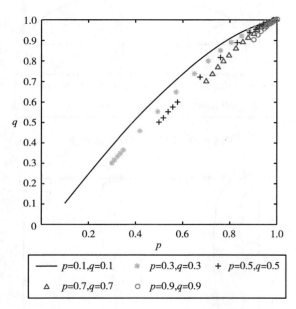

图 6 – 21   情形四演化仿真轨迹

在 p 和 q 同时取 0.1、0.3、0.5、0.7、0.9 五种不同的初始值时，系统只存在唯一稳定点（1，1），此时，政府和社会资本都选择努力提升运营水平，该结果与情况四结果一致。

2. 引入奖惩机制的演化仿真分析

在情形二的情况下，政府和社会资本的演化均衡策略为（1，0），即政府采取努力提升运营水平的策略，社会资本不采取努力提升运营水平的策略。此时，政府想要提高社会资本的积极性，就可以通过加大社会资本消极合作的成本，增加积极合作获得的收益来促成双方达到都努力提升运营水平的策略。因此，在情形二的基础上引入奖惩机制。

假定采购阶段预测的政府和社会资本可获得的收益分别为：$V_a = 400$、$V_b = 600$。提升运营水平投入的成本分别为：$C_a = 40$、$C_b = 100$。"搭便车"得到的收益分别为：$\pi_a = 100$、$\pi_b = 120$。收益增加比率分别为：$\alpha_a = 0.2$、$\beta_b = 0.25$、$\alpha^* = 0.7$、$\beta^* = 0.3$。政府给予奖励 $R = 50$，对社会资本机会主义行为处以惩罚 $M = 50$。模拟仿真结果如图 6 – 22 所示。

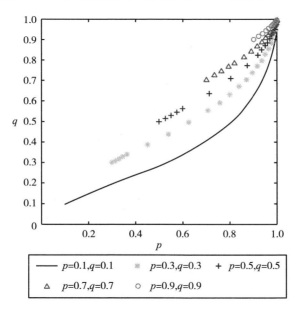

图 6 – 22　引入奖惩机制的演化仿真轨迹

当 p 和 q 同时取 0.1、0.3、0.5、0.7、0.9 五个不同的初始值时，系统只存在唯一稳定点（1，1），此时，政府和社会资本都选择努力提升运营水平。

3. 动态系统参数灵敏度分析及仿真模拟

其他参数赋值不变，只改变收益增加比率、奖励额、惩罚额的赋值，观察收益增加比率、奖励额、惩罚额对双方策略演化过程以及演化稳定策略的影响。在轨道交通 PPP 项目里，政府的奖惩机制主要体现为以奖代补（中央财政）和按效付费（可用性服务费）等。

（1）收益增加比率系数对系统稳定均衡策略的影响。

模型 1 中，假定采购阶段预测的政府和社会资本可获得的收益分别为：$V_a = 400$、$V_b = 600$。提升运营水平投入的成本分别为：$C_a = 40$、$C_b = 100$。"搭便车"得到的收益分别为：$\pi_a = 100$、$\pi_b = 120$。收益增加比率分别为：$\alpha_a = 0.15$、$\beta_b = 0.2$、$\alpha^* = 0.34$、$\beta^* = 0.36$。模拟仿真结果如图 6-23 所示。

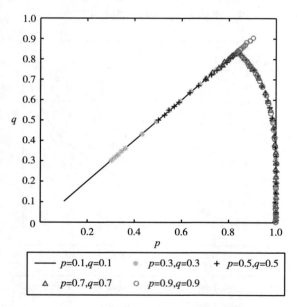

图 6-23　模型 1 演化仿真轨迹

模型 2 中，假定采购阶段预测的政府和社会资本可获得的收益分别为：$V_a = 400$、$V_b = 600$。提升运营水平投入的成本分别为：$C_a = 40$、$C_b = 100$。"搭便车"得到的收益分别为：$\pi_a = 100$、$\pi_b = 120$。收益增加比率分别为：$\alpha_a = 0.15$、$\beta_b = 0.2$、$\alpha^* = 0.36$、$\beta^* = 0.38$。模拟仿真结果如图 6-24 所示。

根据图 6-23 和图 6-24 可以看出，随着 α^* 和 β^* 增加时，系统中的 ESS 从点（1，0）转移到点（1，1），这表明收益增加比率对政府和社会资本的选择有影响。在这个例子中，7/20 是 α^* 的临界值，11/30 是 β^* 的

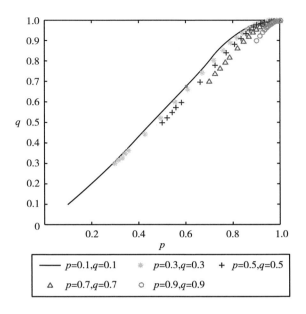

图6-24　模型2演化仿真轨迹

临界值。当 α^* 大于 $7/20$，β^* 大于 $11/30$ 时，随着 α^* 和 β^* 的增加，政府和社会资本会改变策略，逐步选择努力提升运营水平的策略。

（2）奖惩额对系统稳定均衡策略的影响。

模型3中，假定采购阶段预测的政府和社会资本可获得的收益分别为：$V_a = 400$、$V_b = 600$。提升运营水平投入的成本分别为：$C_a = 40$、$C_b = 100$。"搭便车"得到的收益分别为：$\pi_a = 100$、$\pi_b = 120$。收益增加比率分别为：$\alpha_a = 0.2$、$\beta_b = 0.25$、$\alpha^* = 0.7$、$\beta^* = 0.3$。政府给予奖励 $R = 10$，对社会资本机会主义行为处以惩罚 $M = 10$。模拟仿真结果如图6-25所示。

模型4中，假定采购阶段预测的政府和社会资本可获得的收益分别为：$V_a = 400$、$V_b = 600$。提升运营水平投入的成本分别为：$C_a = 40$、$C_b = 100$。"搭便车"得到的收益分别为：$\pi_a = 100$、$\pi_b = 120$。收益增加比率分别为：$\alpha_a = 0.2$、$\beta_b = 0.25$、$\alpha^* = 0.7$、$\beta^* = 0.3$。政府给予奖励 $R = 10$，对社会资本机会主义行为处以惩罚 $M = 40$。模拟仿真结果如图6-26所示。

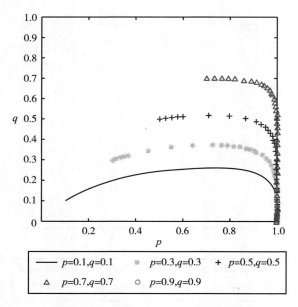

图 6 – 25　模型 3 演化仿真轨迹

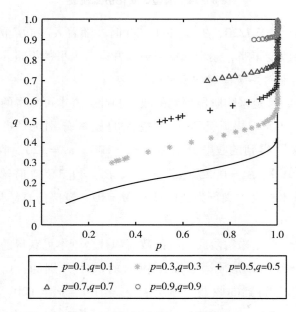

图 6 – 26　模型 4 演化仿真轨迹

模型 5 中，假定采购阶段预测的政府和社会资本可获得的收益分别为：$V_a = 400$、$V_b = 600$。提升运营水平投入的成本分别为：$C_a = 40$、$C_b = 100$。

"搭便车"得到的收益分别为：$\pi_a = 100$、$\pi_b = 120$。收益增加比率分别为：$\alpha_a = 0.2$、$\beta_b = 0.25$、$\alpha^* = 0.7$、$\beta^* = 0.3$。政府给予奖励 $R = 40$，对社会资本机会主义行为处以惩罚 $M = 10$。模拟仿真结果如图 6-27 所示。

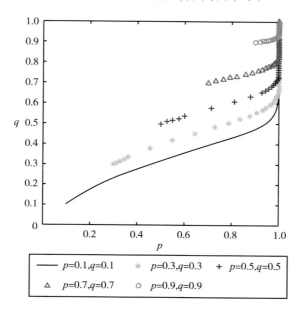

图 6-27　模型 5 演化仿真轨迹

根据图 6-25，即使社会资本在努力提升运营水平这一策略初始选择率为 0.9，但政府给予的奖励仍小于"搭便车"获得的收益与惩罚额度之差，奖惩力度不足，最终社会资本还是不会选择努力提升运营水平的策略。此时，政府惩罚机制对社会资本方的策略没有显著影响，ESS 为点 (1，0)。对比图 6-25 和图 6-26，随着 M 增加，ESS 从点 (1，0) 转移到点 (1，1)，此时政府的惩罚力度加大，使得"搭便车"无利可图，社会资本选择采取努力提升运营水平的策略。对比图 6-25 和图 6-27，当 R 增加时，该系统中的 ESS 从点 (1，0) 转移到点 (1，1)，此时奖励额度加大，社会资本选择努力提升运营水平的策略有利可图，因此，社会资本会采取努力提升运营水平的策略。

根据 Shapley 值和演化博弈模型的演化路径可以得出，想要政府和社会资本的合作达成最优演化稳定策略。首先，政府要确保实施激励政策能够给予社会资本足够的动力；其次，要利用惩罚手段，加大对社会资本投机行为的打击，增加投机行为的成本和代价，从而引导社会资本方积极参与合作。社会资本也要提升管理水平，利用丰富的运营管理经验和人才为项目创造更多的收益，实现项目的合作共赢。公平合理的收益分配策略能够激励政府和社会资本共同努力，使得城市轨道交通 PPP 项目实现整体利益最大化。

第 7 章

社会资本参与 PPP 项目风险分担的行业异质性分析[*]

我国地方政府财政透明程度、政府治理手段有效性和官员晋升激励机制，均影响着社会资本对于和政府合作投资的行为选择，本章根据前文理论基础和已有文献分析社会资本在不同行业参与投资 PPP 项目对财政透明度和官员晋升激励不同敏感度的作用机制。

7.1 理论机制与研究假说

7.1.1 财政透明度对社会资本参与度的影响

1. 财政透明度对社会资本投资 PPP 项目的影响机理

PPP 模式是基于双方主体平等合作的模式，真实、合理、易得的政府财政公开信息作为重要的参考资料能够影响社会资本的行为决策，提升公私双方达成合作的概率。尤其对于不确定性较强、项目风险较大、总投资较大的 PPP 项目，社会资本在参与项目之前会更加看重政府的财政信息公

---

* 基于本章研究内容，笔者撰写学术论文 Influence of Public Credit on Private in Public-Private Partnership Models，即将公开发表于 SSCI 三区期刊 Manayerial And Decision Economics。

开程度，以此来预判自己进入项目的收益成本比的精准性。根据委托—代理理论，政府作为项目委托的一方，保有监督和调控等权利，把基础设施建设和运营的一定权利让渡给社会资本，如特许经营权、土地使用权、共担风险和获得收益的权利，社会资本作为代理的一方，有责任完成委托人委托的任务，通过建设运营公共基础设施取得经济收益。但往往委托人和代理人会存在目标和激励上的偏差，信息不对称会加重这一现象，提高财政透明度，有助于参与主体双方在目标上靠拢。财政透明度对社会资本决策参与 PPP 模式是通过降低信息不对称、减少公共部门腐败行为、提高政策的可预见性几方面来降低不确定性风险进而降低交易成本，通过提升社会公众对政府工作的认可度和信任度提高合作意向偏好。当地政府的财政透明度较低时，社会资本可获得的政府公开信息较少，为获取项目相关信息及财政可持续能力信息而收集、调研所付出的成本会增加交易成本。低的财政信息公开透明度会为某些社会资本产生"暗渠道"，通过寻租进行不公平的市场竞争，进而挤占其他市场主体的竞争渠道，这部分非生产性的成本也会增加交易成本；财政信息公开度低的话，社会资本对在任领导班子的投资动向难以把握，对以往的投资成绩难以衡量，会加大不确定性风险，也会带来交易成本的增加。高的财政信息公开透明度则会降低以上所带来的交易成本，并且财政信息公开度高的政府往往在政策延续性和市场营商环境培育方面有着出色的表现，社会资本从官方渠道看到或感受到的政绩体验会增强对地方政府的认可度和信任度，提升投资者的信心，也更容易产生合作偏好。

2. 财政透明度对社会资本选择参与不同行业的影响差异

社会资本参与所属不同行业的 PPP 项目对财政透明度影响其参与决策的敏感度不同，PPP 模式所涉及的项目大部分都为公共基础设施，除了项目基本的区别外，最大的属性差别为经济属性和社会属性的强弱。在 PPP 模式所涵盖的 19 个行业中，经济性的行业有交通、能源，社会服务属性强的行业包括生态环保、教育、水利、城市公用设施等。将项目所在行业进行划分的主要依据是此公共设施是否能对当期（或官员任期内）的生产函数产生直接影响，社会服务属性较强的公共设施则对当期的经济增长无直接的贡献。从地方政府竞争的角度而言，经济属性强的公共设施可显著提升当地的资本竞争力。投资经济性强而社会服务性弱的行业对财政透明度有着较低的要求；投资经济性弱而社会服务性强的行业则有较高的要求，以下进行具体的分析。

（1）财政透明度对社会资本参与经济属性行业 PPP 项目的影响。对于公共基础设施来说，处于经济性强的行业中的 PPP 项目，投资会得到高的经济收益，社会资本为了获得高的经济收益相对可以接受较高的投资不确定风险和交易成本，从而对影响风险和交易成本的因素要求降低。因此，社会资本在做出 PPP 项目的投资决策时，对财政透明度依赖度较小。

（2）财政透明度对社会资本参与社会属性行业 PPP 项目的影响。社会外部性强的基础设施行业，通常经济收益低，此时，社会资本参与项目投资的话，会谨慎计算收益和成本，不愿意承担过多的不确定性风险，会着重关注增加交易成本的各种可能。此时，财政透明度强弱的这一因素占社会资本投资决策的权重就较大。根据以上分析得出以下的假设。

假设 7.1a：财政透明度对社会资本参与经济属性强的 PPP 行业影响不显著。

假设 7.1b：财政透明度对社会资本参与社会属性强的 PPP 行业影响显著。

7.1.2　官员晋升激励对社会资本参与度的影响

1. 官员竞争激励对社会资本投资 PPP 项目的影响机理

我国以行政区域划分和辖区内官员的激励模式促进了各地区的经济发展，基建是经济发展的重要力量，而投资则是"三驾马车"中的一员，是地方政府官员在任期内最易施加影响的方式，所以，官员晋升激励对促成PPP 项目有一定的影响。虽然我国现在已经由经济高速发展的目标转变为经济高质量发展，一些上级政府在对下级政府发展水平进行评估时，将与民生质量相关和居民生活幸福感密切相关的指标，如居住环境水平、生活便利度、社区医疗教育配套资源等和经济增长率一起纳入评价体系中。但是，对于大部分经济欠发达地区，投资驱动经济发展推动产能优化升级仍是地方政府最关注的事情。因此，对于官员来说，在任期内需要提高在任地区的经济发展水平以完成招商引资工作任务，以及在同级别其他地区政府官员的相对绩效中处于前列，向上级政府释放自己的能力信号以获得晋升完成政治目标。所以，有晋升需求的官员更倾向于投资能在自己任期内就完成建设并在运营期能带来明显的经济效益的项目，还倾向于建设能为当地的地区风貌带来直观改变的项目。

官员晋升激励主要是通过影响社会资本对于政策稳定性和延续性的判断、受市场机制约束强弱和释放政府投资偏好的信号，来影响社会资本参与投资不同行业属性的 PPP 项目。一方面，当官员有较强的晋升激励时，会出台各种政策推动经济发展，政策的频繁更新出台就会带来政策的不稳定性，对于投资周期太长的项目来说，会增加不必要的成本和不确定风险，最终都会转移到交易成本上。此外，官员晋升激励较强时，对市场资源的争夺意愿会更强烈，越会受到市场机制的约束，会促使市场竞争更加公平，公平的市场竞争又会反过来降低交易成本，可见，官员晋升激励对社会资本参与项目投资的交易成本影响具有非确定性。另一方面，通过释放想要加速经济增长的"求快"信号，当官员有较强的晋升激励时，想要在存在晋升竞争的他省官员中脱颖而出，会倾向于投资经济性较强的项目以促进地方经济发展。

本书主要考虑省级地方政府官员所面临的晋升激励是基于以下因素。一是通过既有研究综合研判，省级官员相对于地级市官员因经济绩效的提升而获得晋升的概率更大，而市级官员受经济绩效表现的影响不稳健，甚至出现负相关结果。二是各省级政府是连接中央政府和市、县、镇政府的桥梁，在经济发展中扮演着关键角色，从省级层面出发更有助于研究地方经济发展对社会资本选择参与 PPP 模式的影响。三是从本章研究的可行性出发，省级层面的经济数据和官员个人信息数据更具有可及性，且作为地方行政决策的主导公布的数据更具有权威性。

2. 官员晋升激励对社会资本选择参与不同行业的影响差异

（1）官员晋升激励对社会资本参与经济属性行业的影响。当官员的晋升激励很强时，政策的更迭会增加政策的不稳定性，不确定性致使交易成本增加，社会资本会更倾向于参与经济收益回报高的项目以保证获得利润。同时，社会资本接收到政府官员想要加速发展本地经济的信号，此时，社会资本会抓住机会积极参与以往存在行业进入壁垒的公共项目中，且经济性强的公共行业一般就会伴随着高风险，社会资本会产生"搏一搏"的心态与地方政府达成合作，建设PPP项目。

（2）官员晋升激励对社会资本参与社会属性行业的影响。当官员晋升受到的晋升激励较弱时，官员更求稳，对经济发展速度没那么看重，会避开投资风险较大的项目，通常来说，经济回报高的项目存在较大的投资风险，此时社会资本如想要参与这类型行业会面临进入壁垒，投资参与度自然不高。而社会属性强的行业投资风险小、回报周期长，官员会偏爱于这类型的行业，相对降低社会资本参与的门槛；且扶持政策更新频率低，不确定的风险小，会吸引社会资本投资这类收益存在滞后性和周期长的项目。根据以上分析得出以下的假设。

假设7.2a：官员晋升激励对社会资本参与经济属性强PPP项目影响显著。

假设7.2b：官员晋升激励对社会资本参与社会属性强PPP项目影响不显著。

7.1.3 财政透明度和官员晋升激励对社会资本参与度的交互影响

财政信息公开透明是社会资本参与PPP项目运作的基本条件，是一种客观的约束，官员晋升激励的作用主要是驱动和引导。二者不仅分别对社会资本参与不同行业的 PPP 项目产生影响，而且之间还存在着交互作用。

在市场机制下，政府需要像市场内的其他主体一样，有责任向合作伙伴或财务信息使用者提供全面、准确的财务信息，以获得融资的机会和为参与的另一方降低交易成本，而官员的晋升激励制度使得官员为获得晋升机会而全力发展本地的经济。也就是说，官员受到强的晋升激励时，会想要加快发展经济，通过抢占市场先机、争夺市场资源，因其经济行为仍受到市场机制的制约，从而会更倾向于提高财政透明度，以求促成公私合作；另一个角度看，政府为了获取市场资源，会主动完善披露机制，为社会资本便利获取信息提高渠道，为公私达成合作提供有利的现实条件。随着官员晋升激励的减弱，官员求稳的心态占据主要位置，因此，市场机制对财政信息公开透明的需求难以促使地方政府主动配合社会资本的要求，即晋升激励不足时，官员的晋升激励对地方政府主动加大财政透明度的驱动作用较弱。

还可能存在的一种情况是，当晋升激励很强时，地方官员在保证当前社会效益稳定的前提下，会更加关注和偏向于支持地方社会资本参与经济性 PPP 项目，其影响程度可能会超过财政透明度对社会资本参与社会性 PPP 项目的影响。因此，当晋升激励很强时，反而抑制了财政透明度的正向作用，从而降低了社会资本参与社会性 PPP 项目投资的总量。根据以上分析，提出以下假设。

假设 7.3a：官员晋升激励强时，财政透明度对社会资本投资经济性 PPP 项目促进作用增强。

假设 7.3b：官员晋升激励强时，财政透明度对社会资本投资社会性 PPP 项目促进作用减弱。

综上分析，财政信息公开作为政府治理的手段，官员晋升激励作为政府治理的机制，PPP 模式是当前地方政府建设公共基础设施项目的有力融资手段，研究前两者各自从不同的路径影响社会资本参与不同行业属性的项目建设的参与程度，影响路径如图 7-1 所示。

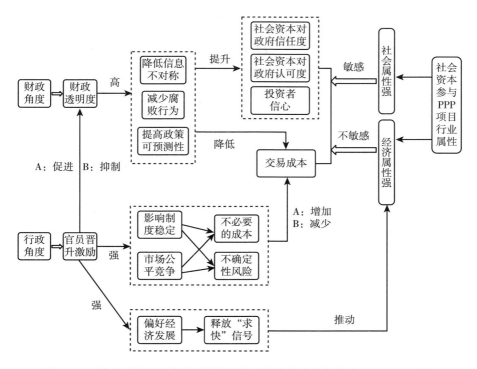

图 7 – 1　财政透明度和官员晋升激励影响社会资本参与投资 PPP 项目路径

7.2　财政透明度影响不同行业社会资本参与度的实证研究

7.2.1　变量选取与数据说明

1. PPP 项目投资额相关数据

本书选取 2014 ~ 2020 年期间，财政部 PPP 项目管理库公开信息平台公布的项目投资额及投资结构数据共 9970 条，由于西藏数据面临缺失故而舍去，获得 30 个省份的数据。且只有处于合同执行及以后阶段的项目涉及社会资本出资额，2019 年和 2020 年发起的项目大部分还没有进入执行阶段。交通和能源类行业被学术界普遍界定为经济性的基础设施，本书也以这两个行业作为经济性基础设施的主要变量；社会性基础设施即为除二者以外的其余行业，有些行业则因数据过少不具有代表意义，如农林业、养老和社会保障业等，其项目投资总额仅占管理库在库项目总投资额的2.5%。在参考学者研究的基础上，本书分行业进行回归，最终选取2014～2018年城镇综合开发、教育、生态建设与环境保护、水利建设、市政工程、交通运输和能源行业作为代表性变量进行分析。

社会资本对PPP项目的参与意愿用如下方式衡量，当社会资本判断存在预期净收益时，就会选择参与合作PPP项目，否则不会参与合作。因此，社会资本对PPP项目进行投资与否可代表是否有预期净收益，即进行投资则为有参与意愿；不进行投资为无参与意愿。

根据已有学者的研究，度量社会资本参与PPP项目投资总量有两种方法：绝对数和相对数投资额。绝对数是指社会资本在PPP项目的出资总额，相对数是指社会资本出资额占总投资额的比例。由于PPP项目涉及种类和行业多而广泛，不同项目之间投资额规模差异较大，为了有效度量各省份PPP项目中社会资本在其中的投资情况，本书采用相对数来衡量，即用社会资本投资额与项目总投资额的比重作为被解释变量（I），该比值越大，则说明社会资本在其中的参与程度越高。

2. 财政透明度

核心解释变量为各省级的财政透明度（FT），参考王卓君和郭雪萌（2018）的研究，使用上海财经大学公开发布的《中国财政透明度报告》中的财政透明度指数来衡量，满分情况指数为100，该指数越高，代表该地区的财政信息公开水平越高。

3. 控制变量

（1）经济发展水平。一个地区稳定的宏观经济环境能减少投资者的不确定性风险，提高投资者的投资预期，PPP项目总体上投资规模大、回报周期长，故稳定的经济环境是社会资本选择参与投资的重要考量因素。为了消除异方差，将各省份每年的人均地区生产总值取对数来代表地区经济发展水平。

（2）金融支持。一个地区金融机构的贷款余额可代表本地区金融支持程度。参考张启明（2021）的研究，使用各省份当年金融机构的贷款余额与本地区生产总值的比值来衡量，记为 *FinS*，该值越大，说明该地区的货币化程度越高，金融深化水平越高。

（3）财政状况。用本地区的财政收支水平来衡量财政状况，良好的财政收支情况代表当地政府具有较强的自主性，对转移支付的依赖度低，这会给投资者带来乐观的前景预期，提高投资者与政府合作投资的愿望。参考王卓君和郭雪萌（2018）的研究，用一般公共预算收入与一般公共预算支出的比值取百分数来衡量财政状况，记为 *FRE*。该指标比直接使用预算内财政收入或预算内财政支出更能反映出地区之间的财政自主能力差异性，该值越大，说明该地区的财政压力越小，财政状况越乐观。

地方财政的第二大收入是政府性基金预算收入，主要是国有土地的使用权出让收入，土地财政为地方政府带来了相当一部分的资金收入，在基础设施融资方面发挥了重要的作用。然而，地方政府对土地财政的过度依赖带来了许多社会问题，房地产价格的连年上涨和加剧的地方债务风险，都说明过去的土地财政模式不可持续，地方政府急需新的融资模式来支持基础设施的建设，本书用政府性基金预算收入和支出的比值来衡量地方政府对土地财政的依赖程度，记为 *GFRE*。该值越大，说明地方政府对土地财政的依赖程度越大，越需要新的融资模式。

（4）城镇化水平。城镇化是一个地区经济发展的重要指标，它反映了城市的人口集聚程度，城镇化水平对社会组织的参与和管理有很大的影响，用地区城镇常住人口与总人口的比值取百分数来衡量，记为 *Urban*。一般来说，城镇化率低的地区对公共基础设施项目有更高的需求，需要投入更多的财政资金来促进本地区的经济发展，向高城镇化水平推进，意味着社会资本可获得更多的机会参与公共项目建设。

控制变量的数据来源于中国知网、历年中国统计年鉴、国家统计局、Wind 数据库。

4. 描述性统计

相关变量的描述性统计如表 7－1、表 7－2 所示。

表 7 - 1 数值型变量描述性统计

变量	变量名	定义	观测值	均值	标准差	最小值	最大值
被解释变量	y_{it}	社会资本有参与投资意愿 = 1 社会资本无参与投资意愿 = 0	120	0.617	0.290	0	1
	I	参与度 = 社会资本在 PPP 项目中投资/PPP 项目总投资额	120	0.198	0.116	0	0.911
核心解释变量	FT	财政透明度	150	42.85	14.12	15.36	70.01
控制变量	$\ln PerGDP$	地区人均地区生产总值的对数	150	10.88	0.400	10.15	11.85
	$FinS$	金融深化水平 = 金融机构贷余额/地区生产总值	150	1.432	0.408	0.769	2.544
	FRE	财政状况 = 一般公共预算收入/一般公共预算支出	150	0.527	0.191	0.157	1.156
	$GFRE$	对土地依赖程度 = 政府性基金预算收入/政府性基金预算支出	120	0.936	0.134	0.575	1.451
	$Urban$	城镇化水平 = 地区城镇常住人口/总人口	150	0.576	0.126	0.258	0.896

表 7 - 2 行业分类变量（投资额占比）描述性统计

行业	观测值	平均数	标准误	最小值	最大值
全样本	3124	0.198	0.116	0	0.911
市政工程	1566	0.204	0.133	0	0.840
交通运输	547	0.116	0.107	0	0.510
生态建设与环境保护	395	0.136	0.163	0	0.981
城镇综合开发	237	0.0789	0.100	0	0.418
水利建设	172	0.0999	0.137	0	0.900
教育	165	0.0924	0.142	0	0.999
能源	42	0.0651	0.133	0	0.759

7.2.2 模型设定

社会资本做出投资行为的前提是先产生投资意愿，因此有必要先分析影响社会资本参与不同行业 PPP 项目意愿的因素，再进一步分析这些因素对社会资本最终选择参与 PPP 项目合作投资总量的影响程度。

1. 社会资本参与各行业 PPP 项目意愿因素分析

为了验证假设 7.1a 和 7.1b，构建面板二值选择模型，检验财政透明度对社会资本参与 PPP 项目意愿的直接影响。借鉴陈强（2014）构建面板二值模型的方法，选取"潜变量"代表二值选择行为的净收益。当社会资本判断预期净收益大于 0 时，将会选择参加 PPP 项目；当社会资本判断预期净收益小于或等于 0 时，则不会参与合作。在本章所用的模型中，社会资本对项目的投资额可代表是否有预期净收益，进行如下表示。

使用虚拟变量来表示被解释变量预期净收益（y_{it}^*），二值选择模型的具体规律是当社会资本参与 PPP 项目，预期净收益（实际投资额表示）表示如下：

$$\begin{cases} y_{it}^* > 0, y_{it} = 1 \text{（参与投资）} \\ y_{it}^* < = 0, y_{it} = 0 \text{（不参与投资）} \end{cases}$$

$$y_{it}^* = x_{it}^* \beta + \epsilon_{it} (i = 1,2,3,\cdots,n; t = 1,2,1,\cdots,T) \tag{7.1}$$

假设当 ϵ_{it} 服从标准逻辑分布时，二值选择模型就为 Logit 模型，表示如下：

$$p(y_{it} = 1 | x_{it}, \beta) = \Lambda(u_i + x_{it}'\beta) = \frac{e^{u_i + x_{it}'\beta}}{1 + e^{u_i + x_{it}'\beta}} \tag{7.2}$$

β 代表解释变量的向量，模型表示为：

$$X_{it}' = \alpha + \beta_1 \ln FT_{it} + \beta_2 \ln PerGDP_{it} + \beta_3 FinS_{it} + \beta_4 FRE_{it} + \beta_5 GFRE_{it} + \beta_6 Urban_{it} \tag{7.3}$$

运用以上模型分析财政透明度对社会资本参与 PPP 项目合作投资意愿的直接影响。解释变量 FT_{it} 代表 i 地区在第 t 年的财政透明度，预期高的财政透明度会对社会资本选择社会服务属性强的 PPP 项目进行投资的意愿产生正影响。控制变量主要选取地区经济基本面和人口基本面的指标：经济方面选用地区人均地区生产总值、金融支持水平、财政状况，在以上指标中，预期会正向影响社会资本加大投资 PPP 项目；人口方面选用城镇化水平，人口的增多为基础设施供给提出了更多的需求，低的城镇化水平会促使社会资本参与投资 PPP 项目，因此，预计会负向促进社会资本加大 PPP项目的投资。

2. 社会资本参与各行业 PPP 项目投资额因素分析

基于以上分析，构建如下面板回归模型：

$$I_{it} = \alpha + \beta_1 \ln FT_{it} + \beta_2 \ln PerGDP_{it} + \beta_3 FinS_{it} +$$
$$\beta_4 FRE_{it} + \beta_5 GFRE_{it} + \beta_6 Urban_{it} + \varepsilon_{it} \tag{7.4}$$

其中，I_{it} 是 i 地区在第 t 年社会资本参与投资 PPP 项目的投资总额与项目投资总额的比值，ε_{it} 为随机误差项，解释变量和控制变量与前文一致，预期解释变量和控制变量与被解释变量之间的关系与前文一致。

本书在全样本分析的基础上，重点对不同行业的项目进行分组检验，探究对于社会资本来说，财政透明度对其选择参与不同行业项目进行出资建设的影响程度。

7.2.3　社会资本参与意愿模型检验

根据模型设定，首先采用面板 Logit 模型检验社会资本对不同 PPP 项目参与意愿与财政透明度之间的关系，根据面板随机效应检验结果和 F 检验结果来看，拒绝原假设，面板固定效应和面板随机效应模型不优于混合回归，故选择混合回归进行检验。因财政透明度数据披露存在滞后性，故本书在检验时滞后一年；考虑到社会资本当年选择是否参与 PPP 项目受到上一年的宏观环境影响，为避免内生性，将金融支持、城镇化率、人均地区生产总值控制变量也做滞后一期处理。回归结果如表 7 - 3所示。

表 7 – 3 社会资本参与不同行业 PPP 项目意愿度实证结果

变量	(1) 全样本	(2) 城镇综合开发	(3) 教育	(4) 生态建设与环境保护	(5) 水利建设	(6) 市政工程	(7) 交通运输	(8) 能源
	社会性						经济性	
L. ln*FT*	1.283 * (1.82)	0.540 (0.73)	1.473 ** (2.07)	0.342 * (1.04)	0.567 * (1.60)	0.767 (0.72)	0.473 (0.62)	1.057 (0.75)
L. *FinS*	2.306 ** (2.50)	3.531 *** (4.06)	1.679 ** (2.08)	1.483 ** (2.45)	1.160 (1.86)	1.636 ** (2.18)	2.244 *** (3.21)	2.360 ** (2.51)
FRE	2.906 (0.77)	1.181 (0.57)	4.044 ** (1.98)	1.065 (0.59)	6.207 *** (3.19)	2.291 (0.80)	5.547 ** (2.54)	4.443 ** (2.13)
GFRE	6.818 ** (1.99)	5.274 ** (2.40)	3.811 * (1.79)	3.909 ** (2.11)	0.442 * (0.96)	4.533 * (1.73)	− 0.198 (− 0.11)	0.512 (0.22)
L. *Urban*	− 0.204 (− 0.04)	− 8.415 *** (− 2.59)	− 15.190 *** (− 3.37)	− 6.927 ** (− 2.11)	− 8.542 *** (− 2.72)	− 2.072 (− 0.48)	− 4.391 (− 1.45)	− 10.003 *** (− 3.12)
L. ln*PerGDP*	− 3.221 (− 1.52)	1.604 (1.42)	1.231 (0.95)	1.101 (1.03)	− 0.353 (− 0.34)	− 2.008 (− 1.23)	− 2.519 ** (− 2.10)	2.170 * (1.76)
N	120	120	120	120	120	120	120	120

注：* 、** 、*** 分别代表在 10% 、5% 、1% 的水平下显著。括号里为标准误。

从表 7 – 3 中得到的回归结果可以看出，财政透明度的回归系数均为正。列（1）是对全样本数据进行回归，财政透明度的回归系数显著为正，说明财政透明度的提升会促使社会资本投资 PPP 项目的整体意愿增加。分行业来看，教育、生态建设与环境保护、水利建设这些社会民生类行业至少通过了 10% 的显著性水平检验，呈现当财政透明度增大时，社会资本的投资意愿会增强。假设 7.1b 得到验证。其中，社会资本对教育类的公共项目的投资意愿对财政透明度变化的敏感度是最高的，这可能是因为，教育的社会效益正外部性更高，社会资本选择参与投资需要得到更全面真实的公开信息以减小投资带来的不确定性风险。值得注意的是，社会资本对生态建设与环境保护类项目的投资意愿对财政透明度敏感度虽然最低，但是，其对项目的投资意愿随着财政透明度的提高而增加，说明各地落实了保护生态环境的方针政策。而财政透明度对能源和交通运输业的影响不显著，根据前文的分析，由于其经济属性强，所以对财政透明度的要求不高，回归结果不显著，假设7.1a得到验证。

加入金融支持、财政状况、城镇化水平和人均地区生产总值控制变量，除了人均地区生产总值变量，其余变量整体上显著。具体来看，金融支持水平代表了社会资本在金融机构获得贷款的难易程度，融资渠道的畅通有助于社会资本广泛参与PPP项目的投资。衡量财政状况的子指标一般公共预算收支的回归系数为正，除了城镇综合开发、生态建设与环境保护、市政工程行业外均显著，可能由于此类公共项目作为地区的"刚需"，领域内上新项目的决策对财政支持因素敏感性偏低；而其余行业可能受到发起项目所需进行的财政承受能力评价的影响，财政状况越好、支付能力越强的地方政府可发起的PPP项目越多，社会资本的参与意愿也越高。政府性基金预算收支对社会性的公共项目显著为正，说明越依赖土地财政的地方政府建设社会性的公共基础设施越需要引进新的融资模式，倾向于大力引导社会资本参与PPP项目的投资。城镇化水平的回归系数对以上大部分行业均显著为负。这由于城镇化率的高低对可反映城镇常住人口对基础设施的需求规模，城镇化水平低的地区则需要更多的政府努力来提升地区的基础设施建设水平，这给社会资本提供了参与投资的机会，社会资本参与PPP模式的意愿随之提高。

7.2.4　社会资本参与投资额占比检验

进一步采用固定效应模型检验财政透明度对社会资本参与不同类型行业投资额的影响。在进行实证检验之前，对数据进行预先分析，根据Stata运行结果可知：数据平稳，最大的VIF值为3.47，即通过了多重共线性检验。使用Hausman检验判断采用固定效应模型还是随机效应模型，在5%的显著性水平下拒绝原假设，适合采用固定效应模型，为了避免异方差影响，回归时采用聚类稳健标准误，对数据进行回归分析。回归结果如表7-4所示。

表7-4　　　　　　社会资本参与不同行业PPP项目投资额占比实证结果

变量	(1) 全样本	(2) 城镇综合开发	(3) 教育	(4) 生态建设与环境保护	(5) 市政工程	(6) 水利建设	(7) 能源	(8) 交通运输
	社会性行业						经济性行业	
L. lnFT	0.010* (0.36)	0.036* (0.93)	0.058** (1.38)	0.018 (0.48)	-0.009 (-0.25)	0.060* (1.37)	0.073* (1.77)	-0.027 (-0.58)
L. $FinS$	-0.193 (-1.64)	-0.120 (-0.92)	0.229*** (2.98)	0.161 (1.49)	-0.145 (-0.99)	0.074 (0.55)	0.055 (0.60)	-0.182* (-1.89)
FRE	0.010 (0.12)	0.005 (0.06)	0.122* (1.74)	0.236* (1.02)	0.016 (0.12)	0.182* (1.77)	-0.082 (-0.72)	0.139*** (3.06)
$GFRE$	0.181* (1.59)	0.015 (0.26)	0.098* (1.74)	0.174* (1.41)	0.218** (2.13)	0.103 (0.60)	0.076 (0.96)	-0.043 (-0.42)
L. $Urban$	1.173 (0.57)	-0.699 (-0.37)	-2.854** (-2.73)	-3.489* (-1.52)	-1.070 (-0.92)	-0.892 (-0.61)	-0.447 (-0.36)	-0.444* (-1.29)
L. ln$PerGDP$	-0.199 (-0.49)	-0.059 (-0.24)	0.032 (0.23)	0.127 (0.33)	-0.002 (-0.01)	-0.202 (-1.09)	-0.069 (-0.51)	-0.402 (-1.27)
N	120	120	120	120	120	120	120	120
R^2	0.189	0.181	0.323	0.256	0.236	0.100	0.235	0.182

注：*、**、*** 分别代表在10%、5%、1%的水平下显著。括号里为标准误。

　　分别对所有项目和行业进行回归，通过显著性水平检验行业的财政透明度系数均为正，这表明，财政透明在促进社会资本参与PPP项目中起到了积极的作用，其中，教育类行业通过了5%的显著性水平检验，回归系数仍是行业里偏高的。社会资本投资额占比检验与投资意愿检验不一致的是生态建设与环境保护和能源类的行业，这可能是因为，各省份对于生态建设与环境保护类的基础设施建设仍在起步阶段，而且市场主体天然对环保设施向周边产业辐射出的成本压力比较敏感，所以，项目投资主体的财政依赖度仍显著高于其他行业；而能源类行业的经济投资回报高，但作为"准入"环节的高壁垒行业，当政府向社会资本开放进入渠道时，实力雄厚的社会资本则会有抢先进入的动机，积极参与项目投资。

　　控制变量的表现和前文参与意愿检验的回归结果大体相一致。整体来看回归结果，财政透明度系数为正，说明对于社会资本选择是否与政府合作建设公共基础项目的影响因素中，财政透明度越大，社会资本选择参与社会服务属性强的公共项目的意愿越大，愿意实际进行投资的金额也越多，也就是说，财政透明度的提升对促进社会资本参与社会服务性强的项目投资起到了正向的推动作用。

7.3 官员晋升激励影响不同行业社会资本参与度的实证研究

7.3.1 变量选取与数据说明

官员的晋升考核主要依据所管辖地区的经济增长绩效，将地区经济增速纳入衡量官员晋升激励框架下，是为了考察长期以来以经济绩效为主要政绩考量的机制是否会对地方政府官员的行为产生作用。据此本章设置变量 $PROM$ 来测度官员晋升激励，用地区生产总值增速变量（$gdps$）衡量，设定其为虚拟变量，将某省份的地区生产总值增速低于或等于同年全国各省份地区生产总值增速的中位数时，记为晋升激励强，取值为 1，高于同年全国各省地区生产总值增速的中位数时，取值为 0。数据来源于择城网、马克数据网、地方统计年鉴。

7.3.2 模型设定

为了验证假设 7.2a 和假设 7.2b，基于以上分析，构建如下面板回归模型：

$$I_{it} = \alpha + \beta_1 PROM_{it} + \beta_2 \ln PerGDP_{it} + \beta_3 FinS_{it} +$$
$$\beta_4 FRE_{it} + \beta_5 GFRE_{it} + \beta_6 Urban_{it} + \varepsilon_{it} \quad (7.5)$$

运用以上模型分析官员晋升激励对社会资本参与 PPP 项目合作投资的影响。I_{it} 为社会资本在项目中的投资额占项目总投资额的比例，解释变量 $PROM_{it}$ 代表 i 地区第 t 年的在任官员面临的晋升激励。预期高的晋升激励会对社会资本参与经济属性强的项目投资产生正影响。同样控制地区金融面、财政状况和人口面的变量，含义与前文一致，ε_{it} 为随机误差项。

7.3.3　实证结果分析

进行估计之前，对数据进行检验，通过了多重共线性检验和 Hausman 检验，VIF < 3.4，Prob > chi2 = 0.0051，选择使用固定效应模型，为避免异方差影响，使用聚类稳健标准误进行回归分析。回归结果如表 7 - 5 所示。

表 7 - 5　　官员晋升激励对社会资本参与不同行业 PPP 项目投资额回归结果

变量	（1）城镇综合开发	（2）教育	（3）生态建设与环境保护	（4）市政工程	（5）水利建设	（6）能源	（7）交通运输
	社会性					经济性	
PROM	- 0. 016 (- 0. 44)	- 0. 153 (- 1. 46)	0. 035 * (0. 81)	0. 121 (1. 33)	- 0. 199 ** (- 2. 42)	0. 096 ** (0. 12)	0. 014 ** (0. 38)
L. FinS	- 0. 064 (- 0. 44)	0. 275 ** (2. 49)	0. 323 ** (1. 79)	- 0. 066 (- 0. 47)	0. 093 (0. 50)	0. 046 (0. 43)	- 0. 136 (- 1. 32)
FRE	0. 010 * (0. 64)	0. 049 * (0. 56)	- 0. 248 (- 1. 02)	0. 021 (0. 14)	0. 167 (1. 33)	- 0. 038 (- 0. 40)	0. 131 *** (3. 21)
GFRE	0. 005 (0. 09)	0. 110 * (1. 65)	0. 162 ** (1. 15)	0. 249 ** (2. 08)	0. 072 (0. 43)	0. 090 ** (1. 02)	- 0. 041 (- 0. 41)
L. Urban	- 0. 955 (- 0. 46)	- 3. 376 *** (- 2. 83)	- 4. 086 ** (- 1. 43)	- 2. 017 ** (- 1. 33)	- 0. 377 * (- 0. 16)	- 1. 047 * (- 0. 71)	- 0. 177 (- 0. 10)
L. lnPerGDP	- 0. 056 (- 0. 19)	0. 058 (0. 31)	0. 297 (0. 58)	0. 173 (0. 62)	- 0. 213 (- 0. 83)	- 0. 076 (- 0. 45)	- 0. 325 (- 0. 95)
N	120	120	120	120	120	120	120
R^2	0. 153	0. 142	0. 150	0. 162	0. 120	0. 094	0. 253

注：*、**、***分别代表在10%、5%、1%的水平下显著。括号里为标准误。

对各个行业分别进行回归，根据回归结果，本地区的地区生产总值增长的晋升激励对社会资本参与 PPP 项目存在推进作用（系数越小，代表激励越大）。在交通运输、能源和水利建设行业尤为显著，表明官员面对高的晋升激励时会推动社会资本参与这些行业的 PPP 项目投资建设，也就是说官员在追求晋升的目标下会倾向于促成此类投资见效快的经济性项目，而对社会民生类的项目热情度不高。

列（1）、列（2）和列（4）中，城镇综合开发、教育和市政工程行业的项目投资额在高的官员晋升激励下不显著，可以在一定程度上说明当官员面对主要为经济绩效的压力时，会更偏向于招商引资与社会资本合作建设经济性的基础设施项目。而对于城镇综合开发、教育和市政工程这类收益见效慢和回报周期长的社会服务类项目，则与社会资本达成合作的积极性不高，未见显著的推动作用。

列（3）生态建设与环境保护行业虽然仅通过了 10% 的显著性水平检验，却释放了积极的信号。这是因为尽管生态建设与环境保护获得成效时间较长，但是，近年来我国提出的生态文明思想逐渐成为党员领导干部的共识，并在地方政府官员晋升的政绩考评体系中占有越来越高的权重，由此官员愿意在 PPP 这种模式下，与社会资本合作共同建设生态类的基础设施。

列（5）水利建设行业具有投入资金大、回报时间长、营收低这类特点，但对一个地区而言，水利工程尤为关键，影响一方民众的环境安全和经济收入，而且一些水库工程和引水调水工程，具备发电、提供生产生活用水等营收性收益，也具有扩大市场化融资体量的条件和空间，所以，官员即使面临着晋升的压力，但是基于以上综合考虑仍然乐于同社会资本进行合作进行项目的建设投资。

列（6）能源行业一直以来由国家主导，进入门槛较高，如政府以 PPP 的方式为社会资本提供参与渠道，社会资本为了在能源领域获得利益也是乐于和政府合作进行投资。

列（7）中，交通运输行业结果为显著，实证结果和前文机制分析做出的假设相一致，作为经济性基础设施的代表行业，且民间对交通设施建设有"铁公机"的戏称，这些都证明了当地方面临经济发展的目标时大概率会加大交通运输类基础设施的建设，PPP 模式为当地政府与社会资本提供了一个极好的合作机会。

控制变量中,大多数行业中,城镇化率至少在10%的显著性水平下对社会资本参与 PPP 项目建设投资产生负向的影响,这说明全国来看,处于低城镇化水平的地区对于各行业的公共基础设施项目均有较高的需求,这对社会资本积极参与项目建设投资有促进作用。金融支持和财政状况中,除了市政工程、能源、水利建设外,其他行业至少在某一项中均呈现出一定的显著性,这些行业的项目建设会考虑到金融市场和政府财政的外部融资支持力度,整体金融深化程度会给予 PPP 项目更充分的外部支持,避免社会资本出现过度的融资风险;而市政工程、能源、水利建设可能是因为建设中所需资金过于庞大,且建设过程往往涉及土地用途规划问题,以及近几年对生态保护的高要求,所以导致金融和财政上的支持对是否投资这类基础设施项目影响不大。

7.4 财政透明度和官员晋升激励交互作用的实证研究

7.4.1 模型设定

将官员晋升激励纳入财政透明度对社会资本参与 PPP 项目投资的研究框架下,验证假设 7.3a 和 7.3b,研究两者之间是否存在一定的调节作用。构建如下模型:

$$I_{it} = \alpha + \beta_1 \ln FT_{it} + \beta_2 PROM_{it} + \beta_3 \ln FT_{it} \times PROM_{it} + \beta_4 \ln PerGDP_{it} +$$
$$\beta_5 FinS_{it} + \beta_6 FRE_{it} + \beta_7 GFRE_{it} + \beta_8 Urban_{it} + \varepsilon_{it} \qquad (7.6)$$

其中,I_{it} 为社会资本投资额占比,$\ln FT_{it} \times PROM_{it}$ 为财政透明度和官员晋升激励的交乘项,ε_{it} 为随机误差项,控制变量含义和前模型保持一致。

7.4.2 实证结果分析

根据前文的检验结果可知,提高财政透明度对社会资本参与投资社会性基础设施项目有显著的正向推动作用;官员面对高的晋升激励会对社会资本投资经济性的基础设施项目有促进作用。而当官员存在晋升激励时，可能会采用行政力量影响 PPP 项目，一定程度上会削弱财政透明度对社会资本参与投资社会性基础设施项目的正向推动作用。因此引入交乘项，探究官员晋升激励是否会影响财政透明度对社会资本投资 PPP 项目的促进作用。将样本内的行业分为经济性强和社会性强两大类并分别进行回归，回归结果如表 7 – 6 所示。

表 7 – 6　　　　财政透明度和官员晋升激励联合检验回归结果

变量	(1) 经济性	(2) 经济性	(3) 社会性	(4) 社会性
L. $\ln FT$	0. 063 * (2. 62)	0. 019 (0. 56)	0. 159 ** (2. 42)	0. 022 * (0. 78)
PROM		− 0. 182 (− 0. 73)		− 0. 424 (− 1. 45)
$\ln FT \times PROM$		− 0. 049 (− 1. 76)		− 0. 106 ** (− 2. 40)
L. FinS	0. 257 (1. 11)	− 0. 058 (− 0. 63)	0. 656 * (1. 85)	0. 118 (1. 23)
FRE	0. 059 * (1. 03)	0. 038 (0. 67)	0. 158 *** (2. 74)	− 0. 014 (− 0. 17)
GFRE	0. 020 (0. 31)	0. 014 (0. 21)	0. 157 ** (2. 07)	0. 127 * (1. 93)
L. Urban	− 0. 554 (− 0. 46)	− 0. 456 (− 0. 37)	− 2. 331 (− 1. 69)	− 2. 182 (− 1. 62)
L. $\ln PerGDP$	− 0. 172 (− 0. 88)	− 0. 198 (− 0. 97)	0. 101 (0. 50)	0. 065 (0. 33)
N	120	120	120	120
R^2	0. 116	0. 221	0. 143	0. 253

注：*、**、*** 分别代表在10%、5%、1%的水平下显著。括号里为标准误。

回归结果显示，财政透明度在以上三个模型中至少通过了 10% 的显著性水平检验，与前文检验保持一致，财政透明度对社会资本投资会起到正向的推进作用。列（1）和列（2）对经济类的基础设施项目进行回归，列

（1）中财政透明度变量系数为正，和前文检验结果保持一致；加入的财政透明度和官员晋升激励交乘项结果不显著，说明对于经济性的基础设施项目，官员晋升激励不会影响财政透明度对社会资本参与此类 PPP 项目投资的促进作用。

列（3）和列（4）对社会类的基础设施项目进行回归，交乘项在 5% 的显著性水平下为负，且财政透明度的系数减小，由 0.159 变为 0.022，说明对于社会性的基础设施项目，官员面对强的晋升激励时，会削弱财政透明度的正向作用。假设 7.3b 得到验证。

7.5 稳健性检验

7.5.1 更换模型的稳健性检验

被解释变量为社会投资额的占比，观测到的值落在 0 和 1 之间，在全样本数据中有 24.45% 社会资本投资额占比为 0，其中可能存在归并数据，即实际观测到的数据归为 0，所以，采用 Tobit 模型进行重新估计，所有变量和含义与前文一致。为了判定选择混合回归还是随机效应模型，先使用聚稳健标准误进行混合 Tobit 回归，再使用随机效应的面板 Tobit 回归，LR 检验结果在 1% 的显著性水平下强烈拒绝原假设，故认为存在个体效应，为了得到一致的估计结果，选择使用随机效应的面板 Tobit 回归。回归结果如表 7 - 7 所示。

表 7 - 7 更换模型的稳健性检验结果

变量	（1）城镇综合开发	（2）教育	（3）生态建设与环境保护	（4）水利建设	（5）市政工程	（6）能源	（7）交通运输
	社会性行业					经济性行业	
L. ln*FT*	0.058 * (1.38)	0.155 *** (2.88)	0.026 (0.41)	0.113 * (1.87)	0.007 (0.20)	0.198 * (1.86)	0.029 (0.70)

续表

变量	(1) 城镇综 合开发	(2) 教育	(3) 生态建 设与环 境保护	(4) 水利 建设	(5) 市政 工程	(6) 能源	(7) 交通 运输
	社会性行业					经济性行业	
L. FinS	0.240 *** (4.39)	0.135 ** (2.27)	0.153 ** (2.12)	0.123 * (1.74)	0.059 * (1.72)	0.383 *** (2.98)	0.074 (1.47)
FRE	0.087 (0.72)	0.295 ** (1.99)	0.080 (0.43)	0.447 *** (2.81)	0.081 (0.82)	0.668 ** (2.16)	0.280 ** (2.23)
GFRE	0.177 (1.45)	0.238 (1.49)	0.405 ** (2.34)	0.090 (0.56)	0.188 ** (2.02)	0.242 (0.64)	− 0.049 (− 0.46)
L. Urban	− 0.460 ** (− 2.15)	− 1.345 *** (− 4.99)	− 0.757 ** (− 2.16)	− 0.784 ** (− 2.51)	− 0.216 (− 1.29)	− 1.414 *** (− 2.82)	− 0.125 (− 0.52)
L. lnPerGDP	0.082 (1.08)	0.151 * (1.72)	0.142 (1.17)	0.057 (0.54)	− 0.023 (− 0.39)	0.180 (1.04)	− 0.141 * (− 1.69)
N	120	120	120	120	120	120	120

注: * 、 ** 、 *** 分别代表在10% 、5% 、1% 的水平下显著。括号里为标准误。

在表7－7回归结果中，整体来看，财政透明度的回归系数均为正，这一指标呈正向显著相关关系的行业有城镇综合开发、教育、水利建设和能源，与前文固定效应模型回归结果一致，且回归系数大小关系也保持一致，能源、水利建设和教育对财政透明度的影响更敏感。与固定效应模型的结果有差异的是社会资本对能源行业的态度，金融支持和财政状况两个变量的回归系数显著为正，这说明想要参与投资能源行业PPP项目的社会资本会受到金融支持水平和地方政府财政状况的正向影响。出现这种差异的原因可能是目前对于社会资本来说，能源行业的准入门槛相对较高，政府不会让渡过多的权利和利益，所以，虽然PPP模式是进入该行业不可多得的渠道，但是，进行投资仍然比较关注宏观的经济环境。

总体来看，使用随机效应的面板Tobit回归模型验证核心解释变量（财政透明度）对社会资本参与经济属性和社会属性不同行业投资积极性的影响与采用面板固定效应模型的结果是一致的，结论具有稳健性。

7.5.2　更换核心解释变量的稳健性检验

纵然考核经济增长是我国长期以来的晋升激励制度，但同时党关于建设年轻干部队伍的提法对在任官员的晋升策略提出了新的方向，年龄和任期因素将影响官员对辖区发展的干预力度，进而影响政治上的晋升。党的十八大以来，强化党的管理和党政一手抓的思想贯穿至今，省委书记和省长的工作尽管各有分工，但是，作为省级最高领导都很关注所管辖区内的发展情况，地方党委和地方政府双重力量对PPP项目发展进度都会产生直接且重要的影响。所以笔者用年龄和任期来衡量官员所面对的晋升激励，综合考虑省长和省委书记的影响，将其年龄任期总和与同年其他省份同职位的官员进行比较。年龄低于中位数时，存在晋升优势，即为存在较高的晋升激励，设虚拟变量 $Xage$，当低于或等于中位数时，取值为1，高于中位数时取值为0。参考蒋德权等（2015）的研究，当官员处于任期后半阶段时，为了减少在同一职位上的机会成本，希望获得政绩而晋升，就会改变目标函数和行为方式，将官员任期大于或等于全国同年同职位官员中位数的官员视为面临较强的晋升激励，设任期虚拟变量 $Xtime$，当高于或等于中位数时，取值为1，低于中位数时取值为0。回归结果如表7-8所示。

表7-8　　　　　　更换核心解释变量的稳健性检验结果

变量	（1）城镇综合开发	（2）教育	（3）生态建设与环境保护	（4）市政工程	（5）水利建设	（6）能源	（7）交通运输
	社会性					经济性	
$Xtime$	-0.003 （-0.13）	-0.003 （-0.11）	-0.013 （-0.53）	0.025 （0.64）	0.025 （0.81）	0.081* （1.04）	2.031** （1.63）
$Xage$	-0.001 （-0.03）	-0.034 （-0.98）	0.036* （1.04）	-0.065 （-1.34）	0.047* （1.30）	0.014* （0.45）	0.817*** （0.61）
L. $FinS$	-0.076 （-0.54）	0.255** （2.29）	0.289* （1.70）	0.046* （0.28）	0.102 （0.63）	0.052 （0.51）	0.137* （1.31）

续表

变量	（1） 城镇综合开发	（2） 教育	（3） 生态建设与环境保护	（4） 市政工程	（5） 水利建设	（6） 能源	（7） 交通运输
	社会性					经济性	
FRE	0.014 （0.18）	0.000 （0.00）	−0.306 （−1.11）	−0.068 （−0.62）	0.290 ** （2.36）	−0.017 （−0.15）	0.100 * （1.36）
GFRE	0.015 （0.28）	0.090 （1.33）	0.148 （1.33）	0.166 （1.48）	0.138 （0.82）	0.101 （1.05）	−0.061 （−0.52）
L. *Urban*	−0.926 （−0.45）	−3.374 *** （−2.78）	−4.084 （−1.44）	−2.094 （−1.47）	−0.196 （−0.09）	−1.040 （−0.71）	−0.210 （−0.12）
L. ln*PerGDP*	−0.065 （−0.003）	0.051 （0.003）	0.294 （0.113）	0.171 （0.075）	−0.276 （−0.125）	−0.076 （−0.051）	−0.318 （−0.201）
N	120	120	120	120	120	120	120
R^2	0.340	0.393	0.349	0.396	0.341	0.472	0.540

注：*、**、*** 分别代表在10%、5%、1%的水平下显著。括号里为标准误。

　　根据回归结果，以年龄和任期衡量的晋升激励对生态建设与环境保护、水利建设、能源和交通运输行业的 PPP 项目有显著的正向作用；对其余行业的回归结果不显著，有的系数甚至为负，这些行业的共同特征是具有强社会民生性且收益周期长，这和前文模型结论保持一致，证明结论具有稳健性。

第 8 章

政策建议及展望

PPP 模式在我国未来的经济发展过程中难以被替代，但是，在 PPP 项目的全生命周期不可避免地会出现各种风险，如果不能对这些风险进行有效的控制或合理的分担，会直接影响项目的顺利进行，严重时还会造成国家的经济损失，因此，PPP 项目的风险管理非常重要。我国目前的 PPP 模式还缺乏规范的管理和丰富的实操经验。发达国家引入 PPP 模式比较早，积累了大量成熟的经验，相关的法律规章制度也比较完善，发展中国家的 PPP 模式引入比较晚，PPP 模式的发展还有待进一步的完善，不同国家和地区的 PPP 模式都有自己的特点，但是，在一些经验上还是存在很多共性的，这就要求我们必须结合本国国情来学习国外成功经验，为我国 PPP 模式的发展打下坚实的基础。

8.1　完善 PPP 项目柔性管理机制和法律体系

8.1.1　完善 PPP 项目管理机制

1. 设立 PPP 项目专门管理机构

澳大利亚的联邦和州政府分别有自己的 PPP 项目管理机构。我们应该效仿这种运作模式，分别由省或市设立自己的 PPP 项目管理机构。这些

PPP 项目管理机构应该承担起与社会资本方沟通的责任，组织相关专家对 PPP 项目的可行性进行评估，并对 PPP 项目的实施提出合理的政策建议，还要定期公开发布 PPP 项目的信息，对 PPP 项目的设计、开发等环节进行风险监督。良好的风险监管对 PPP 项目的顺利运行有很大促进作用，PPP 项目管理机构应该积极跟行业及学术专家沟通，制定有效的风险监管制度和政策，健全风险监管体系。设立专门的 PPP 项目管理机构有利于风险的监管和合理分担，可以降低 PPP 项目风险发生的概率，提高 PPP 项目的运行效率，从而吸引更多的社会资本参与 PPP 项目中。

2. 培养 PPP 项目专有人才

PPP 模式本身就周期长、难度大，涉及金融融资、财务处理、工程管理、法律法规等方方面面的知识，因此，PPP 项目的发展需要同时具备跨学科以及综合理论与实践的高水平人才，而我国目前在这方面的人才相当匮乏，应该加大对这些综合性人才的培养力度，同时引进国内外的先进管理经验，以确保 PPP 项目的高质量发展，同时满足 PPP 模式在我国的大规模发展。

3. 完善 PPP 项目绩效评估机制

因为 PPP 项目存在明显的正外部性，为了防止社会资本的投机行为，为了政府补贴能有一个合理的标准，要求构建合适的评估体系对 PPP 项目进行全面的绩效评估，明确绩效考核目标和绩效考核原则，通过绩效考核来实现 PPP 项目的"物有所值"。将政府支出责任与绩效考核结果挂钩，做到真正地按效付费。积极引入第三方绩效评估机构，利用第三方机构丰富的管理经验和人才优势，对 PPP 项目展开独立、客观、全面的评估。

4. 构建符合中国特色的 VFM 评价机制

构建符合中国特色的 VFM 评价机制，针对不同的行业制定不同的 VFM 评价的标准，结合行业的实际情况，满足行业的差异性，这样的标准来指导 VFM 评价的成果验收与信息管理更具有实践价值。完善 VFM 评价体系，不仅包括评价指标，还包括多层次的评价阶段以及多元化的评价角度。具体来看，要加强对定量分析的研究，优化 PSC（public sector comparator）值测算法测算方法，弥补缺少 PSC 值相关测算依据的短板，积极使用本土数据，建立成熟的统计模型，合理采用评价指标，对 PPP 项目开展多轮评价，从多个维度进行评价，诸如社会效益中的公益性、福利性以及环境因素等。

8.1.2 完善 PPP 项目柔性机制

1. 在合同中注入柔性机制

在 PPP 项目的合同条款中注入柔性机制，虽然合同中需要法律规定的刚性条款来约束各参与方的行为，以此来确保各参与方的不越界行为，但是，仅仅通过刚性条款的约束无法保证项目灵活应对各式各样的风险，不利于项目的顺利进行。因为 PPP 项目的生命周期很长，甚至长达数十年，在最初签订合同时，很难做到对所有的风险进行考虑和评估。因此，合约的签订需要针对项目风险、项目参与主体、合同期限变更等不确定性，设置一定灵活调整的空间。通过在合同中设置柔性机制，可以降低再谈判的风险，降低项目谈判成本，提高项目的执行效率。

2. 完善 PPP 项目退出机制

目前，我国 PPP 项目存在诸多问题，运营阶段还缺乏足够的经验，政府部门一味通过设置高门槛和高标准来强调建设阶段的成效，而忽略了出现问题时的退出机制。虽然国家已经对 PPP 项目的退出机制做出了相关规定，但是，这些政策停留在顶层设计环节，在具体的操作环节还缺乏实质性的作用效果，而且这些规定多数是从政府的角度考虑，忽略了社会资本方的利益，这就必然会降低社会资本参与 PPP 项目的积极性，从长期来看，不利于项目的发展。因此，应该建立完善的退出机制，给社会资本一定的选择权，在特定的不影响项目顺利实施的情况下，可以选择将一部分或者全部股权转让给有能力的社会资本。

3. 防范柔性机制下的软约束弊端

PPP项目柔性机制能够很好应对项目中的不确定性，灵活应对突发事件，但是正是由于柔性的这种灵活可变性，导致PPP项目可能存在软性约束带来的低效和风险等问题，也有可能导致机会主义的存在，因此，在合同签订初期明确合约的详细内容，既要柔性，又要刚性，既要充分保证各参与方的利益，又要坚守原则和底线。

8.1.3 完善PPP项目实施机制

1. 完善项目运作规范

确保PPP项目模式多样化，规范运作流程。从我国目前的PPP项目来看，PPP模式主要存在运作模式单一、运作过程不规范的问题。首先，在项目的前期识别、测算环节缺乏充分的论证，无论项目是否适用都将其包装为PPP项目进行招标推动落地，其中，"物有所值"评价也存在走过场的问题。因此，应该完善项目的前期论证，尽可能做到每个项目都有自身特定的运作模式，完善项目运作过程中的规则体系。

2. 建立有效的协调机制

PPP项目中的参与方众多，如果各部门之间不能很好地沟通和协调，必然会导致项目的损失。因此，应该效仿英国、荷兰等国家，通过设置专门的统筹管理机构对项目研究、筛选、评估以及统计分析等工作负责，协调好政府、社会资本以及财政部门等各参与方之间的关系，明确各部门在PPP项目中各自承担的责任，形成推进PPP项目的合力，提高PPP项目运行效率。

3. 完善PPP项目审批机制

我国现阶段的一些PPP项目审批流程过于复杂，时间也很长，这可能直接导致项目的延期，同时也会产生较高的时间成本和费用成本。在这种背景下，简化审批程序尤为重要，在明确审批机制按照企业的投资途径来操作的同时，还应该提高审批流程的透明度和简洁度。

4. 完善 PPP 项目融资渠道

良好的金融环境可以给社会资本提供更多的融资渠道，提高融资成功率，因此，政府应该不断提高市场的开放程度，提供多元化的金融支持，落实 PPP 项目贷款制度，可以提倡金融机构和社会资本共同作为参与方，参与 PPP 项目的实施。创新融资产品和融资工具，促进新型融资平台的形成。

8.1.4　完善 PPP 项目法律政策体系

1. 健全 PPP 项目的法律体系

我国引入 PPP 模式的时间相对发达国家来讲比较短，相应的法律法规体系还不是很健全，我们应该效仿发达国家的政策法规，在结合本国国情的基础上不断进行完善。虽然，在 PPP 项目中会明确政府和社会资本双方的风险分担责任，但是，社会资本为了追求私人利益最大化很有可能抬高收费价格以及压低成本价格，因此，制定相关法律法规来避免不必要的纠纷很有必要。首先，应该提高 PPP 项目的风险透明度，通过完善相关法律法规，确保政府和社会资本方对风险信息的充分认识，以更好地制订风险应对方案。其次，应该建立审计机构来对绩效评价机制严格把控。审计部门应该对 PPP 项目的经济效益以及绩效进行考核和评价，以此来激励 PPP 项目的高效率完成。最后，在确保市场准入机制完善的情况下，应该同时完善激励机制、奖惩机制以及退出机制，确保在督促社会资本高效率完成项目的情况下，可以在特定情况下自由选择退出。总之，通过建立完善的法律体系，可以有效地保障各参与方利益，确保风险合理分担，为 PPP 模式进入规范化、法治化的轨道提供重要保障。

2. 完善 PPP 项目的政策支持体系

我国幅员辽阔，东西部地区的 PPP 项目之间存在很大的差异，不同的地方有自己的特色，经济发展水平也不同，因此，应该鼓励各地政府因地制宜，运用多种政策完善PPP项目的政策支持体系，充分发挥社会资本方在管理技术等方面的作用；充分发挥地方政府财政资金的作用，将财政资金重点用于具有正外部性的PPP项目，加大对跨区域、大型环保、生态领域的PPP项目的支持力度。

8.2　制定合理的风险分担收益分配机制

8.2.1　充分调动社会资本参与积极性

1. 清晰社会资本的责任边界

在社会资本参与PPP项目前明确参与主体的责任和权利范围。尤其社会资本在参与社会性较强的公共项目时，由于此类项目具有显著的社会正外部性，社会资本会承担一部分的社会责任，理应有相应的法律进行规范责任范围，让社会资本形成预期；同时也可避免地方政府在项目运营阶段使用公权力让社会资本承担过多的公共物品负担。社会资本有清晰的责任预期之后会更加理性地参与PPP项目，提升社会资本的参与信心，有助于PPP模式在缓解地方政府的资金压力上发挥更大的作用，更好地建设社会民生类的基础项目。

2. 打破社会资本进入壁垒

党的十八届三中全会曾提出要废除对非公有制经济的不合理条款，破除产业准入障碍，支持非公有制经济的健康发展。在PPP模式下，对于如交通、水利、能源等行业就存在很高的"准入"门槛，政府应着力于制定可行性的政策来消除行业壁垒，在进入和退出环节强化管理，不歧视民营资本，治理现有某些国有企业的行业垄断行为。

3. 针对行业个性问题，提高政策的针对性

社会资本参与不同行业属性的PPP项目有不同的顾虑，地方政府应充分调研社会资本关注的问题，在制定PPP项目政策时，有的放矢，解

决社会资本迫切关注的方面。针对社会属性较强的行业，政府应加大公开财政和项目的信息，降低与社会资本之间的信息不对称，减少社会资本获取信息的成本，实现信息披露和投资需要的有效衔接；并给予政策上的扶持，如简化准入审批流程、降低门槛等，以及提供税收优惠、财政支持等经济性承诺；建立公平竞争的市场环境，突破不合理的产业准入障碍；改善融资环境，鼓励更多的社会资本参与 PPP 项目的投资建设中。

4. 培养参与意识，提升参与热情

相较于发达国家，我国的社会资本在参与基础设施建设上存在不重视的现象，尤其是面对社会属性强的基础设施上，参与热情不高，参与的素质有待提升。应利用好现代媒体的优势作用，加强宣传和畅通民众沟通渠道，提供民众关切的有效信息，说明项目意图，协调诉求，积极引导。还可借鉴日本的做法，普及相关的知识，参观教育、开设论坛等，培养民众的社会责任感。政府方面则应提供民众参与的平台，将民众的意见充分纳入项目规划中，让公众参与项目决策，健全公众参与的保障制度；并积极改善与企业的公共关系，为企业树立社会形象，加强对社会资本参与 PPP 项目的认可，帮助其获得社会效益和外部性，发挥示范效应，进一步激发参与热情。

8.2.2　完善问责机制加强政府监督

1. 建立有效的问责机制

政府和社会资本在博弈的过程中，双方追求的利益目标存在差异，例如政府需要保证社会大众的利益，追求的是集体利益最大化。而社会资本是为了获得足够的经济利益，因此应该建立有效的问责机制，通过问责机制来约束众多拥有不同观点和不同需求的参与者的投机行为，提高项目的运行效率；通过道德引导 PPP 项目的参与者更多地关注项目的质量，而不是仅仅追求高利润。

2. 加强监督制约避免机会主义行为

演化博弈模型结论表明良好的政府监督可以避免社会资本的机会主义行为，进而促进 PPP 项目的规范发展，达到最优状态。政府在 PPP 模式中应该主动承担监督的职责，提升监督效力，实时监督 PPP 项目信息的公开情况，保障公众的知情权。社会资本也应该本着诚实守信的态度，不唯利是图，不投机取巧，与政府保持良好的合作关系。这就需要合同条款的约束作用，合同要明确政府和社会资本各自的责任和义务，确保在 PPP 项目的全生命周期内根据合同中事先确定好的合同框架和原则有序展开工作。当然可以适度地在合约条款中注入柔性因素，灵活应对项目中的风险，降低风险带来的损失。

8.2.3 综合考虑不同阶段不同种类风险

1. 综合考虑不同阶段的多种风险因素

通过对 PPP 项目风险的单一必要性进行检验，发现影响 PPP 项目的往往不是由单个风险决定的，而是由多种风险因素共同作用的结果，而且这些风险因素重要程度不一样，因此，在制订风险分担方案时，要综合考虑不同阶段的风险。PPP 项目周期长，包括发起、筹资、建设、维护等多个阶段，不同的阶段存在的风险不同，例如识别阶段的预估不准确风险、准备阶段的政治风险、采购阶段的采购和合同风险、执行阶段的融资风险、最后移交阶段的所有权转移风险等。应该根据不同阶段的风险特征确定风险应对措施，当然也有风险贯穿于整个 PPP 项目的生命周期，例如应由政府承担的政治风险和法律风险，以及由政府和社会资本共同承担的不可抗力风险等。

2. 充分考虑政府财政状况和市场金融环境

政府应该结合财政实际情况合理选择 PPP 项目的模式和规模，避免"明股实债"以及隐形债务风险的存在，对 PPP 项目要做好"物有所值"评价，政府财政要守住"10%"红线。对 PPP 项目进行事前评估，并对其采取绩效考核制，对发展前景良好以及规范的 PPP 项目进行适当的政府补贴、税收优惠等激励机制，对不符合发展要求以及违规项目进行清理整顿，严重时坚决清理出库。PPP 项目规模大，投资方通常需要借助金融机构进行融资，金融环境的好坏直接影响融资的成败，良好的金融环境还可以缓解过度财政负担对 PPP 项目的负面影响，因此，政府要鼓励发展并规范多元化的金融机构，创造良好的融资环境。

8.2.4 优化风险分担机制

1. 按照各参与方优势合理分担风险

在 PPP 项目的风险分担中，应该按照风险分担原则并结合各参与方的优势和劣势进行风险分担。政府拥有丰富的政策信息，但是，在项目管理以及技术等方面比较欠缺，因此，政府应该主动承担起政策变更等公共风险及其外溢领域；相反的，社会资本拥有丰富的项目管理经验和先进的技术，因此，社会资本应该主动承担起项目运营相关的风险。另外，风险分担时应该将风险分担给有能力控制风险的一方，还要遵循风险收益对等的原则，对于收益不足以弥补成本的项目，政府应该给予一定的补贴；对于存在超额收益的项目，要实行超额收益分享；还要根据项目的绩效考核情况进行奖惩，以确保项目的顺利实施。

2. 制订动态的风险分担方案

考虑到 PPP 项目中的风险错综复杂，即使在进行初步分担后，后续很有可能会发生未曾预料到的风险或者初步风险分担方案存在漏洞，这就很有可能发生再谈判。为了避免这种情况的发生，首先应该建立对初步风险方案的跟踪监控体系，由政府或第三方监管机构负责落实，并定时反馈风险分担的现状，一旦发现不合理之处，就需要及时指出并加以修正。但是，因为合约的不完全性，很难做到将每一种风险都识别出来并在合同中进行明确的界定，因此，风险分担其实是一个动态调整的过程。风险评价和风险分担是保障 PPP 项目顺利进行的重要环节，政府和社会资本应该遵循风险分担的原则，风险控制机制更加完善的一方可以多承担风险。完善

PPP 项目的 "物有所值" 评价体系，对风险进行充分识别，运用科学有效的方法进行评价和分担。

8.3 促进地方政府财政风险承受力可持续性

8.3.1 均衡分配 PPP 项目财政支出责任

1. 均衡分配 PPP 项目不同行业之间的财政支出责任

PPP 项目涉猎的行业达 19 类之多，且行业之间的支出责任差异十分明显。市政工程、交通运输、生态环保行业的支出责任位居行业前 3 位，约占所有行业的 60% 以上，而能源、农业、养老、社会保障行业居于后 3 位，支出责任仅占总支出责任的 1%。① 各行业之间支出责任的分配不均，也反映了各级地方政府 PPP 项目的侧重点。面对目前我国已步入 "中度老龄化" 社会，也应加强养老、社会保障等民生系列的 PPP 项目支出。各级地方政府根据自身实际情况，合理分配民生类 PPP 项目，在 "财承论证" 系列红线的限定下，通过适当引入社会资本以减轻政府负担，从而使得民生类项目的比例与市政工程等项目达到均衡状态。

2. 均衡分配 PPP 项目不同省份之间的财政支出责任

各省份之间的 PPP 项目支出责任也存在不平衡现象。东部地区，山东最高，浙江次之；中部地区，河南最高，山西与江西最低；西部地区，"云贵川" 三省最高，西藏最低；东北地区，辽宁最高，黑龙江最低。沿海与西南地区的支出责任明显高于内陆和西北地区，也反映出经济水平较高的地方（东部沿海、西南地区），PPP 项目支出责任要更高，财政收入同样也高于中部和西北地区。由于经济水平较低，地方政府的财政支出和财政收入并不高，财政承受能力相对较弱，PPP 项目的数量和规模会受到一定限制，在 "财承论证" 系列红线的基础上，对于各地区内经济水平较

---

① 笔者根据财政部政府和社会资本合作中心官方网站整理。

差的省份，可以考虑相邻地区或同一地区内经济水平较高的省份按照一定的原则和比例进行帮扶，两省或多省共同完成 PPP 项目，合理分配共同的 PPP 财政支出责任。

8.3.2 合理测算一般公共预算支出的预期增长

1. 合理测算省本级和市本级的一般公共预算支出增长率

财政承受能力的测算包含财政支出责任和一般公共预算支出两部分。其中，财政支出责任由各地方政府发起 PPP 项目的规模决定，而对于一般公共预算支出的估计，省级、市级增长比例不尽相同。本书在统计省本级和市本级的一般公共预算支出增长率的分布情况之后，发现省本级在 4% 左右，市本级在 6% 左右。与省本级相比，市本级可能存在高估现象，这将使得在相同 PPP 项目支出责任的情况下，可能会高估地级市政府的财政承受能力，以此来逃避"财承论证"10% 红线。

2. 充分考虑政治经济等因素

地方政府每年的一般公共预算支出受国家和当地政策（如人口政策）、经济形势和政治文化因素等影响，例如 2020 年以来，受新冠肺炎疫情的影响，国内外经济形势日益严峻，疫情防控压力和支出也持续增加，一定程度上削弱了各地方政府的财政承受能力，使得各地实际的一般公共预算支出有降低趋势，也将导致有一定数量 PPP 项目的未来财政承受能力超过 10% 红线，地方政府出现债务风险。因此，在对政府一般公共预算支出预测时，应衡量多方面的因素，并将目前国家的宏观经济政策对未来造成的影响一并考虑在内，才能提升地方政府财政承受能力预估的准确性。

8.3.3 增强 PPP"财承空间"管理弹性并完善内在运作机制

1. 增强 PPP"财承空间"管理弹性

我国东中西部及东北地区经济发展程度不一，多种因素综合作用影响着地方政府的 PPP 项目"财承空间",将地方政府的一般公共预算支出的10% 作为"财承论证"红线上限,去"一刀切"地统一衡量和限定不同发展水平的省份、地区的 PPP 项目的财政承受能力调控额度,或许过于僵硬。因此,基于不同地区、不同省份、省内不同地级市的显著差异,建议形成"项目总量控制 + 内部结构优化"的 PPP 项目"财承空间"额度动态调整支持制度。该制度应建立在上一级政府对于下级政府合理的 PPP 项目需求、"财政自力更生能力"、显性和隐性债务风险、人口净流入净流出情况等各方面进行全方位评估匹配的前提下,按照"鼓励—包容"的基本原则,形成上级政府统筹、下级和同级政府协同配合的省际之间、省内各地级市之间以及各地级市内部的"全面统筹 + 精准调节"机制。针对经济发达、"财政自力更生能力"强的地方政府,根据其发展现状和实际需要可以允许适当放开其"财承空间",即适量调高其 PPP 项目财政承受能力额度,而针对经济较为不发达、"财政自力更生能力"弱、有财政债务风险累积风险的地方政府,可以适当收紧其"财承空间"。不过,针对中西部地区的确有迫切的经济发展和基础设施改善需要的地方政府,可以适当延长项目运营合作期限,减轻财政集中支付压力,平滑财政风险,也可以加强上下级政府间奖补 PPP 项目的专项转移支付,实现精准帮扶。

2. 完善内在运作机制

可行性缺口补助占比和 BOT 模式的占比的提高能够增强地方政府"财承空间"的可持续性。可行性缺口补助在 PPP 项目回报机制中是介于政府付费和使用者付费之间的第三种折衷的机制,是为了平衡政府、社会资本和社会公众各自效益的调节机制,其中涉及的 PPP 项目财政支出责任为政府缺口补助部分,表明其随时可能增加政府财政债务风险,影响"财承空间"。截至 2021 年 12 月,可行性缺口补助的项目数和投资额占财政部 PPP 项目管理库中已发起的项目比例分别达 58.80% 、68.97% ,均超过了其他两类机制的总和[1],所以,在实践中,政府要增强 PPP 项目前期的决策性

---

[1]　笔者根据财政部政府和社会资本合作中心官方网站整理。

论证，促进协议体系和风险共担机制的明确和完善，对于缺口补贴机制的设定要科学、合理、适当，针对选取可行性缺口补助模式的 PPP 项目，其不同种类的缺口补助资金要安排进一般公共预算统一合规管理，预防或有的财政风险，达到持续增强"财承空间"可持续目标。

以 BOT 模式运行的 PPP 项目数占我国已发起 PPP 项目数的比例达到 78.26%（截至 2021 年 12 月数据）①，由此可见，BOT 模式早已成为我国 PPP 项目的主要运作方式，并且深刻地影响和塑造着 PPP 模式。BOT 模式的广泛应用，在于其能够缓解政府的财政支出压力，引导社会资本投入更多资金参与基础设施建设，提高项目在建设和维护期的工作效率和运营水平，实现社会效益和经济利益的共赢，为了规避可能发生的风险，同样需要采取一定的措施。一是要建立健全 BOT 模式专门的法律规范，借鉴其他国家和地区的 PPP 法律实践和成功经验，完善梳理 BOT 模式的政策框架，依法加强 PPP 项目全生命周期治理，堵住容易产生财政风险的项目操作漏洞。二是政府在前期落实 PPP 项目协议时，要合理、适当地确定风险分担机制。政府进行合理的担保和财政承诺，是促进 BOT 模式落地的重要前提，但是，政府在做出资源利用、政策风险承担、税收优惠保障等方面承诺时，需要在"财承空间"的框架下，量力而为，切忌为了大上快上 PPP 项目而盲目示以不切实际的财政承诺，以免或有财政支出责任和隐形财政风险急剧累积。

8.4 提高 PPP 项目全生命周期财政透明度

提高我国财政透明度是构建我国现代财政体系的重要内容，同时它还可以成为我国政府管理体制的重要要素，对地方政府的行为进行指导和制约。提升财政信息公开度，保障社会公众获取财政公开信息，降低获取信息的成本，释放社会大众参与社会民生类 PPP 项目的潜力。

---

① 根据财政部政府和社会资本合作中心官方网站整理。

8.4.1 完善财政透明度法律法规建设

1. 完善财政透明度法律体系

完善的法律体系是确保财政信息公开透明的基础和保障，应在《中华人民共和国宪法》中明确公民对财政信息的知情权；在《中华人民共和国预算法》中明确预算应公开的内容，进一步扩大政府预、决算支出信息的披露范围，以及对预算编制的完整性提出更高要求，将所有应当公开的财政收入和财政支出纳入预算编制范围。法律体系的完善可维持积极稳定的制度环境，提升政府公信力，同时为财政信息披露提供现实环境，保护社会资本的合法权益，吸引社会资本参与 PPP 项目投资。

2. 完善现代财政体制建设

首先，科学划分中央和地方政府各自应承担的支出责任，在适度原则和受益原则的前提下，赋予各层级政府与权力相适应的财政权力。合理划分权责有助于为财政公开透明提供良好的制度环境。其次，要完善财政信息公开工作评价机制，将评价工作流程法治化，确保评价机构的独立性和专业性，科学设计评价指标，在适当的范围内将评价结果公开。最后，应健全行政问责机制，有助于约束政府的行为，按规章办事，进一步提升地方政府信息公开效率。

8.4.2 提升财政信息供给动力

财政信息的公开透明不应是简单公开收支情况，而应包括财政收支运行的过程和结果，做到形式公开和实质公开的统一。进一步强化地方政府的财政责任。明确各部门主体的责任范围，将责任细化、流程化、规范化，既要做到分责，又要做到定责，还应做到追责。可将此纳入公务人员年度考核体系中，健全工作程序保障财政信息公开。政府部门之间应加强沟通，共同努力共同推进财政透明度的提升。

1. 优化财政信息公开渠道

首先，依据法律制度保障，政府公开细化的财政信息，在适度规范的前提下要做到多途径公开，消除政府和社会资本的信息壁垒，降低社会资本获取信息的成本。其次，目前，一些政府部门公开财政信息存在获取流程复杂、文件只提供 PDF 形式等问题，应创造便捷的获取平台路径，加强政府门户网站建设，开辟财政公开信息专栏以及提供多种文件格式的信息。最后，充分利用和扩大社会公众的力量，在合法合规的前提下自由报道和转发，多元主体协同治理，提高地方政府的财政透明度。

2. 优化财政公开信息的形式

在公开的内容形式上要避免"外行看不懂，内行看不清"的问题，尽量做到通俗易懂，对公开文件内的财税专业名词进行批注解释，有助于社会公众正确理解数据内涵，更全面地了解当地的财政资金使用情况，实现提供财政公开数据的初衷，降低政府的信用风险，提升社会对地方政府工作的认可度和信任度。

8.4.3 提倡公众参与财政透明度建设

1. 培养社会公众的参与意识

培养社会公众的参与意识，从而提升公众对财政公开信息的需要和使用。应发挥基础教育的基本引导作用，提升社会公众的文化素质；利用现代媒体平台优势，普及经济和财政相关知识，将财政知识以通俗化和易于接受的方式普及给群众；发挥学术研究的权威引导力，财政透明度作为热点话题，学术界应充分调动专业学者的积极性进行学术研究，公布研究成果。

2. 完善公众参与机制，扩充参与渠道

通过媒体平台或新闻发布会宣传财政透明度相关内容，并为民众反馈财政信息的需求和建议提供渠道和平台。调动社会公众的积极性有助于引

导社会公众形成多元参与、共同治理的理念，提升社会公众的民主意识，有助于形成健康的委托代理关系。在公共基础设施建设中，由社会资金与政府共同投资，会更加考虑社会公众的集体利益，有利于 PPP 模式更好发展。

8.5　研究不足与展望

8.5.1　研究的不足

（1）本书更偏向于理论研究，在实际应用中应该根据实际情况进行相应调整。考虑到我国目前 PPP 项目的发展还不够成熟，没有完善的法律体系，在各地推行的 PPP 项目中，失败的案例仍旧很多，因此可以复制的经验少之又少，大多数的研究都是基于国内外文献，在实际应用中可借鉴性是有限的。虽然，国外的文献研究已经比较成熟，但是，我国的实际情况与其他国家还是存在广泛差异的，而且我国东西部之间以及不同省份之间也存在明显的地区异质性，因此，很多经验和研究不能照搬照抄，应该根据我国 PPP 项目的实际情况去进一步验证。

（2）PPP 项目本身周期长、规模大，项目中存在很大的不确定性；项目本身包含不同的阶段，比如融资、建设及移交等多个阶段，不同的阶段存在的风险也不尽相同，而且风险还有显性风险和隐形风险之分；PPP 项目涵盖的领域很广泛，包括医疗、交通设施、能源、垃圾处理、教育、养老等行业，不同行业的 PPP 项目都有自己的特色。以上这些情况都说明 PPP 项目风险不能一概而论，在风险分担时不能单一笼统地运用讨价还价博弈模型和演化博弈模型对风险进行分析，应该将风险进一步细分，进一步收敛研究对象。

（3）从研究方法上，本书在定性比较分析中尝试选择入库 PPP 项目中代表性失败案例进行客观的因子分析，但选择的具体影响因子和推算的组态路径还是受到传统研究框架的约束，存在一定主观性。未来随着 PPP 项目具体模式的多样化发展、民间资本投资的社会收益内部化、地方财政综合可支配财力形成稳定刚性，笔者及团队将追加或替换增量案例，配合模糊集定性比较方法和其他计量经济分析工具，由组态构型结果构建能够确保 PPP 项目模式有效生命力的稳态路径。在计量模型中，应该尝试从更多的角度选取变量，方法上也可以尝试空间计量模型。

（4）PPP 项目涵盖政府、社会资本、银行、项目承建方等众多参与方。本书动态博弈模型中只探讨了政府和社会资本两个参与方之间的风险分担博弈过程。因此，在之后的研究中应该考虑三方以及多方之间的博弈模型，这样会更加贴近实际情况。

8.5.2 展望

避免政府和社会资本将"入库婚礼"升级为"示范婚姻"，由风险转嫁形成"孤儿资产"。将政府公益性和社会资本市场性收益目标平滑对接，处理好排他性契约与项目衍生价值的悖论关系，降低项目全生命周期内阶段性衔接摩擦力，笔者遵循即期、中期、远期维系 PPP 项目生命力的治理希望提出以下愿景。

即期愿景：搭建 PPP 项目全生命周期内支出责任的完整信息披露和预决算监督容错机制，避免"简单粗暴"的行政问责或终身追责导致 PPP 项目被风险规避型决策者有意搁置；以社会资本联盟（由社会责任感较强的国有企业牵头，联合在融资、建设、管理运营阶段各具自身优势的民营和外资企业）方式参与竞标，减少对联合体的数量、资质、出资比例等方面歧视性限制；避免单一或个别年度的红线突破剥夺了地方政府的 PPP 项目连续使用权；在地方政府本级一般公共预算、政府性基金预算和国有资本经营预算中单独披露 PPP 项目专项支出责任（科目细分股权投入等四项）和使用者收费情况。

中期愿景：改变财政承受力红线论证"一刀切"的僵化限制，因地区、行业、付费模式制宜，分级差异化设计项目支付限额的具体管理模式，甚至与地方政府历史债务化解情况直接挂钩；强制在契约中设计合作方风险分摊矩阵，搭建全生命周期内的项目风险负担台账；政府付费项目严格执行与产出绩效挂钩，按照权责发生制进行政府资产负债披露机制。

　　远期愿景：改善金融机构参与 PPP 项目"挑肥拣瘦"的倾向；具体支出责任与项目主管公共部门的部门预算建立限额挂钩关系；利用资产证券化和信托租赁拓宽融资渠道的同时严防社会资本方借道"撤资"，平顺财政资金支出时序；建立成熟的 PPP 项目交易所，保证社会资本退出通道畅通。

参 考 文 献

［1］［美］阿道夫·伯利、加德纳·米恩斯. 现代公司与私有财产 ［M］.
甘华鸣等，译. 北京：商务印书馆，2005.

［2］曹启龙，盛昭瀚，周晶. 激励视角下 PPP 项目补贴方式研究
［J］. 科技管理研究，2016，36（14）：228－233.

［3］曹裕，余振宇，万光羽. 新媒体环境下政府与企业在食品掺假中
的演化博弈研究 ［J］. 中国管理科学，2017，25（6）：179－187.

［4］常宏建，吴彬. 政府投资科研项目的分类治理研究 ［J］. 中国社
会科学院研究生院学报，2009（1）：37－42.

［5］陈得敢. FIDIC 施工合同条件下不可抗力事件的风险防范 ［J］.
工程经济，2015（10）：91－95.

［6］陈海涛，徐永顺，迟铭. PPP 项目中风险再分担对私人部门行为
的影响——公平感知的多重中介作用 ［J］. 管理评论，2021，33（8）：
53－65.

［7］陈宏玉. 谈工程施工合同变更风险管理 ［J］. 山西建筑，2013，
39（7）：244－246.

［8］陈婧. PPP 立法提高民资参与度 ［N］. 中国经济时报，2017－
07－27（002）.

［9］陈强. 高级计量经济学及 Stata 应用 ［M］. 北京：高等教育出版
社，2014.

［10］陈姗姗，熊伟，钟宁桦，汪峰. 政府和社会资本合作项目异化
为地方政府明股实债融资的探讨 ［J］. 同济大学学报（自然科学版），
2021，49（10）：1484－1493.

［11］陈少强，郭骊. 不确定性视角下的 PPP 项目绩效管理研究 ［J］.
中央财经大学学报，2020（8）：14－23.

［12］陈少强．完善PPP财政风险管理研究——基于流量管理和存量管理相结合的视角［J］．中央财经大学学报，2018（12）：3－13．

［13］陈婉玲．PPP合同弹性调整机制研究［J］．上海财经大学学报，2018，20（5）：4－16．

［14］陈阳，谭跃进．基于产品市场生命周期的产品创新项目风险估计方法［J］．系统工程，2007（5）：112－115．

［15］陈杨．特色小镇基础设施建设PPP融资模式研究［D］．天津：天津商业大学，2019．

［16］陈玉晓，郭海滨，赵辉．基于FAHP的承包商索赔风险指标体系研究［J］．沈阳建筑大学学报（社会科学版），2013，15（2）：197－201．

［17］程聪，贾良定．我国企业跨国并购驱动机制研究——基于清晰集的定性比较分析［J］．南开管理评论，2016，19（6）：113－121．

［18］程敏，刘亚群．基于特许期调整的城市污水处理PPP项目再谈判博弈研究［J］．软科学，2021，35（5）：117－122，137．

［19］池毛毛，赵晶，李延晖，王伟军．企业平台双元性的实现构型研究：一项模糊集的定性比较分析［J］．南开管理评论，2017，20（3）：65－76．

［20］崔亮．公路PPP项目风险管理［J］．山西建筑，2019，45（2）：254－255．

［21］［英］大卫·休谟．人性论［M］．关文运，译．北京：商务印书馆，1980．

［22］戴中亮，李文辉．中国制造业对城市人口流入的影响机制研究［J］．西南政法大学学报，2020，22（3）：139－153．

［23］邓茗尹，张继刚．新型城镇化背景下城乡社会性基础设施的规划策略［J］．农村经济，2016（2）：108－111．

［24］邓小鹏，熊伟，袁竞峰，李启明．基于各方满意的PPP项目动态调价与补贴模型及实证研究［J］．东南大学学报（自然科学版），2009，39（6）：1252－1257．

［25］丁磊．城市地铁建设PPP项目风险研究［J］．山西建筑，2019，45（8）：235－237．

[26] 丁依霞，徐倪妮，郭俊华．资源优势能带来更高的电子政务服务能力吗？——基于31个省级政府的定性比较分析 [J]．甘肃行政学院学报，2020（1）：25 – 35，125 – 126．

[27] 杜亚灵，查彤彤，刘丹．兼顾原则性与灵活性的PPP项目风险分担 [J]．工程管理学报，2020，34（2）：112 – 116．

[28] 杜亚灵，闫鹏，尹贻林等．初始信任对工程项目管理绩效的影响研究：合同柔性、合同刚性的中介作用 [J]．预测，2014，33（5）：2 – 29．

[29] 杜运周，贾良定．组态视角与定性比较分析（QCA）：管理学研究的一条新道路 [J]．管理世界，2017（6）：155 – 167．

[30] 杜运周，李永发．QCA设计原理与应用——超越定性与定量研究的新方法 [M]．北京：机械工业出版社，2020．

[31] 段泳仲．城市地下综合管廊PPP项目风险管理研究 [J]．中国集体经济，2019（9）：47 – 48．

[32] 冯春辉．城市地下综合管廊PPP项目风险管理研究 [J]．价值工程，2019，38（18）：22 – 24．

[33] 冯珂，王守清，伍迪，赵丽坤．基于案例的中国PPP项目特许权协议动态调节措施的研究 [J]．工程管理学报，2015，29（3）：88 – 93．

[34] 付秋芳，忻莉燕，马士华．惩罚机制下供应链企业碳减排投入的演化博弈 [J]．管理科学学报，2016，19（4）：56 – 70．

[35] 付彦霖．高速公路PPP项目风险管理研究 [J]．价值工程，2019，38（12）：67 – 69．

[36] 傅勇．财政分权、政府治理与非经济性公共物品供给 [J]．经济研究，2010，45（8）：4 – 15，65．

[37] 郭健，刘志华，章昆昌．参与方地位非对称条件下PPP项目风险分配的博弈模型 [J]．系统工程理论与实践，2013，33（8）：1940 – 1948．

[38] 郭健．公路基础设施PPP项目交通量风险分担策略研究 [J]．管理评论，2013，25（7）：11 – 19，37．

[39] 郭凯，孙慧．我国PPP项目的风险识别——基于因子分析方法 [J]．地方财政研究，2017（10）：42 – 46，53．

[40] 韩娜娜．中国省级政府网上政务服务能力的生成逻辑及模

式——基于31省数据的模糊集定性比较分析 [J]. 公共行政评论, 2019, 12 (4): 82 - 100, 191 - 192.

[41] 韩晓晨, 汲予楠, 侯阳阳. 佛山云浮产业园PPP项目融资风险分析 [J]. 辽宁工程技术大学学报 (社会科学版), 2018, 20 (3): 202 - 209, 216.

[42] 郝威亚, 魏玮, 温军. 经济政策不确定性如何影响企业创新? ——实物期权理论作用机制的视角 [J]. 经济管理, 2016, 38 (10): 40 - 54.

[43] 郝亚琳. PPP模式应用于养老机构建设中的风险研究 [J]. 现代商贸工业, 2019, 40 (8): 49 - 50.

[44] 何建雄. 建筑工程项目招标风险管理分析 [J]. 技术与市场, 2012, 19 (6): 328 - 329.

[45] 何良兴, 张玉利. 创业意愿与行为: 舒适区和可承担损失视角的清晰集定性比较分析 [J]. 科学学与科学技术管理, 2020, 41 (8): 26 - 42.

[46] 何寿奎. 公共项目公私伙伴关系合作机理与监管政策研究 [D]. 重庆: 重庆大学, 2009: 32 - 46.

[47] 何晓晴, 曾志坚. 工程项目合作管理定性指标体系的构建与分析 [J]. 财经理论与实践, 2006 (3): 110 - 113.

[48] 洪文霞, 薛娜, 王闪闪. 特色小镇PPP模式建设风险评价研究 [J]. 价值工程, 2018, 37 (35): 36 - 38.

[49] 黄恒振, 周国华. 公私合营 (PPP) 项目风险再分担问题研究 [J]. 建筑经济, 2015, 36 (10): 17 - 20.

[50] 黄景驰, 弗莱德·米尔. 英国政府与社会资本合作 (PPP) 项目的决策体系研究 [J]. 公共行政评论, 2016, 9 (2): 4 - 24, 204.

[51] 惠京颖, 任莹, 龙奋杰. 项目招标管理风险研究 [J]. 实验技术与管理, 2014, 31 (10): 264 - 268.

[52] 纪鑫华. 优化项目风险分配 实现PPP "物有所值" [J]. 中国财政, 2015 (16): 33 - 35.

[53] 纪玉哲. 公共基础设施投融资改革研究 [D]. 大连: 东北财经

大学，2013.

[54] 贾铁梅.PPP 模式下基础设施建设面临的风险及对策研究 [J].智库时代，2019（9）：244 –245.

[55] 江春霞.交通基础设施 PPP 项目失败诱因及启示——基于 25 个PPP 典型案例的分析 [J].北京交通大学学报（社会科学版），2016，15（3）：50 –58.

[56] 江小燕，闫碧琼，于竞宇，刘勇.基于 ISM-fuzzy MICMAC 方法的 PPP 项目关键风险层级关系识别 [J].土木工程与管理学报，2018，35（6）：70 –77.

[57] 蒋德权，姜国华，陈冬华.地方官员晋升与经济效率：基于政绩考核观和官员异质性视角的实证考察 [J].中国工业经济，2015（10）：21 –36.

[58] 柯永建，王守清.特许经营项目融资（PPP）——风险分担管理 [M].北京：清华大学出版社，2011.

[59] 柯永建.中国 PPP 项目风险公平分担 [D].北京：清华大学，2010：55 –65.

[60] 赖行健.探寻 PPP 领域市场化发展之道 [J].人民论坛，2017（8）：88 –89.

[61] 赖一飞，雷慧，沈丽平.三方共赢的特色小镇 PPP 风险分担机制及稳定性分析 [J].资源开发与市场，2018，34（10）：1444 –1449.

[62] 雷世文，杨俊孝.美丽乡村建设 PPP 模式风险分担研究 [J].湖北农业科学，2019，58（9）：175 –181.

[63] 李冬冬，刘小莞，乔雯，李品，杨晶玉.PPP 项目政府最优合作伙伴选择：基于不同付费模式的分析 [J].系统工程，2021，39（1）：50 –57.

[64] 李景焕.柔性合约下 PPP 项目多阶段投资与收益风险分担研究 [D].天津：天津财经大学，2019：58 –78.

[65] 李力.基于风险矩阵的 BOT –TOT –PPP 项目融资风险评估 [J].昆明理工大学学报（社会科学版），2012，12（1）：74 –79.

[66] 李启明，熊伟，袁竞峰.基于多方满意的 PPP 项目调价机制的设

计［J］. 东南大学学报（哲学社会科学版），2010，12（1）：16 - 20，123.

［67］李文军. 基于风险评价的旅游文化产业园PPP项目决策研究［J］. 住宅与房地产，2018（27）：12 - 13.

［68］李霄鹏，高航，法月萍. 基于不完备合约的工程项目治理风险研究［J］. 统计与决策，2012（1）：181 - 183.

［69］李妍，薛俭. 不完全信息视角下公私合作模式风险分担研究——基于参与主体的不同出价顺序［J］. 科研管理，2021，42（6）：202 - 208.

［70］李泽红，王志刚，刘颖. 模糊综合评价和改进神经网络相结合的电力建设项目合同风险评价［J］. 科技和产业，2009，9（3）：31 - 35.

［71］梁晴雪，胡昊. 基础设施PPP项目再谈判及其退出路径选择研究［J］. 财政科学，2018（10）：37 - 44.

［72］梁秀峰，张飞涟，颜红艳. 基于演化博弈的PPP项目绩效支付机制仿真与优化［J］. 中国管理科学，2020，28（4）：153 - 163.

［73］梁永宽. 建设项目的合同模式与选择策略［J］. 现代管理科学，2008（1）：61 - 63.

［74］林杰. EPC模式下总承包项目合同风险管理研究［D］. 长沙：中南大学，2012.

［75］刘承广. 基于ISM模型的养老PPP项目的风险因素分析［J］. 中国集体经济，2018（25）：77 - 78.

［76］刘红勇，袁梦婷，吴之路，段园园. PPP模式下建筑垃圾资源化处理项目风险分担模型研究［J］. 科技进步与对策，2017，34（9）：92 - 96.

［77］刘华，冯雪. PPP项目失败案例的组态清晰集定性比较分析［J］. 财会月刊，2020（13）：140 - 144.

［78］刘梦祺. 政府与社会资本合作中政府角色冲突之协调［J］. 法商研究，2019，36（2）：89 - 100.

［79］刘穷志，庞泓. 基础设施项目建设风险与价值评估：VfM方法的改进及应用［J］. 财贸研究，2016，27（2）：120 - 127.

［80］刘薇. PPP模式财政风险识别与防范［J］. 财政科学，2018

（7）：42 - 49，63.

[81] 刘晓亮，侯凯悦，张洺硕．从地方探索到中央推广：政府创新扩散的影响机制——基于 36 个案例的清晰集定性比较分析 [J]．公共管理学报，2019，16（3）：157 - 167，176.

[82] 刘旭辉，陈熹．PPP 模式在新型城镇化建设中的推广运用研究——以江西省为例 [J]．金融与经济，2015（2）：85 - 88.

[83] 刘燕舞．基于 PPP 模式的工程项目融资金融风险管理研究 [J]．价值工程，2015，34（36）：16 - 18.

[84] 柳正权．公私合营模式（PPP）理论与实务 [M]．武汉：武汉大学出版社，2016.

[85] 娄黎星．建设工程项目柔性概念框架研究 [J]．工程管理学报，2014（4）：11 - 15.

[86] 吕文学，花园园，基于交易成本的国际工程项目争端预防分析 [J]．国际经济合作，2010（1）：69 - 73.

[87] 罗鑫，王浩，吴加伟，曾磊．张家界公共基础设施公私合营模式（PPP）研究 [J]．山西建筑，2018，44（29）：234 - 236.

[88] 马勃．社会资本方参与 PPP 项目合同条款的风险防范与完善研究 [J]．建筑经济，2019，40（12）：46 - 50.

[89] 孟枫平，刘淑雯．基于四方博弈模型的 PPP 项目风险分担研究 [J]．长春理工大学学报（社会科学版），2019，32（1）：106 - 113.

[90] 孟惊雷．PPP 项目风险分担博弈策略研究 [D]．哈尔滨：哈尔滨理工大学，2019：23 - 43.

[91] 莫吕群，刘明．PPP 项目风险的梳理与识别 [J]．施工企业管理，2017（2）：96 - 98.

[92] 慕银平，刘利明．采购价格柔性策略与供应链利润风险分析 [J]．中国管理科学，2015，23（11）：80 - 87.

[93] 宁靓，赵立波．基于民营资本视角的 PPP 项目风险因素识别及量化研究 [J]．学习论坛，2018，34（1）：65 - 70.

[94] 亓霞，柯永建，王守清．基于案例的中国 PPP 项目的主要风险因素分析 [J]．中国软科学，2009（5）：107 - 113.

[95] 桑美英. 基础设施 PPP 项目的风险管理研究 [D]. 西安: 长安大学, 2014.

[96] 沈言言, 郭峰, 李振. 地方政府自有财力、营商环境和 PPP 项目的引资 [J]. 财贸经济, 2020, 41 (12): 68 - 84.

[97] 施慧斌, 刘修奇. 基于多代理模型的产学研主体协同创新行为演化博弈仿真分析 [J]. 价值工程, 2019, 38 (18): 17 - 21.

[98] 石莎莎, 杨明亮. 城市基础设施 PPP 项目内部契约治理的柔性激励机制探析 [J]. 中南大学学报 (社会科学版), 2011, 17 (6): 155 - 160.

[99] 石树琴. 信号传递和信息甄别模型浅析及其应用 [J]. 复旦学报 (自然科学版), 2003 (2): 130 - 136.

[100] 宋波, 徐飞. 不同需求状态下公私合作制项目的定价机制 [J]. 管理科学学报, 2011, 14 (8): 86 - 96.

[101] 宋金波, 靳璐璐, 付亚楠. 公路 BOT 项目收费价格和特许期的联动调整决策 [J]. 系统工程理论与实践, 2014, 34 (8): 2045 - 2053.

[102] 宋金波, 宋丹荣, 姜珊. 垃圾焚烧发电 BOT 项目的风险分担研究 [J]. 中国软科学, 2010 (7): 71 - 79.

[103] 宿辉, 田少卫, 冯天鑫. 参与方地位不对等条件下 PPP 项目风险分担博弈研究 [J]. 人民长江, 2021, 52 (3): 167 - 171.

[104] 万筠, 王佃利. 中国邻避冲突结果的影响因素研究——基于 40 个案例的模糊集定性比较分析 [J]. 公共管理学报, 2019, 16 (1): 66 - 76, 172.

[105] 万树, 徐玉胜, 张昭君, 张欣. 乡村振兴战略下特色小镇 PPP 模式融资风险分析 [J]. 西南金融, 2018 (10): 11 - 16.

[106] 汪凯. 基于 PPP 模式的收费公路项目风险识别及其案例研究 [J]. 企业改革与管理, 2019 (11): 50 - 51, 67.

[107] 汪洋, 李青莹, 黄绵松, 申若竹. 海绵城市 PPP 项目利益攸关方关键风险识别研究 [J]. 工程管理学报, 2022, 36 (1): 1 - 6.

[108] 王成, 黄正东, 谭志加. 基于需求预测更新的高速公路项目柔性特许期模型 [J]. 统计与决策, 2020, 36 (9): 173 - 175.

[109] 王东波, 宋金波, 戴大双, 李铮. 弹性需求下交通 BOT 项目特

许期决策 [J]. 管理工程学报, 2011, 25 (3): 116-122.

[110] 王桂花, 彭建宇. 制度供给视角下PPP模式风险分担博弈研究 [J]. 经济问题, 2017 (10): 39-44.

[111] 王建斌, 郭若丹. 城市轨道交通PPP项目收益补贴机制研究 [J]. 价格理论与实践, 2017 (10): 142-145.

[112] 王军武, 余旭鹏. 考虑风险关联的轨道交通PPP项目风险分担演化博弈模型 [J]. 系统工程理论与实践, 2020, 40 (9): 2391-2405.

[113] 王蕾, 赵敏, 彭润中. 基于ANP-Shapley值的PPP模式风险分担策略研究 [J]. 财政研究, 2017 (6): 40-50.

[114] 王岭, 闫东艺, 周立宏. 财政负担导致基础设施PPP项目"落地难"吗？——基于城市面板数据的实证分析 [J]. 财经论丛, 2019 (8): 104-112.

[115] 王洛忠, 孙枭坤, 陈宇. 组态视角下我国邻避冲突产生模式概化——基于30个案例的定性比较分析 [J]. 城市问题, 2020 (6): 47-55.

[116] 王洛忠, 孙枭坤, 崔露心. 社会治理创新的结果差异研究——基于多项目实践过程的实证分析 [J]. 甘肃行政学院学报, 2020 (1): 73-82, 127.

[117] 王守清, 张博, 程嘉旭, 牛耘诗. 政府行为对PPP项目绩效的影响研究 [J]. 软科学, 2020, 34 (3): 1-5.

[118] 王相林. 高速公路工程建设项目风险管理研究 [J]. 智库时代, 2018 (52): 96-97.

[119] 王雪青, 喻刚, 邴兴国. PPP项目融资模式风险分担研究 [J]. 软科学, 2007 (6): 39-42.

[120] 王彦伟, 孙涛. 美、英两国政府投资科技项目管理现状及启示 [J]. 科技进步与对策, 2010, 27 (1): 8-13.

[121] 王垚, 尹贻林. 工程项目信任、风险分担及项目管理绩效影响关系实证研究 [J]. 软科学, 2014, 28 (5): 101-104, 110.

[122] 王一婷. PPP养老服务项目的风险及防控措施研究 [J]. 长春金融高等专科学校学报, 2018 (6): 92-96.

［123］王英伟. 权威应援、资源整合与外压中和: 邻避抗争治理中政策工具的选择逻辑——基于（fsQCA）模糊集定性比较分析［J］. 公共管理学报, 2020, 17（2）: 27-39, 166.

［124］王颖林. 基于风险与社会偏好理论的PPP项目风险分摊及激励机制研究［D］. 成都: 西南交通大学, 2017: 33-64.

［125］王雨辰, 胡轶俊. 民营企业PPP项目参与度研究——基于公共性的风险分析［J］. 软科学, 2019, 33（6）: 89-94.

［126］王志刚, 郭雪萌. PPP项目风险识别与化解: 基于不完全契约视角［J］. 改革, 2018（6）: 89-96.

［127］王卓君, 郭雪萌. 政府会计信息披露、官员晋升激励与地方政府选用PPP模式［J］. 当代财经, 2018（10）: 123-131.

［128］吴富标. PPP模式下城市交通建设项目融资风险研究［J］. 中国经贸导刊（中）, 2019（5）: 64-65.

［129］吴思材, 郭汉丁, 郑悦红, 陈思敏. 公平视域下PPP项目收益分配［J］. 土木工程与管理学报, 2018, 35（2）: 181-188.

［130］吴孝灵, 周晶, 彭以忱, 段庆康. 基于公私博弈的PPP项目政府补偿机制研究［J］. 中国管理科学, 2013, 21（S1）: 198-204.

［131］吴义东, 陈卓, 陈杰. 地方政府公信力与PPP项目落地规模——基于财政部PPP项目库数据的研究［J］. 现代财经（天津财经大学学报）, 2019, 39（11）: 3-13.

［132］项英辉, 乌立慧. 交通基础设施PPP项目执行阶段绩效评价［J］. 地方财政研究, 2020（8）: 24-34.

［133］肖建华. 省域PPP项目的风险影响因素及其风险测度研究［J］. 当代财经, 2018（8）: 34-43.

［134］肖万, 彭程, 韦玮. 按效付费模式下PPP柔性合同的运用——基于双案例的比较研究［J］. 宏观经济研究, 2020（8）: 64-75, 155.

［135］谢煊, 孙洁, 刘英志. 英国开展公私合作项目建设的经验及借鉴［J］. 中国财政, 2014（1）: 66-69.

［136］熊烨, 周建国. 政策转移中的政策再生产: 影响因素与模式概化——基于江苏省"河长制"的QCA分析［J］. 甘肃行政学院学报,

2017 (1): 37 – 47, 126 – 127.

[137] 徐飞, 宋波. 公私合作制 (PPP) 项目的政府动态激励与监督机制 [J]. 中国管理科学, 2010, 18 (3): 165 – 173.

[138] 徐杰, 李果林. 风险收益动态视角下政府与社会资本合作演化博弈分析 [J]. 软科学, 2020, 34 (6): 126 – 130.

[139] 徐文学, 郑丽云, 李晓慧. Z 市海绵城市 PPP 项目风险分析与对策研究 [J]. 中国集体经济, 2018 (29): 19 – 21.

[140] 徐霞, 郑志林, 周松. PPP 模式下的政府监管体制研究 [J]. 建筑经济, 2009 (7): 105 – 108.

[141] 徐永顺, 陈海涛, 迟铭, 程梦元. PPP 项目中合同柔性对项目价值增值的影响研究 [J]. 管理学报, 2019, 16 (8): 1228 – 1235.

[142] 徐志伟. 天津团泊新城开发建设模式选择与风险评估研究 [D]. 天津: 河北工业大学, 2012.

[143] 严玲, 陈思颖, 王帅. 基于多元情境调节变量的合同柔性双刃剑效应及其边界条件研究 [J]. 管理学报, 2020, 17 (4): 613 – 622.

[144] 严玲, 丁乾星, 严敏. 建设项目合同柔性研究: 述评与展望 [J]. 建筑经济, 2015 (8): 31 – 36.

[145] 严玲, 王帅, 严敏. 全过程风险分担视角下合同柔性的结构维度与量表开发 [J]. 重庆大学学报 (社会科学版), 2021, 27 (2): 94 – 108.

[146] 杨琳, 汪婷, 胡昕冉. 基于完全博弈的 PPP 模式下城市地下综合管廊项目风险分担比例研究 [J]. 安全与环境学报, 2020, 20 (6): 2261 – 2269.

[147] 杨琳, 王嘉君. 基于复杂网络模型的城市综合管廊 PPP 项目风险传递过程研究 [J]. 浙江大学学报 (工学版), 2020, 54 (9): 1666 – 1676.

[148] 杨强. 云南省高速公路 PPP 项目风险评价分析 [J]. 纳税, 2019, 13 (16): 219.

[149] 叶晓甦, 石世英, 刘李红. 我国西部地区社会资本参与 PPP 项目的意愿选择及其驱动力分析 [J]. 土木工程与管理学报, 2017, 34 (4): 77 – 82, 108.

[150] 殷小炜. PPP 合同柔性对合作效率的影响研究 [D]. 天津: 天

津大学，2015.

[151] 尹贻林，王垚.合同柔性与项目管理绩效改善实证研究：信任的影响 [J].管理评论，2015，27（9）：151－162.

[152] 袁竞峰，Skibniewski Miroslaw J.，邓小鹏，季闯，李启明.基础设施建设 PPP 项目关键绩效指标识别研究 [J].重庆大学学报（社会科学版），2012，18（3）：56－63.

[153] 袁竞峰，季闯，熊伟，李启明.基于 SEM 的基础设施 PPP 项目残值风险评估 [J].技术经济，2013，32（1）：75－84.

[154] 岳向华，林毓铭.政府监管下养老 PPP 项目服务质量演化仿真分析 [J].社会保障研究，2020（6）：3－14.

[155] 曾莉，罗双双.我国 PPP 实践中民营企业参与度及其影响因素研究——基于731个县域样本的实证分析 [J].软科学，2020，34（2）：33－38.

[156] 曾莉.公公合作，还是公私合作？——政府与社会资本合作（PPP）的一个难题考察 [J].华东理工大学学报（社会科学版），2019，34（5）：71－82.

[157] 张丛林，黄洲，郑诗豪，陈劭锋，董磊华，乔海娟.基于赤水河流域生态补偿的政府和社会资本合作项目风险识别与分担研究 [J].生态学报，2021，41（17）：1－11.

[158] 张华.公路交通工程设施的现状与发展方向 [J].黑龙江交通科技，2014，37（11）：151.

[159] 张家铭.地铁项目 PPP 融资的风险研究 [J].现代经济信息，2018（13）：362－364.

[160] 张晋梅，王丽芸.大型建设项目融资风险评估模型与分析 [J].现代工业经济和信息化，2015，5（19）：10－11，14.

[161] 张晶晶.关于建筑工程项目合同管理的探讨 [J].四川水泥，2015（10）：213.

[162] 张俊生，王广斌.分期 BOT 项目期权定价特许权期的决策模型与分析 [J].同济大学学报（自然科学版），2012，40（9）：1434－1438.

[163] 张宁.建设项目前期工程造价管理问题探讨 [J].科技创新与

应用，2014（29）：241.

［164］张启明，郭雪萌. PPP 模式与地方政府财政软约束［J］. 财经问题研究，2021（5）：76－84.

［165］张淑敏. 我国城市基础设施建设 PPP 模式中政府职责研究［D］. 济南：山东财经大学，2016：23－33.

［166］张曾莲，郝佳赫. PPP 项目风险分担方法研究［J］. 价格理论与实践，2017（1）：137－140.

［167］赵福军，黄栋栋，郭巍. 完善税收优惠政策 激发 PPP 模式潜力［N］. 经济日报，2017－05－25（015）.

［168］赵福军，汪海. 中国 PPP 理论与实践研究［M］. 北京：中国财政经济出版社，2015.

［169］赵立力，黄庆，谭德庆. 基础设施 BOT 项目的产品价格调整机制研究［J］. 预测，2006（2）：74－77.

［170］赵延超，李鹏，吴涛，段江飞. 基于合同柔性的 PPP 项目信任对项目绩效影响的机理［J］. 土木工程与管理学报，2019，36（4）：161－169.

［171］郑丹. 湖北安装热烈祝贺武汉轨道交通 1 号线二期开通试运营［J］. 安装，2010（9）：18.

［172］郑荷芬，马淑琴，徐英侠. 基础设施投入对服务贸易结构影响的实证研究——来自跨国面板数据的证据［J］. 国际贸易问题，2013（5）：115－127.

［173］周佳其. PPP 项目风险综合评价研究［J］. 价值工程，2018，37（33）：47－48.

［174］周立柱. 我国 PPP 模式下的财政风险分析及防范对策研究［J］. 国际商务财会，2017（7）：20－25.

［175］周培. 合同柔性视角下工程项目发承包方信任对合作的影响研究［D］. 天津：天津大学，2014：36－43.

［176］周小付，闫晓茗. PPP 风险分担合同的地方善治效应：理论构建与政策建议［J］. 财政研究，2017（9）：79－87.

［177］周晓冬. PFI 项目风险预警系统研究［D］. 哈尔滨：东北林业

大学, 2008.

[178] 周亦宁, 刘继才. 考虑上级政府参与的 PPP 项目监管策略研究 [J/OL]. 中国管理科学, 2020 - 10 - 16.

[179] 周月萍, 周兰萍. 完善退出机制提高社会资本参与积极性 [N]. 政府采购信息报, 2018 - 12 - 17 (005).

[180] 朱兰俊丹. 地下综合管廊 PPP 模式风险分析 [J]. 中华建设, 2018 (11): 14 - 17.

[181] 朱宗乾, 李艳霞, 张美. 基于风险控制的 ERP 项目风险分担模型研究 [J]. 科研管理, 2011, 32 (11): 91 - 99.

[182] Akerlof G A. The Market for "Lemons": Quality Uncertianty and the Market Mechanism [J]. Quarterly Journal of Economics, 1970, 84 (3): 488 - 500.

[183] Ankit T, Tiwari A, Pritee S. Using Fuzzy Based Multiple Criteria Decision Making for Selecting Private Firm for Waste Management PPP Contract Arrangement [J]. IOP Conference Series: Materials Science and Engineering, 2020, 955 (1).

[184] Anopchenko T, Gorbaneva O, Lazareva E, Murzin A, Ougolnitsky G. Modeling Public-Private Partnerships in Innovative Economy: A Regional Aspect [J]. Sustainability, 2019, 11 (20): 5588 - 5588.

[185] Ansaripoor A H, Oliveira F S. Flexible Lease Contracts in the Fleet Replacement Problem with Alternative Fuel Vehicles: A Real-options Approach [J]. European Journal of Operational Research, 2018, 266 (1).

[186] Arndt, Henry R. Risk Allocation in the Melbourne City Link Project [J]. Journal of Project Finance, 1998, 4 (3): 11 - 24.

[187] Athias L, Saussier S. Contractual Flexibility or Rigidity for Public Private Partnerships? Theory and Evidence from Infrastructure Concession Contracts [R]. Munich: Munich Personal RePEc Archive, 2007.

[188] Buchanon J. M. An Economic Theory of Clubs [J]. Economica, 1965, 32 (125): 1 - 14.

[189] Cai F Y, Mo J X, Xie L Z, Ye H. Research on Performance Man-

agement of PPP Project in China [J]. Research in Economics and Management, 2021, 6 (1).

[190] Cai Y C, Guo B H, Li F. Government Supervision Game for Infrastructure PPP [J]. Advanced Materials Research, 2014 (2837): 3142 – 3146.

[191] Cruz C O, Marques R C. Flexible Contracts to Cope with Uncertainty in Public-private Partnerships [J]. International Journal of Project Management, 2013, 31 (3): 473 – 483.

[192] Darrin G, Lewis Mervyn K. Accounting for Public Private Partnerships [J]. Accounting Forum, 2002, 26 (3 – 4): 245 – 270.

[193] Dong F, Chiare N. Improving Economic Efficiency of Public-private Partnerships for Infrastructure Development by Contractual Flexibility Analysis in a Highly Uncertainty Context [J]. The Journal of Structured Finance, 2010, 16 (1): 87 – 99.

[194] Du L B, Gao J, Jiang Y Z. Risk and Income Evaluation Decision Model of PPP Project Based on Fuzzy Borda Method [J]. Mathematical Problems in Engineering, 2021.

[195] Elton De Jesus Rock, Shulian Wu. The Nacala Corridor Railway and Port PPP Project Risks Identification Research [J]. IOP Conference Series: Earth and Environmental Science, 2020, 474 (4).

[196] Engel E, Fischer R, Galetovic A. The Basic Public Finance of Public-private Partnerships [J]. Journal of the European Economic Association, 2013, 11 (1): 83 – 111.

[197] Ernest Effah Ameyaw, Albert P. C. Chan. IdentifyingPublic – private Partnership (PPP) Risks in Managing Water Supply Projects in Ghana [J]. Journal of Facilities Management, 2013, 11 (2): 152 – 182.

[198] Feng D, Chiara N, Feng D, et al. Improving Economic Efficiency of Public-private Partnerships for Infrastructure Development by Contractual Flexibility: Analysis in a Highly Uncertain Context [J]. Journal of Structured Finance, 2010, 16 (1): 87 – 99.

[199] Franco M, Sambo Z, Chambwe N P. Investigating the Role of the

Public Private Partnership Act on Private Sector Participation in PPP Projects: A Case of Zambia [J]. International Journal of Construction Management, 2020, 20 (6): 598 – 612.

[200] Friedman D. Evolutionary Games in Economics [J]. Econometric: Journal of the Econometric Society, 1991: 637 – 666.

[201] Furmston M. The Liability of Contractors: Principles of Lia-bility in Contract and Tort [M] //Lloyd H. The Liability of Contractors. Centre for Commercial Law Studies, Queen Mary College, London, 1986.

[202] F. Ahwireng – Obeng, J. P. Mokgohlwa. Entrepreneurial Risk Allocation in Public-private Infrastructure Provision in South Africa [J]. South African Journal of Business Management, 2002, 33 (4): 29 – 39.

[203] Gao R L, Liu J C. Selection of Government Supervision Mode of PPP Projects During the Operation Stage [J]. Construction Management and Economics, 2019, 37 (10): 584 – 603.

[204] Gérard P Cachon, Martin A Lariviere. Supply Chain Coordination with Revenue-Sharing Contracts: Strengths and Limitations [J]. Management Science, 2005, 51 (1): 30 – 44.

[205] Gong J Y. Research on the Factors Affecting the Choice of Private Capital in PPP Projects of Urban Underground Comprehensive Pipe Gallery [C] //Proceedings of 2019 2nd International Conference on Manufacturing Technology, Materials and Chemical Engineering (MTMCE 2019), 2019: 892 – 899.

[206] Grossman S, Hart O. The Costs and Benefits of Ownership: A Theory of Vertical and Lateral in Tegration [J]. Political Economy, 1986 (94): 691 – 719.

[207] Guasch J. L, Laffont J, Straub S. Renegotiation of Concession Contracts in Latin America [J]. International Journal of Industrial Organization, 2007, 26 (2): 421 – 442.

[208] Hart O, Moore J. Property Rights and Nature of the Firm [J]. Journal of Political Economy, 1990, 98 (6): 1119 – 1158.

[209] Hastak M, Shaked A. ICRAM-1: Model for International Construction Risk Assessment [J]. Journal of Management in Engineering, 2000, 16 (1): 59 – 69.

[210] Hongbin Cai, Daniel Treisman. Does Competition for Capital Discipline Governments? Decentralization, Globalization, and Public Policy [J]. The American Economic Review, 2005, 95 (3): 817 – 830.

[211] Huang Y X, Jiang C X, Wang K, Xiao Y B, Zhang A. Public-private Partnership in High-speed Rail Financing: Case of Uncertain Regional Economic Spillovers in China [J]. Transport Policy, 2021 (106): 64 – 75.

[212] Humphreys I, Francis G, Ison S. An Examination of Risk Transference in Air Transport Privatization [J]. Transportation Quarterly, 2003, 57 (4): 31 – 37.

[213] Hurst C, Reeves E. An Economic Analysis of Ireland's First Public Private Partnership [J]. The International Journal of Public Sector Management, 2004, 17 (5): 379 – 388.

[214] Iyer K C, Sagheer M. Hierarchical Structuring of PPP Risks Using Interpretative Structural Modeling [J]. Journal of Construction Engineering and Management, 2010, 136 (2).

[215] Jiang YX, Lu K, Xia B, Liu Y, Cui CY. Identifying Significant Risks and Analyzing Risk Relationship for Construction PPP Projects in China Using Integrated FISM-MICMAC Approach [J]. Sustainability, 2019, 11 (19): 5206 – 5206.

[216] Juan C, Olmos F, Ashkeboussi R. Private – Public Partnerships as Strategic Alliances: Concession Contracts for Port Infrastructures [J]. Transportation Research Record, 2008, 2062 (1): 1 – 9.

[217] Keen M, Marchand M. Fiscal Competition and the Pattern of Public Spending [J]. Journal of Public Economics, 1997, 66 (1): 33 – 53.

[218] Khalid A, Halim B. Interdependency of the Critical Success Factors and Ex-post Performance Indicators of PPP Projects [J]. Built Environment Project and Asset Management, 2017, 7 (5): 546 – 556.

［219］Kokkaew N, Chiara N. A Modeling Government Revenue Guarantees in Privately Builttransportation Projects: A Risk-adjusted Approach ［J］. Transport, 2013, 28 (2), 186 – 192.

［220］Lai Xiaodong. PPP Risk-sharing Mechanism for Sustainable Characteristic Town Development ［J］. Sustainability: The Journal of Record, 2018, 11 (5): 246 – 254.

［221］Lam K C, Wang D, Lee P T K, Tsang Y T. Modeling Risk Allocation Decision in Construction Contracts ［J］. International Journal of Project Management, 2007 (25): 485 – 493.

［222］Laure Athias, Stéphane Saussier. Are Public Private Partnerships That Rigid? And Why? Evidence from Price Provisions in French Toll Road Concession Contracts ［J］. Transportation Research Part A, 2018 (111): 174 – 186.

［223］Li B, Akintoye A, Edwards P J, et al. Perceptions of Positive and Negative Factors Influencing the Attractiveness of PPP/PFI Procurement for Construction Projects in the UK ［J］. Engineering, Construction and Architectural Management, 2005, 12 (2): 125 – 148.

［224］Li Jia, Dingyou Lei, Yinggui Zhang, Qiongfang Zeng, Juan Wang. The Model and Algorithm of Distributing Cooperation Profits among Operators of Urban Rail Transit under PPP Pattern ［J］. Cluster Computing, 2017, 20 (4): 3023 – 3036.

［225］Martinus P Abednego, Stephen O Ogunlana. Good Project Governance for Proper Risk Allocation in Public-private Partnerships in Indonesia ［J］. International Journal of Project Management, 2006, 24 (7): 622 – 634.

［226］Moradi S, Ansari R, Taherkhani R. A Systematic Analysis of Construction Performance Management: Key Performance Indicators from 2000 to 2020 ［J］. Iranian Journal of Science and Technology, Transactions of Civil Engineering, 2021 (prepublish): 1 – 17.

［227］Mouraviev, Kakabadse. Public-private Partnerships in Russia: Dynamics Contributing to an Emerging Policy Paradigm ［J］. Policy Studies,

2014, 35 (1): 79 – 96.

[228] Olsson N O E. Management of Flexibility in Projects [J]. International Journal of Project Management, 2006, 24 (1): 66 – 74.

[229] Parveen Farooquie, Arif Suhail, Mohd. Nishat Faisal. Uncertainty and Contract Flexibility in Automotive Supply Chains: A Simulation Model [J]. International Journal of Business Performance and Supply Chain Modelling, 2019, 10 (3).

[230] Rianne W, José N, Hans K E, Sanne G, Joop K. What Makes Public-private Partnerships Work? Survey Research into the Outcomes and the Quality of Cooperation in PPPs [J]. Public Management Review, 2018, 20 (8): 1165 – 1185.

[231] Rothschild M, Stiglitz J. Equilibrium in Competitive Insurance Markets: An Essay on the Economics of Imperfect Information [J]. The Quarterly Journal of Economics, 1976, 90 (4): 629 – 649.

[232] Samuelson P A. The Pure Theory of Public Expenditure [J]. Review of Economics & Statistics, 1954, 36 (4): 387 – 389.

[233] Samuelson P A. Diagrammatic Exposition of a Theory of Public Expenditure [J]. Review of Economics & Statistics, 1955, 37 (4): 350 – 356.

[234] Soili N H, Nari L, Jukka L. Flexibility in Contract Terms and Contracting Processes [J]. International Journal of Managing Projects in Business, 2010, 3 (3): 462 – 478.

[235] Song Y Q, Shangguan L Z, Li G J. Simulation Analysis of Flexible Concession Period Contracts in Electric Vehicle Charging Infrastructure Public-private-partnership (EVCI-PPP) Projects Based on Time-of-use (TOU) Charging Price Strategy [J]. Energy, 2021, 228.

[236] Spence A M. Job Market Signaling [J]. The Quarterly Journal of Economics, 1973, 87 (3): 355 – 374.

[237] Spence A M. Market Signaling, Information Transfer in Hiring and Related Processes [M]. Cambridge: Harvard University Press, 1974.

[238] Sun J, Gong H J, Sun L. Research on the Regulatory System of the

PPP Infrastructure Project of the Government Based on the Green Perspective [C] // Proceedings of 2015 International Conference on Economy, Management and Education Technology (ICEMET 2015), 2015: 371－374.

[239] Tan Z J, Hai Y. Flexible Build-operate-transfer Contracts for Road Franchising under Demand Uncertainty [J]. Transportation Research Part B, 2012 (10): 1419－1439.

[240] Tariq S, Zhang X Q. Critical Analysis of the Private Sector Roles in Water PPP Failures [J]. Journal of Construction Engineering and Management, 2021, 147 (4).

[241] Taryn V, Nathalie M, Aria G, Nkabane-Nkholongo E L, Jack B W. Hospital Public-private Partnerships in Low Resource Settings: Perceptions of How the Lesotho PPP Transformed Management Systems and Performance [J]. Health Systems and Reform, 2015, 1 (2).

[242] Usman A, Yusnidah I, Sobri M M. Malaysian Public-private Partnerships: Risk Management in Build, Lease, Maintain and Transfer Projects [J]. Cogent Business & Management, 2018, 5 (1).

[243] Valipour A, Yahaya N, Noor NM, Mardani A, Antuchevičienè J. A New Hybrid Fuzzy Cybernetic Analytic Network Process Model to Identify Shared Risks in PPP Projects [J]. International Journal of Strategic Property Management, 2016, 20 (4): 409－426.

[244] Wang Y S, Liu F F, Li H Y. Public-private Partnership Governance Mechanism Analysis Using Grounded Theory [J]. Proceedings of the Institution of Civil Engineers-Municipal Engineer, 2021, 174 (1): 51－61.

[245] World Bank. Tools to Mitigate Risks in Highway PPPs [R]. Presented by Cledan Mandri-Perrott in Infrastructure E-conomics&Finance Department (IEF) Workshop, PPP in Highways, 2006.

[246] Xing. BI, Hong Wang. The Control of Moral Hazard in PPP Project Renegotiation [C] //Proceedings of 2011 IEEE the 18th International Conference on Industrial Engineering and Engineering Management (Volume 1). Institute of Electrical and Electronics Engineers, 2011: 253－257.

[247] Yang X, Tan K H. Tripartite Risk Game Analysis on Public Private Partnership Projects of High-Speed Rail from the Perspective of Bank [J]. IIETA, 2020, 10 (5): 617 – 623.

[248] Yelin Xu, Yunfang Yang, Yi Peng, Sen Xu, Exploring PPP Risks: Lessons Learned from Two Sewage Treatment Projects in China [C] // Proceedings of 2011 World Congress on Engineering and Technology (CET 2011) VOL08. Institute of Electrical and Electronics Engineers, 2011: 365 – 368.

[249] Yinglin Wang, Ruolan Gao. Risk Distribution and Benefit Analysis of PPP Projects Based on Public Participation [J]. International Journal of Strategic Property Management, 2020, 24 (4): 215 – 225.

[250] Zhai W J, Ding J Y, Ding L J. Investment Risk Grade Evaluation of New Town Construction PPP Projects: Perspective from Private Sector [J]. Journal of Urban Planning and Development, 2021, 147 (2).

[251] Zhang C. H, Wan L. J. Evolutionary Game Analysis of Social Investors and Government Regulation in PPP Project [C] //Conference Proceedings of the 7th International Symposium on Project Management (ISPM 2019), 2019: 797 – 804.

[252] Zhang L H, Zhao Z L, Kan Z N. Private-sector Partner Selection for Public-private Partnership Projects of Electric Vehicle Charging Infrastructure [J]. Energy Science & Engineering, 2019, 7 (5): 1469 – 1484.

[253] Zhang YT, Tsai CH, Liao PC. Rethinking Risk Propagation Mechanism in Public-private Partnership Projects: Network Perspective [J]. Journal of Infrastructure Systems, 2020, 26 (2).

[254] Zou T, Bai S. J, Tsai S. B. Enterprise Performance Optimization Management Decision-making and Coordination Mechanism Based on Multiobjective Optimization [J]. Mathematical Problems in Engineering, 2021.

后　记

　　金秋时节，硕果飘香。在这丰收的季节，这本书稿终于画上了完美的句号，它凝聚了太多人的心血，承载着无数人的关怀与祝福。回首这一路走来的时光，有过短暂的心酸、坎坷和挫败无助，也有过开心、激动以及成功后的喜悦。从最开始的构思到落笔再到最后的成稿这个过程经历了漫长的时光，大到思想观点、谋篇布局，小至段落表格、词语标点，都是笔者反复琢磨，经历过无数次的检查以及修改才形成现在的完整书稿。试问现在是何感觉？幸乎？痛乎？个中滋味，五味杂陈，但回首过往，更多的是不舍、是留恋、是感激。

　　感谢祖国，有幸生于华夏，见证百年风华。当下时期，疫情肆虐，国外战火不断，而我们能够安心做学术，享受校园风光，都是祖国给的庇佑和底气。疫情以来，国家以人民安全为重，即使在家也能享受到线上课程的熏陶；国外战事不平，而我们却能在国内不缺衣不短食，这让我们见证了祖国的强大和发展速度。人民有信仰，国家有力量，民族有希望。

　　感谢母校，沐风雨，育桃李。母校为我们提供了一个良好的学习平台，这里有先进的学习设备，有安静的图书馆，图书馆像一位循循善诱的老师，不但给人丰富的知识，而且陶冶人的情操，能给人满满的能量；有激情洋溢的操场，每当行文中遇到难处，面对挫败的情绪时，走到充满活力的操场，让自己尽情享受运动的快乐，会有事半功倍的效果；有尽职尽责的教师，教师是学习路上的指明灯，老师的一句话可能会让你茅塞顿开，让你的困惑迎刃而解；有郁郁葱葱的树木和花草，每每漫步在其中，会有种世外桃源的感觉，让你放下一切顾虑，尽情享受短暂的放松。

　　感谢导师武彦民教授，学习中，武老师是一位严谨、认真、学识渊博的教授，生活中，武老师是一位低调、可敬、平易近人的长辈。在武老师身上，我们不仅能学到渊博的学识和专业的知识，还能学到人生的态度和宠辱不惊的人格魅力。同时感谢学院老师们的鼓励和支持，感谢对书稿内容提出的可靠性建议。当然还要感谢同学们的热心帮助和暖心鼓励，这里尤其要感谢苏传临、阮海宁、谢静和史俊男四位同学的帮助，这四位同学在第3、第7章的数据以及第5、第6章的案例搜集和实证方面做出了很大的贡献。

感谢经济科学出版社提供的良好平台，感谢赵编辑的耐心审稿和提出的建议，很多细节乃至字母都会批注得清清楚楚，这为我们的书稿修改提供了很大的便利。

行文至此，落笔为终。感谢所有遇见，也感谢笔者自己的辛苦付出和坚持不懈。愿我们的祖国繁荣昌盛，愿母校越办越好，愿师生以及我们都前程似锦、未来可期！

李伟　李晓宇

2022 年 8 月

图书在版编目（CIP）数据

基于柔性契约视角的 PPP 项目风险分担及收益分配机制
研究/李伟，李晓宇著. —北京：经济科学出版社，2022.9
ISBN 978 - 7 - 5218 - 4050 - 6

Ⅰ. ①基… Ⅱ. ①李… ②李… Ⅲ. ①政府投资 - 合作 -
社会资本 - 风险管理 - 研究 - 中国②收入分配 - 研究 - 中国
Ⅳ. ①F832. 48②F124. 7

中国版本图书馆 CIP 数据核字（2022）第 175084 号

责任编辑：赵　芳
责任校对：王肖楠
责任印制：范　艳

基于柔性契约视角的 PPP 项目风险分担及收益分配机制研究
李　伟　李晓宇　著
经济科学出版社出版、发行　新华书店经销
社址：北京市海淀区阜成路甲 28 号　邮编：100142
总编部电话：010 - 88191217　发行部电话：010 - 88191522
网址：www. esp. com. cn
电子邮箱：esp@ esp. com. cn
天猫网店：经济科学出版社旗舰店
网址：http://jjkxcbs. tmall. com
北京季蜂印刷有限公司印装
710 × 1000　16 开　16. 25 印张　250000 字
2022 年 9 月第 1 版　2022 年 9 月第 1 次印刷
ISBN 978 - 7 - 5218 - 4050 - 6　定价：72. 00 元
（图书出现印装问题，本社负责调换。电话：010 - 88191545）
（版权所有　侵权必究　打击盗版　举报热线：010 - 88191661
QQ：2242791300　营销中心电话：010 - 88191537
电子邮箱：dbts@ esp. com. cn）